高等职业教育财会类专业系列规划教材

主　编◎童小春
副主编◎王　竞　刘宗连

CAIWU KUAIJI

财务会计 （上册）

重庆大学出版社

内 容 提 要

本书根据最新企业会计准则应用指南和税法编写，分别从会计核算的基本原理、核算方法、账务处理的技能入手，对企业所发生的基本经济业务作了全面系统的介绍。全书分上下两册，本册为上册。本册分9个项目，分别为：认知财务会计、货币资金的核算、应收及预付款项的核算、交易性金融资产的核算、存货的核算、长期股权投资的核算、固定资产的核算、无形资产及其他资产的核算、投资性房地产的核算以及综合习题。全书重点突出，内容新颖，理论阐述言简意明，通俗易懂；有理有例，课后都有复习训练题，便于学习，操作性强。本书可作为高职院校经济管理等相关专业的教材，也可为从事经济类工作的专业人员提供学习参考。

图书在版编目（CIP）数据

财务会计. 上册/童小春主编. —重庆：重庆大
学出版社,2017.2
高等职业教育财会类专业系列规划教材
ISBN 978-7-5689-0396-7

Ⅰ. ①财… Ⅱ. ①童… Ⅲ. ①财务会计—高等职业教
育—教材 Ⅳ. ①F234.4

中国版本图书馆 CIP 数据核字（2017）第 012539 号

财务会计（上册）

主 编 童小春
副主编 王 竞 刘宗连
责任编辑：顾丽萍 版式设计：顾丽萍
责任校对：关德强 责任印制：赵 晟

*

重庆大学出版社出版发行
出版人：易树平
社址：重庆市沙坪坝区大学城西路21号
邮编：401331
电话：(023) 88617190 88617185（中小学）
传真：(023) 88617186 88617166
网址：http://www.cqup.com.cn
邮箱：fxk@cqup.com.cn（营销中心）
全国新华书店经销
重庆芸文印务有限公司印刷

*

开本：787mm×1092mm 1/16 印张：13.5 字数：312千
2017年2月第1版 2017年2月第1次印刷
印数：1—3 000
ISBN 978-7-5689-0396-7 定价：28.00元

前 言 FREFACE

　　财务会计是融会计核算、法规、税法为一体,以会计主体为核算对象,对企业的经济业务进行核算与监督的一门专业性会计。

　　本书从我国普通高等教育的现状和发展要求出发,充分体现了高等职业技术教育的"理论适度,够用,注重实际操作"的特色。全书系统阐述了财务会计的基本理论、基本知识、基本核算的方法,以及账务处理的技巧。全书分上下两册,本册为上册。本册分9个项目,分别为:认知财务会计、货币资金的核算、应收及预付款项的核算、交易性金融资产的核算、存货的核算、长期股权投资的核算、固定资产的核算、无形资产及其他资产的核算、投资性房地产的核算以及综合习题。全书重点突出,内容新颖,理论阐述言简意明,通俗易懂;有理有例,课后都有复习训练题,便于学习,操作性强。本书可作为高职院校经济管理等相关专业的教材,也可为从事经济类工作的专业人员提供学习参考。

　　本书在编写的过程中,参阅了大量的近年来出版的财务会计、税务会计、财经法规等的专著与资料,并得到有关专家和本书责任编辑的大力支持,在此一并致以诚挚的谢意。

　　在本书的编写过程中已经充分考虑和吸收了最新的要求和规定,但由于税法的变化速度快,实例的解答涉及税收方面的跟不上税法的变化速度而难免发生偏差,我们会及时在本书重印或修正时加以调整。由于作者水平有限,时间仓促,本书难免存在疏漏之处,恳请各位专家和广大读者批评指正,以便在更新的过程中不断完善。

编　者
2017 年 1 月

目　录 CONTENTS

项目 1 认知财务会计

任务 1 财务会计的特征和假设

1.1.1 相关知识

1) 财务会计的特征

(1) 对外部有关方面提供会计信息并以编制企业通用会计报表为最终目的

随着现代市场经济的发展,会计信息的需求者众多,既有企业外部的投资者、债权人、政府机构和社会公众,也有企业内部管理当局。财务会计的主要目标是向企业外部与企业存在经济利益关系的各方提供财务报告,满足外部会计信息使用者的需要。由于企业外部与其利益相关的集团或个人众多,他们所需要的决策信息千差万别,因此,财务会计并不是也不可能针对某一特定外部使用者提供财务报告,满足其个别决策的需要,而是通过定期编制通用的"资产负债表""利润表""现金流量表"和"所有者权益变动表"等,向企业外部使用者传递企业财务状况、经营成果、现金流量及所有者权益变动等会计信息,反映企业管理层受托责任的履行情况,从而有助于财务报告使用者作出经济决策。

(2) 以会计准则指导和规范会计核算

在所有权与经营权相分离的情况下,财务报告由企业管理当局负责编报,财务报告的使用者主要是来自企业的外部。会计信息的外部使用者远离企业,不直接参与企业的日常经营管理,主要是通过企业提供的财务报告获得有关的经济信息。因此,财务会计信息的质量是企业外部会计信息使用者关注的焦点。为使财务会计成为市场经济条件下的通用"商业语言",提供的财务会计信息能够取信于企业外部的投资人、债权人和政府有关部门,防止企业管理者在会计报表中弄虚作假和主观臆断,必须以会计界权威机构或政府会计管理部门确定的、会计界一致同意的会计原则指导、规范和统一社会各单位的会计核算,使之达到提供公允、客观和有用信息的重要作用。因此,以"公认会计准则"规范会计核算是财务会计的一大特点。

(3) 运用传统会计的方法和程序进行会计数据的处理与加工

财务会计是从传统会计演化而来的。它沿用了传统会计所应用的账户和会计科目、复式记账、填制和审核凭证、登记账簿、成本计算以及经过财产清查、编制会计报表等方法,按照序时记录、分类记录、试算平衡、调整账项、编制会计报表的程序提供会计信息。同时,财务会计是在传统会计基础上的进一步发展,将传统会计的方法、程序提高到一定的会计理论高度,并以公认会计准则的形式使之系统化、条理化和规范化,形成较为严密而稳定的基本结构。

2）财务会计假设

会计核算的基本前提就是对会计核算中的一些重要因素,根据正常情况和客观需要,对会计核算所处空间、时间环境和计量方式等所作的合理设定。没有会计假设,会计核算就无从下手。会计基本假设包括会计主体、持续经营、会计分期和货币计量。

（1）会计主体

所谓"会计主体"是指会计所服务的特定单位,又称"会计实体"。为了向财务报告使用者反映企业财务状况、经营成果和现金流量,提供与其决策有用的信息,会计核算和财务报告的编制应当反映特定对象的经济活动,才能实现财务报告的目标。会计主体应是一个独立经营、自负盈亏、责权利结合的经济单位。典型的会计主体是企业。

一般来说,会计主体不一定是法律主体,但所有的法律主体应当是会计主体。

（2）持续经营

持续经营是指在可以预见的将来,企业将会按当前的规模和状态继续经营下去,不会停业,也不会大规模削减业务。在持续经营前提下,会计确认、计量和报告应当以企业持续、正常的生产经营活动为前提。会计准则体系是以企业持续经营为前提加以制定和规范的,涵盖了从企业成立到清算（包括破产的整个期间的交易或者事项的会计处理）。如能判断一个企业可能出现停业、兼并、破产等不能持续经营时,应停止使用这个假设,否则就不能客观地反映企业的财务状况、经营成果和现金流量,会误导会计信息使用者的经济决策。

持续经营假设可以与会计主体假设结合为:会计要为特定的会计主体在不会面临破产清算的情况下进行会计核算。

（3）会计分期

会计分期是指将一个企业持续经营的生产经营活动人为地划分为相等的时间阶段。其目的在于通过会计期间的划分,将持续经营的生产经营活动划分成连续、相等的期间,据以结算盈亏,按期编报财务报告,从而及时向财务报告使用者提供有关企业财务状况、经营成果和现金流量的信息。

会计年度与公历年度相同,从每年的1月1日起至12月31日止。企业应当划分会计期间,分期结算账目和编制年度与中期（月度、季度、半年度）财务报告。

（4）货币计量

货币计量是指会计主体在会计核算中以假定价值不变的货币作为基本计量单位。我国企业的会计核算一般首选人民币为记账本位币。业务收支以人民币以外的货币为主的企业,可以选定其中一种货币作为记账本位币,但编报的财务报告应当折算为人民币。

上述财务会计假设,具有相互依存、相互补充的关系。会计主体确立了会计核算的空间范围,持续经营与会计分期确立了会计核算的时间长度,而货币计量则为会计核算提供了必要手段。没有会计主体,就不会有持续经营;没有持续经营,就不会有会计分期;没有货币计量,就不会有现代会计。

1.1.2　知识拓展

哪些岗位不属于会计岗位

下列岗位不属于会计工作岗位：

1. 会计档案移交后的会计档案管理岗位。对于会计档案管理岗位，在会计档案正式移交档案管理部门前，属于会计岗位。会计档案正式移交档案管理部门后，会计档案管理工作不再属于会计岗位。档案管理部门的人员管理会计档案，不属于会计岗位。

2. 医院门诊收费员、住院处收费员、药房收费员、药品库房记账员、商场收费(银)员所从事的工作不属于会计岗位。

3. 单位内部审计、社会审计、政府审计工作不属于会计岗位。

任务2　财务会计要素的确认和计量

1.2.1　相关知识

会计要素是根据交易或者事项的经济特征所确定的财务会计对象的基本分类。《企业会计准则——基本准则》规定，会计要素按照其性质分为资产、负债、所有者权益；收入、费用和利润。其中，资产、负债和所有者权益要素从静态方面反映企业的财务状况；收入、费用和利润要素从动态方面反映企业的经营成果。

1）反映财务状况的会计要素

(1)资产

①资产的定义。

资产是指企业过去的交易或者事项形成的、由企业拥有或者控制的、预期会给企业带来经济利益的资源。资产具有以下特征：

A.资产是由企业拥有或者控制的资源。

一项资源如要作为资产，其应当由企业拥有或者控制，即企业享有该项资源的所有权，或者虽不享有该项资源的所有权，但该项资源能被企业所控制。

B.资产预期会给企业带来经济利益。

资产预期能否为企业带来经济利益是资产的重要特征。例如，企业采购的原材料、购置的固定资产等可以用于生产经营过程，制造商品或者提供劳务，对外出售后收回货款，货款即为企业所获得的经济利益。如果某一项目预期不能给企业带来经济利益，那么就不能将其确认为企业的资产。前期已经确认为资产的项目，如果不能再为企业带来经济利益，也不能再确认为企业的资产。

C.资产是由企业过去的交易或者事项形成的。

资产是企业过去已经发生的交易或者事项所产生的结果，资产必须是现实的资产，而不能是预期的资产。过去的交易或者事项包括购买、生产、建造行为或者其他交易或事项。也就是说，只有过去的交易或者事项才能产生资产，企业预期在未来发生的交易或者事项不能作为资产确认。

②资产的确认条件。

将一项资源确认为资产，除需要符合资产的定义外，还应同时满足以下两个条件：

A.与该资源有关的经济利益很可能流入企业。

B.该资源的成本或者价值能够可靠地计量。

（2）负债

①负债的定义。

负债是指企业过去的交易或者事项形成的，预期会导致经济利益流出企业的现时义务。

负债具有以下基本特征：

A.负债是企业承担的现时义务。

现时义务是指企业在现行条件下已承担的义务。未来发生的交易或者事项形成的义务，不属于现时义务，不应当确认为负债。

B.负债的清偿预期会导致经济利益流出企业。

只有企业在履行义务时会导致经济利益流出企业的，才符合负债的定义；反之，则不符合负债的定义。

C.负债是由企业过去的交易或者事项形成的现时义务。

负债应当由企业过去的交易或者事项所形成。换句话说，只有过去的交易或者事项才形成负债，企业将在未来发生的承诺、签订的合同等交易或者事项，不形成负债。

②负债的确认条件。

将一项现时义务确认为负债，除需要符合负债的定义外，还应当同时满足以下两个条件：

A.与该义务有关的经济利益很可能流出企业。

B.未来流出的经济利益的金额能够可靠地计量。

（3）所有者权益

①所有者权益的定义。

所有者权益是指企业资产扣除负债后由所有者享有的剩余权益。公司的所有者权益又称为股东权益。

②所有者权益的来源构成。

所有者权益的来源包括所有者投入的资本、直接计入所有者权益的利得和损失、留存收益等，通常由实收资本（或股本）、资本公积（含资本溢价或股本溢价、其他资本公积）、盈余公积和未分配利润构成。

所有者投入的资本是指所有者投入企业的资本部分。它既包括构成企业注册资本或者股本部分的金额，也包括投入资本超过注册资本或者股本部分的金额，即资本溢价或者股本溢价。这部分投入资本在我国企业会计准则体系中被计入了资本公积，并在资产负债表中的资本公积项目下反映。

直接计入所有者权益的利得和损失是指不应计入当期损益、会导致所有者权益发生增减变动的、与所有者投入资本或者向所有者分配利润无关的利得或者损失。利得是指由企业非日常活动所形成的、会导致所有者权益增加的、与所有者投入资本无关的经济利益的流入。利得包括直接计入所有者权益的利得和直接计入当期利润的利得。损失是指由企业非日常活动所发生的、会导致所有者权益减少的、与向所有者分配利润无关的经济利益的流出。损失包括直接计入所有者权益的损失和直接计入当期利润的损失。直接计入所有者权益的利得和损失主要包括可供出售金融资产的公允价值变动额、现金流量套期中套期工具公允价值变动额(有效套期部分)等。

留存收益是企业历年实现的净利润留存于企业的部分,主要包括累计计提的盈余公积和未分配利润。

③所有者权益的特征。

A.除非发生减资、清算及分派现金股利,企业不需要偿还所有者权益。

B.企业清算时,当清偿所有的负债后,所有者权益才返还给所有者。

C.所有者凭借所有者权益能够参与企业的利润分配。

2)反映经营成果的会计要素

(1)收入

①收入的定义。

收入是指企业在日常活动中形成的、会导致所有者权益增加的、与所有者投入资本无关的经济利益的总流入。收入一般具有以下特征:

A.收入是企业在日常活动中形成的。

日常活动是指企业为完成其经营目标所从事的经常性活动以及与之相关的活动。如工业企业制造并销售产品、商业企业销售商品、保险公司签发保单、安装公司提供安装服务、租赁公司出租资产等,均属于企业的日常活动。明确界定日常活动是为了将收入与利得相区分,日常活动是确认收入的重要判断标准。凡是日常活动所形成的经济利益的流入应当确认为收入;反之,非日常活动所形成的经济利益的流入不能确认为收入,而应当计入利得。

B.收入会导致所有者权益的增加。

与收入相关的经济利益的流入应当会导致所有者权益的增加,不会导致所有者权益增加的经济利益的流入不符合收入的定义,不应确认为收入。

C.收入是与所有者投入资本无关的经济利益的总流入。

收入应当会导致经济利益的流入,从而导致资产的增加。例如,企业销售商品,应当收到现金或者在未来有权收到现金,才表明该交易符合收入的定义。但是,经济利益的流入有时是所有者投入资本的增加所致,所有者投入资本的增加不应当确认为收入,应将其直接确认为所有者权益。

②收入的确认条件。

收入的确认除了应当符合定义外,至少还应当符合以下条件:

A.与收入相关的经济利益应当很可能流入企业。

B.企业经济利益流入的结果会导致资产的增加或者负债的减少。

C.经济利益的流入额能够可靠地计量。

（2）费用

①费用的定义。

费用是指企业在日常活动中发生的、会导致所有者权益减少的、与向所有者分配利润无关的经济利益的总流出。费用一般具有以下特征：

A. 费用是企业在日常活动中形成的。

费用必须是企业在其日常活动中所形成的,这些日常活动的界定与收入定义中涉及的日常活动的界定相一致。日常活动所产生的费用通常包括销售成本、管理费用等。将费用界定为日常活动所形成的,其目的是为了将其与损失相区分。企业非日常活动所形成的经济利益的流出不能确认为费用,而应当计入损失。

B. 费用会导致所有者权益的减少。

与费用相关的经济利益的流出应当会导致所有者权益的减少,不会导致所有者权益减少的经济利益的流出不符合费用的定义,不应确认为费用。

C. 费用是与向所有者分配利润无关的经济利益的总流出。

费用的发生应当会导致经济利益的流出,从而导致资产的减少或者负债的增加(最终也会导致资产的减少)。企业向所有者分配利润也会导致经济利益的流出,而该经济利益的流出属于投资者投资回报的分配,是所有者权益的直接抵减项目,不应确认为费用,应当将其排除在费用的定义之外。

②费用的确认。

费用的确认除了应当符合定义外,至少还应当符合以下条件：

A. 与费用相关的经济利益应当很可能流出企业。

B. 经济利益流出企业的结果会导致资产的减少或者负债的增加。

C. 经济利益的流出额能够可靠计量。

（3）利润

①利润的定义。

利润是指企业在一定会计期间的经营成果。通常情况下,如果企业实现了利润,表明企业的所有者权益将增加,业绩得到了提升;反之,如果企业发生了亏损,表明企业的所有者权益将减少,业绩会下降。

②利润的来源构成。

利润包括收入减去费用后的净额、直接计入当期利润的利得和损失等。利润有营业利润、利润总额和净利润。

营业利润是指营业收入减去营业成本、营业税费、期间费用(销售费用、管理费用和财务费用)、资产减值损失,加上公允价值变动净收益、投资净收益后的金额。

利润总额是指营业利润加上营业外收入,减去营业外支出后的金额。

净利润是指利润总额减去所得税费用后的金额。

③利润的确认。

利润反映收入减去费用、利得减去损失后的净额。利润的确认主要依赖于收入和费用以及利得和损失的确认,其金额的确定也主要取决于收入、费用、利得、损失金额的计量。

1.2.2   工作过程

【会计工作1】企业以融资租赁方式租入一项 A 固定资产,以经营租赁方式租入一项 B 固定资产,目前企业 A,B 设备均在投入使用,A,B 设备是否全是企业的固定资产?

【会计工作2】企业有 A,B 两台设备,A 设备属老化产品,自从 B 设备替代 A 设备后,企业一直未再使用 A 设备,由 B 设备完成企业全部生产任务。A 和 B 设备是否全是企业的固定资产?

【会计工作3】企业计划在 12 月份购买某存货,9 月份与销售方签订了购买协议,而购买行为发生在 12 月份,企业 9 月份是否能将该批存货确认为资产?

【会计工作4】企业处置固定资产、出租无形资产的收入是否应确认为企业的收入?

【会计工作5】企业处置固定资产发生的净损失能否确认为企业的费用?

【会计工作6】当期确认的投资收益或投资损失,处置固定资产、债务重组等发生的利得或损失能否直接计入当期利润?

1.2.3   知识拓展

明确自己将来的发展方向后,结合个人的情况,准备几招"职业利器"就必不可少了,可以从以下几方面着手:

①对业务流程的了解,对市场的变动趋势的掌握,职场沟通能力(甚至可以具体到着装、餐桌的礼仪)。

②上下级之间的说服管理能力,面对关键问题的及时判断,时间管理,迅速学习新技能的能力。

③当然自己的专业技能必须要熟练而非仅仅限于书面知识,以及流利的英语口语、规范的书面英语报告、办公软件的熟练掌握(比如 EXCEL 的宏、ACCESS 等)。

④开放、健康而年轻的心态也很重要。常常见到许多刚毕业的大学生在增长知识方面太过懈怠,往往认为只要掌握一种技能就可以安逸一生了,而不愿意主动学习市场、销售、生产人力等其他部门的知识,长此以往是有被淘汰的风险的。

⑤最重要的一点,对自己职业的规划,以及持之以恒的努力。

任务3   财务会计信息质量要求

相关知识

会计信息质量要求是对企业财务报告中所提供会计信息质量的基本规范,是使财务报告中所提供会计信息对投资者等使用者决策有用应具备的基本特征。根据《企业会计准则——基本准则》规定,它包括可靠性、相关性、可理解性、可比性、实质重于形式、重要性、谨慎性和及时性。

1）可靠性

可靠性要求企业应当以实际发生的交易或者事项为依据进行确认、计量和报告，如实反映符合确认和计量要求的各项会计要素及其他相关信息，保证会计信息真实可靠、内容完整。

可靠性原则要求企业做到：

①真实，即以实际发生的经济业务为依据进行会计核算。

②可靠，是指在经济业务进行记录和报告时，应以客观事实为依据，不偏不倚、不受主观意志的左右。

③完整，凡是与会计信息使用者决策相关的有用信息都应充分披露，包括报表及附注。

2）相关性

相关性，又称有用性，它要求"企业提供的会计信息应当与财务报告使用者的经济决策需要相关，有助于财务报告使用者对企业过去、现在或者未来的情况作出评价或者预测"。这是对会计信息质量的一项基本要求。因为信息要有用，就必须与信息使用者的决策相关，尽可能满足各方信息使用者对会计信息的要求。

会计信息质量的相关性要求是以可靠性为基础的，两者之间是统一的，并不矛盾，不应将两者对立起来。也就是说，会计信息在可靠性前提下，尽可能地做到相关性，以满足投资者等财务报告使用者的决策需要。

3）可理解性

可理解性，也称明晰性，它要求"企业提供的会计信息应当清晰明了，便于财务报告使用者理解和使用"。这是对会计信息质量的基本要求。理解是使用的前提，可理解性是决策者与有用性的连接点。如果会计信息不能被决策者所理解，那么会计信息就毫无用处。因此，可理解性不仅是会计信息的一种质量标准，也是一个与信息使用者有关的质量标准。它要求会计人员应尽可能传递表达简明扼要、通俗易懂的会计信息，也要求信息使用者学习、了解有关的企业经营知识和会计知识，提高自身的综合素质，不断增强理解和使用会计信息的能力，从而作出科学的决策。

4）可比性

可比性是指企业提供的会计信息应当相互可比，它是保证会计信息可使用的重要条件，也是对会计信息质量的一项重要要求。这主要包括两层含义：

（1）同一企业不同时期可比

为了便于投资者等财务报告使用者了解企业财务状况、经营成果和现金流量的变化趋势，比较企业在不同时期的财务报告信息，全面、客观地评价过去、预测未来、作出决策，要求同一企业不同时期发生的相同或者相似的交易或者事项，应当采用一致的会计政策，不得随意变更。但是，满足会计信息可比性要求，并非表明企业不得变更会计政策。如果按照规定或者在会计政策变更后可以提供更可靠、更相关的会计信息，可以变更会计政策，只是有关会计政策变更的情况，应当在附注中予以说明。

（2）不同企业相同会计期间可比

为了方便投资者等财务报告使用者评价不同企业的财务状况、经营成果和现金流量及其变动情况,会计信息质量的可比性要求不同企业同一会计期间发生的相同或者相似的交易或者事项,应当采用统一规定的会计政策,确保会计信息口径一致、相互可比,以使不同企业按照一致的确认、计量和报告要求提供有关会计信息。

5)实质重于形式

实质重于形式原则要求:"企业应当按照交易或者事项的经济实质进行会计确认、计量和报告,不应仅以交易或者事项的法律形式为依据。"

企业发生的交易或事项在多数情况下其经济实质和法律形式是一致的,但在有些情况下也会出现不一致。例如,随着企业融资渠道的多元化,融资租入固定资产已成为许多企业融资的重要方式之一。在这种情况下,就会出现交易或者事项的经济实质与法律形式的分离。融资租入设备相当于承租企业采用分期付款的办法向出租企业购买所租入的设备。在设备款未付清之前,从法律形式上讲,设备的所有权并没有转移给承租人。但从经济性质上讲,由于租赁期相当或接近于设备的寿命周期,与该项资产有关的收益和风险已经转移给承租企业,承租企业实质上已经行使对该资产的控制权。按照实质重于形式原则的要求,企业对这类比较特殊的经济业务在会计核算中应注重其经济实质,而不必完全拘泥于其法律形式。即对融资租入设备在设备款未付清之前,在会计上也可以作为企业的自有资产进行核算。

6)重要性

重要性要求企业提供的会计信息应当反映与企业财务状况、经营成果和现金流量有关的所有重要交易或者事项。

企业的会计核算应当遵循重要性原则,在会计核算过程中对交易或事项应当区别其重要性程度,采用不同的核算方法。对资产、负债、损益有较大影响,进而影响财务报告使用者据以作出合理判断的重要会计事项,必须按照规定的会计方法和程序进行处理,并在财务报告中予以充分、准确地披露;对于次要的会计事项,在不影响会计信息真实性和不至于误导财务报告使用者作出正确判断的前提下,可适当简化处理。

重要性的应用需要依赖职业判断,企业应当根据其所处环境和实际情况,从项目的性质和金额大小两方面加以判断。例如,企业发生的某些支出,如果金额较小,从支出受益期来看,可能需要若干会计期间进行分摊,但根据重要性要求,可以一次计入当期损益。

7)谨慎性

谨慎性又称稳健性,它要求"企业对交易或者事项进行会计确认、计量和报告应当保持应有的谨慎,不应高估资产或收益,低估负债和费用"。

在市场经济环境下,企业的生产经营活动面临着许多风险和不确定性,如应收款项的可收回性、固定资产的使用寿命、无形资产的使用寿命、售出存货可能发生的退货或者返修等。会计信息质量的谨慎性要求,需要企业在面临不确定性因素的情况下作出职业判断时,应当保持应有的谨慎,充分估计到各种风险和损失,既不高估资产或者收益,也不低估负债或者费用。比如,根据《企业会计准则》的要求,对应收账款计提坏账准备、对存货等计提跌价准备等都是谨慎性原则在会计核算中的具体运用。

当然,谨慎性的应用不允许企业设置秘密准备。如果企业故意低估资产或者收入,或者故意高估负债或者费用,将不符合会计信息的可靠性和相关性要求。损害会计信息质量,扭曲企业实际的财务状况和经营成果,从而对使用者的决策产生误导,这是不符合会计准则要求的。

8）及时性

及时性是信息有用性的前提条件,它要求"企业对于已经发生的交易或事项,应当及时进行会计确认、计量和报告,不得提前或延后"。

在会计确认、计量和报告过程中贯彻及时性,一是要求及时收集会计信息,即在经济交易或者事项发生后,及时收集整理各种原始单据或者凭证;二是要求及时处理会计信息,即按照会计准则的规定,及时对经济交易或者事项进行确认或者计量,并编制财务报告;三是要求及时传递会计信息,即按照国家规定的有关时限,及时将编制的财务报告传递给财务报告使用者,便于其及时使用和决策。

会计信息质量关系到投资者决策、完善资本市场以及市场经济秩序等诸多重大问题。其中,可靠性、相关性、可理解性和可比性是会计信息的首要质量要求,是企业财务报告中所提供会计信息应具备的基本质量特征;实质重于形式、重要性、谨慎性和及时性是会计信息的次级质量要求,是对可靠性、相关性、可理解性和可比性等首要质量要求的补充和完善。会计人员在处理会计业务、提供会计信息时,应遵循对会计信息的质量要求,以便更好地为企业会计信息使用者服务。

【课后习题】

一、单项选择题

1. 下列各项中,符合资产会计要素定义的是(   )。

    A. 计划购买的原材料   B. 待处理财产损失

    C. 委托加工物资   D. 预收款项

2. 下列项目中,使负债增加的是(   )。

    A. 发行公司债券   B. 用银行存款购买公司债券

    C. 发行股票   D. 支付现金股利

3. 下列各项中可以引起资产和所有者权益同时发生变化的是(   )。

    A. 用税前利润弥补亏损

    B. 权益法下年末确认被投资企业当年实现的盈利

    C. 资本公积转增资本

    D. 将一项房产用于抵押贷款

4. 以下事项中,不属于企业收入的是(   )。

    A. 销售商品所取得的收入   B. 提供劳务所取得的收入

    C. 出售无形资产的经济利益流入   D. 出租机器设备取得的收入

5. 下列会计等式不正确的是(   )。

A.资产＝负债＋所有者权益　　　　　B.资产＝权益

C.收入－费用＝利润　　　　　　　　D.资产＝所有者权益－负债

6.确定会计核算空间范围的基本前提是(　　)。

　A.持续经营　　　B.会计主体　　　C.货币计量　　　D.会计分期

7.会计分期的前提是(　　)。

　A.持续经营　　　B.会计主体　　　C.货币计量　　　D.会计分期

8.企业应当以实际发生的交易或者事项为依据进行会计确认、计量和报告,如实反映符合确认和计量要求的各项会计要素及其他相关信息,保证会计信息真实可靠、内容完整。这体现会计核算质量要求的是(　　)。

　A.及时性　　　B.可理解性　　　C.相关性　　　D.可靠性

9.企业提供的会计信息应有助于财务会计报告使用者对企业过去、现在或者未来的情况作出评价或者预测,这体现了会计核算质量要求的是(　　)。

　A.相关性　　　B.可靠性　　　C.可理解性　　　D.可比性

10.强调某一企业各期提供的会计信息应当采用一致的会计政策,不得随意变更的会计核算质量要求的是(　　)。

　A.可靠性　　　B.相关性　　　C.可比性　　　D.可理解性

11.企业会计核算必须符合国家的统一规定,这是为了满足(　　)要求。

　A.可靠性　　　B.可比性　　　C.相关性　　　D.重要性

12.企业对于已经发生的交易或者事项,应当及时进行会计确认、计量和报告,不得提前或者延后。这体现的是(　　)。

　A.及时性　　　B.相关性　　　C.谨慎性　　　D.重要性

13.企业提供的会计信息应当清晰明了,便于财务会计报告使用者理解和使用。这体现的是(　　)。

　A.相关性　　　B.可靠性　　　C.及时性　　　D.可理解性

14.如果会计信息的表达含糊不清,就容易使会计信息的使用者产生歧义,从而降低会计信息的质量。这违背了(　　)的要求。

　A.可理解性　　　B.相关性　　　C.及时性　　　D.可靠性

15.对期末存货采用成本与可变现净值孰低计价,其所体现的会计核算质量要求的是(　　)。

　A.及时性　　　B.相关性　　　C.谨慎性　　　D.重要性

16.企业将劳动资料划分为固定资产和低值易耗品,是基于(　　)会计核算质量要求。

　A.重要性　　　B.可比性　　　C.谨慎性　　　D.可理解性

17.我国企业会计准则规定,企业的会计核算应当以(　　)为基础。

　A.权责发生制　　　B.实地盘存制　　　C.永续盘存制　　　D.收付实现制

18.某企业将预收的货款计入"预收账款"科目,在收到款项的当期不确认收入,而在实际发出商品时确认收入,这主要体现的会计基本假设是(　　)。

　A.会计主体　　　B.持续经营　　　C.会计分期　　　D.货币计量

19. 企业确认资产或负债应满足有关的经济利益（　　）流入或流出企业的条件。

    A. 可能　　　　　　　B. 基本确定　　　　　　C. 很可能　　　　　　D. 极小可能

二、多项选择题

1. 下列业务事项中，可以引起资产和负债同时变化的有（　　）。

    A. 融资租入固定资产　　　　　　　　B. 计提存货跌价准备

    C. 收回应收账款　　　　　　　　　　D. 取得长短期借款

2. 下列项目中，能够引起资产和负债同时增减变动的是（　　）。

    A. 计提管理部门固定资产折旧

    B. 固定资产尚未达到预定可使用状态之前，符合资本化条件时计提的借款利息

    C. 发放股票股利

    D. 采用折价发行债券，款项已存入银行

    E. 用银行存款支付融资租入固定资产租金

3. 下列项目中不应作为负债确认的有（　　）。

    A. 因购买货物而暂欠外单位的货款

    B. 按照购货合同约定以赊购方式购进货物的货款

    C. 计划向银行借款 100 万元

    D. 因经济纠纷导致的法院尚未判决且金额无法合理估计的赔偿

4. 会计核算的基本前提包括（　　）。

    A. 持续经营　　　　B. 会计主体　　　　C. 货币计量　　　　D. 会计分期

5. 可靠性要求做到（　　）。

    A. 内容完整　　　　B. 数字准确　　　　C. 资料可靠　　　　D. 对应关系清楚

6. AS 股份有限公司 2006 年 9 月销售商品一批，增值税发票已经开出，商品已经发出，并办妥托收手续，但此时得知对方企业在一次交易中发生重大损失，财务发生困难，短期内不能支付货款，为此 AS 股份有限公司本月未确认收入，这是根据（　　）会计核算质量要求。

    A. 实质重于形式　　B. 重要性　　　　　C. 谨慎性　　　　　D. 相关性

7. 下列事项中，体现实质重于形式会计核算质量要求的是（　　）。

    A. 将低值易耗品作为存货核算

    B. 售后回购销售方式下不确认收入（该交易不是按公允价值达成的）

    C. 售后租回业务方式下不确认收入（该交易不是按公允价值达成的）

    D. 融资租入固定资产的核算

8. 相关性要求所提供的会计信息（　　）。

    A. 满足企业内部加强经营管理的需要

    B. 满足国家宏观经济管理的需要

    C. 满足有关各方面了解企业财务状况和经营成果的需要

    D. 满足提高全民素质的需要

9. 下列做法中,违背会计核算可比性的是(　　　)。

A. 鉴于某项固定资产经改良性能提高,决定延长其折旧年限

B. 鉴于利润计划完成情况不佳,将固定资产折旧方法由原来的双倍余额递减法改为平均年限法

C. 鉴于某项专有技术已经陈旧过时,未来不能给企业带来经济利益,将其账面价值一次性核销

D. 鉴于被投资企业将发生亏损,将该投资由权益法核算改为成本法核算

10. 在有不确定因素情况下作出判断时,下列事项符合谨慎性的做法是(　　　)。

A. 设置秘密准备　　　　　　　　　B. 合理估计可能发生的损失和费用

C. 充分估计可能取得的收益和利润　D. 不要高估资产和预计收益

11. 下列各种会计处理方法,体现谨慎性的做法是(　　　)。

A. 固定资产采用加速折旧方法计提折旧

B. 计提各项资产减值准备

C. 在物价持续下跌的情况下,采用先进先出法计价

D. 企业自行研发无形资产时,研究过程中的费用于发生时计入当期管理费用

12. 下列不属于会计信息质量要求的有(　　　)。

A. 实质重于形式　　　　　　　　　B. 重要性

C. 划分收益性支出和资本性支出　　D. 配比原则

E. 历史成本原则　　　　　　　　　F. 一贯性

13. 会计计量属性主要包括(　　　)。

A. 历史成本　　　　　　　　　　　B. 重置成本

C. 可变现净值　　　　　　　　　　D. 现值

E. 公允价值

14. 下列属于中期财务报告的是(　　　)。

A. 年度财务会计报告　　　　　　　B. 半年度财务会计报告

C. 季度财务会计报告　　　　　　　D. 月度财务会计报告

三、判断题

1. 负债增加则资产一定增加。　　　　　　　　　　　　　　　　　　　(　　　)

2. 会计核算的可比性要求之一是同一会计主体在不同时期尽可能采用相同的会计程序和会计处理方法,以便于不同会计期间会计信息的纵向比较。　　　　　　　(　　　)

3. 按照谨慎性企业可以合理估计可能发生的损失和费用,因此企业可以任意提取各种准备。　　　　　　　　　　　　　　　　　　　　　　　　　　　　　　(　　　)

4. 对于重要的交易或事项,应当单独、详细反映,对于不重要、不会导致投资者等有关各方决策失误或误解的交易或事项,可以合并、粗略反映,以节省提供会计信息的成本。

(　　　)

5. 按照重要性,企业会计核算时将某一项劳动资料划分为固定资产和低值易耗品。

(　　　)

6. 我国企业会计准则规定，所有单位都应以权责发生制为基础进行核算。　　（　　）

7. 财务会计报告包括会计报表及其附注和其他应当在财务会计报告中披露的相关信息和资料。　　（　　）

8. 负债是指企业过去的交易或者事项形成的、预期会导致经济利益流出企业的现时义务。　　（　　）

9. 出售无形资产取得收益会导致经济利益的流入，所以，它属于准则所定义的"收入"范畴。　　（　　）

10. 利润是企业在日常活动中取得的经营成果，因此它不应包括企业在偶发事件中产生的利得和损失。　　（　　）

11. 在企业负债金额既定的情况下，企业本期净资产的增减额就是企业当期的利润额或发生的亏损额。　　（　　）

项目 2　货币资金的核算

任务 1　库存现金的核算

2.1.1　相关知识

1）货币资金的概念

货币资金是指企业生产经营过程中处于货币形态的资产。根据存放的地点和用途不同，可以将其分为库存现金、银行存款和其他货币资金。

2）库存现金

（1）库存现金的概念

库存现金是指通常存放于企业财会部门、由出纳人员经管的货币。库存现金是企业流动性最强的资产，有着严格的管理制度。企业应当遵守国家有关现金管理制度，正确进行现金收支活动，监督现金使用的真实性、合法性、合理性。

（2）现金管理制度

根据国务院发布的《现金管理工作暂行条例》的规定，现金管理制度主要包括以下内容：

①现金使用范围。

A. 职工工资、津贴。

B. 个人劳务报酬。

C. 根据国家规定颁发给个人的科学技术、文化艺术、体育等各种奖金。

D. 各种劳保、福利费用以及国家规定的对个人的其他支出。

E. 向个人收购农副产品和其他物资的价款。

F. 出差人员必须随身携带的差旅费。

G. 结算起点以下的零星支出。

H. 中国人民银行确定需要支付现金的其他支出。

除以上情况可以支付现金外，其他款项的支付应通过银行转账结算。

②现金的库存限额。

为了满足企业日常零星开支的需要，企业可按规定保持一定数量的现金。现金的库存限额是指开户银行根据单位的实际需要核定库存现金的最高限额。一般是按照单位 3～5 天日常零星开支的需要确定。远离银行或交通不便的企业，可按 5 天但不得超过 15 天的日常支出来核定。超过库存现金限额的部分应于当日终了前存入银行,现金不足部分可从银行提现。如需要增加或减少库存现金限额的,应当向开户银行提出申请,由开户银行核定。

③现金收支的规定。

A. 单位支付现金应从企业库存现金限额中支付或从开户银行提取,不得从本单位的现金收入中直接支付,即不得坐支现金。因特殊需要坐支现金的,应事先报开户银行审查批准,并在核定的坐支范围和限额内进行。

B. 不准"白条抵库"。

C. 不准将单位收入存入个人账户。

D. 不准公款私用。

E. 不准设置"小金库"。

④现金的清查。

为保证现金的安全完整,企业应当对库存现金进行清查,如发现有违反现金收支规定的行为应及时纠正。对于清查结果应当编制现金盘点表,如果账实不符,出现现金短缺或溢余,应先通过"待处理财产损溢"科目核算,待查明原因后经有关领导批准,再分情况进行处理。

⑤现金的内部控制。

A. 建立现金岗位责任制,明确职责权限,确保不相容职务相分离,做到相互制约和监督。

B. 建立现金授权批准制度。

C. 建立岗位定期轮换制度。

D. 严禁一人保管支付款项的全部印章。

E. 建立与现金有关的票据管理制度。

⑥现金的账务处理。

企业应当设置"库存现金"科目,反映现金的收入、支出和结存情况。该账户借方登记现金的增加,贷方登记现金的减少;期末余额在借方,表示库存现金的实际结存数。为了全面系统地反映和监督现金的收、支、存情况,企业应当设置现金总账和现金日记账,分别对库存现金进行总分类核算和明细分类核算。现金日记账由出纳人员根据收、付凭证,按照业务发生的时间先后顺序,逐日逐笔登记。每日终了,出纳人员结出现金日记账的余额,并与实存现金核对,做到账实相符;每月终了,现金日记的余额应当与现金总账的余额核对,做到账账相符。

2.1.2 工作过程

1）现金收入业务

【会计工作1】2016 年 5 月 19 日,企业从银行提取现金 10 000 元。

【会计凭证】现金支票

【工作指导】企业应作如下会计处理:

借:库存现金   10 000

贷：银行存款　　　　　　　　　　　　　　　　　　　10 000

2）现金支出业务

【会计工作2】2016年5月25日，企业职工李明出差回来报销差旅费2 500元。

【会计凭证】差旅费报销单、借款单、派遣单

【工作指导】企业应作如下会计处理：

借：管理费用　　　　　　　　　　　　　　　　　　　2 500

　　贷：库存现金　　　　　　　　　　　　　　　　　2 500

2.1.3　知识拓展

现金清查的账务处理

企业应当设置"待处理财产损溢"科目，专门用来核算现金清查的结果。

(1)库存现金短缺，即盘亏的账务处理

①企业发生现金短缺时：

借：待处理财产损溢——待处理流动资产损溢

　　贷：库存现金

②待查明原因批准后，分别作以下处理：

借：其他应收款(应由责任人、保险公司赔偿的部分)

　　管理费用(无法查明的其他原因)

　　贷：待处理财产损溢——待处理流动资产损溢

(2)库存现金溢余，即盘盈的账务处理

①企业发生现金溢余时：

借：库存现金

　　贷：待处理财产损溢——待处理流动资产损溢

②待查明原因批准后，分别作以下处理：

借：待处理财产损溢——待处理流动资产损溢

　　贷：其他应付款(应支付给有关人员或单位的)

　　　　营业外收入(无法查明原因的)

任务2　银行存款的核算

2.2.1　相关知识

1）银行存款的概念

银行存款是企业存放在银行或其他金融机构的货币资金。企业应当根据业务需要，按照国家《支付结算办法》的规定，在当地银行开立账户，办理存款、取款、转账等结算业务。

银行的支付结算必须严格执行银行结算制度。

2）银行存款的账务处理

企业应当设置"银行存款"科目，用来反映银行存款的增减变动及余额情况。该账户为资产账户，借方登记银行存款的增加，贷方登记银行存款的减少，期末余额在借方，表示银行存款的余额。

企业应当设置银行存款总账和银行存款日记账，分别对银行存款进行总分类核算和明细分类核算。银行存款总账由不从事出纳工作的会计人员登记，一般采用三栏式。银行存款日记账由出纳人员登记。账簿格式和登记方法与库存现金基本相同。

3）银行存款日记账与银行对账单核对

企业银行存款日记账应与银行对账单核对，至少每月核对一次。如果发现银行日记账与银行对账单余额不一致，其原因可能是记账错误或存在未达账项。如为记账错误，则应立即更改；如果是存在未达账项，则应编制"银行存款余额调节表"，调节后双方余额应相等。银行存款余额调节表只是为了核对账目，不能作为调整银行存款余额的记账依据。

未达账项是由于结算凭证在企业与银行之间或收付款银行之间传递的时间差而导致企业与银行之间一方已入账，另一方未入账的账款。具体有四种情况：一是企业已收款入账，银行未入账；二是企业已付款，银行未付款入账；三是银行已收款入账，企业未收款入账；四是银行已付款入账，企业未付款入账。银行存款余额调节表编制方法有多种，一般以双方账面余额为起点，加减各自的未达账项，使双方余额相等。

2.2.2 工作过程

1）银行存款收入业务

【会计工作3】2016年5月25日，企业收到南方公司转账支票一张，金额100 000元，偿还前欠货款。

【会计凭证】转账支票、进账单

【工作指导】企业应作如下会计处理：

借：银行存款　　　　　　　　　　　　　　　100 000

　　贷：应收账款　　　　　　　　　　　　　　　100 000

【会计工作4】2016年5月26日，企业销售M产品一批，货款20 000元，增值税3 400元，收到转账支票一张。

【会计凭证】转账支票、销售发票、增值税专用发票、进账单

【工作指导】企业应作如下会计处理：

借：银行存款　　　　　　　　　　　　　　　23 400

　　货：主营业务收入　　　　　　　　　　　　　20 000

　　　　应交税费——应交增值税（销项税额）　　3 400

2）银行存款支出业务

【会计工作5】某企业2016年5月28日外购材料一批，买入价格30 000元，增值税

5 100 元,材料已经入库。通过银行转账支付该货款。

【会计凭证】购货发票、转账支票、入库单、增值税专用发票抵扣联

【工作指导】企业应作如下会计处理:

借:原材料 30 000
　应交税费——应交增值税(进项税额) 5 100
　　贷:银行存款 35 100

3)银行存款余额调节表的编制

【会计工作6】某企业在建设银行账户,2016 年 5 月 30 日银行存款日记账余额为 2 500 000元,银行对账单的余额为 5 500 000 元。经逐笔核对后发现以下未达账项:

①企业开出转账支票 3 500 000 元,并已登记银行存款减少,但持票人尚未到银行办理转账,银行尚未记账。

②企业送存转账支票 5 000 000 元,并已登记银行存款增加,但银行尚未记账。

③银行接受企业委托代收货款 4 700 000 元,银行已办好手续登记入账,但企业尚未接到收款通知,未记账。

④银行代企业支付水电费 200 000 元,银行已登记企业银行存款减少,但企业未收银行付款通知,未记账。

【会计凭证】银行对账单

【工作指导】企业应编制银行存款余额调节表。

表 2.1　银行存款日记账

2014 年		记账凭证		摘　要	结算凭证		收　入	支　出	余　额
月	日	字	号		种类	号数			
1	24			余　额					250 000
	25	银付	228	付购料款	转支	045		200 000	50 000
	26	银付	229	付运费	转支	046		1 000	49 000
	27	银收	108	收销货款	电汇		234 000		283 000
	30	银付	230	付购料款	电汇			90 000	193 000
	30	银付	231	付修理费	转支	047		2 500	190 500
	31	银收	109	收销货款	转支	127	150 000		340 500

表2.2　银行对账单

2014 年		摘　要	结算凭证		存　入	支　出	余　额
月	日		种类	号数			
1	24	余　额					250 000
	26	宏汇工厂	电汇		234 000		484 000
	28	二　场	转支	046		1 000	483 000
	28	丰立公司	转支	045		200 000	283 000
	28	电费	信汇			23 000	260 000
	28	中鞭公司	汇票	148	3 200		263 200
	29	三环公司	信汇		60 000		323 200
	30	货　款	电汇			90 000	233 200

表2.3　银行存款余额调节表

单位名称：　　　　　　　　　　年　　月　　日　　　　　　　　　　单位:元

项　目	金　额	项　目	金　额
企业银行日记账余额		银行对账单余额	
加:银行已收 　企业未收款项 减:银行已付 　企业未付款项		加:企业已收 　银行未收款项 减:企业已付 　银行未付款项	
调节后存款余额		调节后存款余额	

主管会计：　　　　　　　　　　　　　　　　　　　　制表：

2.2.3　知识拓展

【拓展1】

银行存款开户的有关规定

银行存款账户分为基本存款账户、一般存款账户、临时存款账户和专用存款账户等。

基本存款账户是企业办理日常结算业务和现金收付的账户。该账户是存款人的主要账户,主要办理存款人日常经营活动的资金收付及其工资、奖金和现金的支取。单位只能选择一家银行的一个营业机构开立一个基本存款账户,不得在多家银行机构开立基本存款账户。

一般存款账户是存款人因借款或其他账户转存、借款归还和其他结算的资金收付。该账户可以办理现金缴存,但不得办理现金支取。开立基本存款账户的存款人都可以开立一般存款账户。根据规定,只要存款人具有借款或其他结算需要,都可以申请开立一般存款账户,且没有数量限制。

临时存款账户是指存款人因临时需要并在规定期限内使用而开立的银行汇票结算账户。该账户用于办理临时机构以及存款人临时经营活动发生的资金收付。其有效期限最长不得超过两年。

专用存款账户是存款人按照法律、行政法规和规章,对其特定用途资金进行专项管理和使用而开立的银行结算账户。该账户用于办理各项专用资金的收付。

【拓展2】

支付结算方式

根据中国人民银行颁布的《支付结算办法》规定,企业可以选择使用的结算方式有:银行本票、银行汇票、支票、汇兑、托收承付、商业汇票、委托收款等。

银行本票是指由出票银行签发的,承诺自己在见票时无条件支付确定的金额给收款人或持票人的票据。无论单位或个人在同一票据交换区支付各种款项,均可使用银行本票。在会计核算中,使用"其他货币资金——银行本票"账户。

银行汇票是指汇款人将款项交存银行,由出票银行签发的,并由其在见票时按实际结算金额无条件支付给收款人或持票人的票据。单位和个人的各种款项结算,在同城或异地均可使用此种结算方式。在会计核算中,使用"其他货币资金——银行汇票"账户。

支票是单位或个人签发的,委托办理支票存款业务的银行见票时无条件支付确定金额给收款人或持票人的票据。单位和个人在同一票据交换区的各种款项结算均可使用支票。在会计核算中,使用"银行存款"账户。

汇兑是指汇款人委托银行将其款项支付给收款人的结算方式。汇兑分为信汇、电汇两种,适用于异地之间的各种款项结算。在会计核算中,债权方使用"应收账款"账户,债务方使用"应付账款"账户。

托收承付是根据购销合同由收款人发货后委托银行向异地付款人收取款项,并由付款人向银行承认付款的结算方式。使用托收承付的单位必须是国有企业、供销合作社以及经营管理良好并经开户银行审查同意的城乡集体所有制工业企业。办理托收承付结算的款项必须是商品交易以及因商品交易而产生的劳务供应款。代销、寄销、赊销的商品款项,均不得办理托收承付结算。该方式适用于异地之间的各种款项结算。在会计核算中,债权方使用"应收账款"账户,债务方使用"应付账款"账户。

商业汇票是指出票人签发的,委托付款人在指定的日期无条件支付确定金额给收款人或持票人的票据。商业汇票分为商业承兑汇票和银行承兑汇票。在银行开立账户的法人之间根据购销合同进行的商品交易均可使用商业汇票。该方式在同城、异地均可使用。

委托收款是指收款人委托银行向付款人收取款项的结算方式,分为邮寄和电报两种。以委托收款结算方式办理款项收取,同城、异地均可使用。在会计核算中,债权人使用"应收账款"账户,债务人使用"应付账款"账户。

任务3　其他货币资金的核算

2.3.1　相关知识

1）其他货币资金的概述

其他货币资金是指企业除库存现金和银行存款以外的各种货币资金，主要包括银行汇票存款、银行本票存款、外埠存款、信用证保证金存款、信用卡存款和存出投资款。

（1）银行汇票存款

银行汇票存款是指企业为取得银行汇票按规定存入银行的款项。银行汇票是由出票银行签发的，在其见票时按实际结算金额无条件支付给收款人或持票人的票据。

（2）银行本票存款

银行本票存款是指企业为取得银行本票按规定存入银行的款项。银行本票是由银行签发的，承诺自己在见票时无条件支付确定金额给收款人或持票人的票据。

（3）外埠存款

外埠存款是指企业到外地进行临时或零星采购时，汇往采购地银行开立采购专户的款项。该项账户存款不计利息，只收不付，付完清户。

（4）信用证保证金存款

信用证保证金存款是指采用信用证结算的企业为开具信用证而存入银行信用证保证金专户的款项。

（5）信用卡存款

信用卡存款是指企业为取得信用卡而存入银行信用卡专户的款项。

（6）存出投资款

存出投资款是指企业已存入证券公司但尚未进行短期投资的现金。

2）其他货币资金的账务处理

为了反映和监督其他货币资金的增减变动及结存情况，企业应当设置"其他货币资金"账户，借方登记其他货币资金的增加，贷方登记其他货币资金的减少，期末余额在借方，反映企业实际持有的其他货币资金。该账户应按其他货币资金的种类设置明细账户进行明细核算。

（1）银行汇票存款核算

企业使用银行汇票应向出票银行填写"银行汇票申请书"，出票银行受理银行汇票申请书，收妥款项签发银行汇票，并将银行汇票和解讫通知书一并交给申请人。收款人受理申请人交付的银行汇票，根据实际需要的款项办理结算，将实际结算金额和多余金额填入银行汇票的有关栏内。银行汇票可以背书转让，持票人向银行提示付款时，必须同时提交银行汇票和解讫通知书，缺少任何一联，银行不予受理。银行汇票丧失，失票人可以凭人民法院出具的享有票据权利的证明，向出票银行请求付款或退款。

企业填写"银行汇票申请书"将款项交存银行时，借记"其他货币资金——银行汇票"科目,贷记"银行存款"科目;企业持银行汇票购货时,根据发票账单等凭证,借记"材料采购""应交税费——应交增值税(进项税额)",贷记"其他货币资金——银行汇票"科目。采购完毕有多余款项时,应借记"银行存款"科目,贷记"其他货币资金——银行汇票"科目。销货单位收到银行汇票时,根据进账单及销售发票,借记"银行存款"科目,贷记"主营业务收入""应交税费——应交增值税(销项税额)"等科目。

(2)银行本票存款核算

企业使用银行本票应向银行填写"银行本票申请书",出票银行受理银行本票申请书,收妥款项后签发银行本票,在本票上签章后交给申请人,申请人将银行本票交付给票据上记载的收款人。银行本票可以背书转让。银行本票分为定额本票和不定额本票两种。

企业填写"银行本票申请书",把款项交存银行时,借记"其他货币资金——银行本票"科目,贷记"银行存款"科目;企业持银行本票采购货物时,根据发票账单等凭证,借记"材料采购"科目"应交税费——应交增值税(进项税额)"等科目,贷记"其他货币资金——银行本票"科目;如超期未使用要求银行退款时,根据银行收回本票盖章退回的进账单,借记"银行存款"科目,贷记"其他货币资金——银行本票"科目。销货单位收到银行汇票时,根据进账单及销售发票,借记"银行存款"科目,贷记"主营业务收入""应交税费——应交增值税(销项税额)"等科目。

(3)外埠存款核算

企业将款项汇往外地时,应填写汇款委托书,委托银行办理汇款。根据汇出款项凭证,借记"其他货币资金——外埠存款"科目,贷记"银行存款"科目;外出采购人员转来外埠采购货物的发票账单等凭证时,借记"材料采购"科目、"应交税费——应交增值税(进项税额)"等科目,贷记"其他货币资金"科目;外地采购完成后,将多余款项转回,根据银行收款通知,借记"银行存款"科目,贷记"其他货币资金——外埠存款"科目。

(4)信用证保证金存款核算

企业取得信用证,应填写"信用证申请书",将信用证保证金存入银行。企业根据"信用证申请书"回单,借记"其他货币资金——信用证保证金"科目,贷记"银行存款"科目;企业用信用证采购时,根据供货单位信用证结算凭证及发票账单,借记"材料采购""应交税费——应交增值税(进项税额)"等科目,贷记"其他货币资金——信用证保证金"科目。采购完成时,将未用完的信用证保证金存款余额转回,借记"银行存款"科目上,贷记"其他货币资金——信用证保证金"科目。

(5)信用卡存款核算

凡在中国境内金融机构开立基本存款账户的单位可申领信用卡。企业申领时应填制"信用卡申请表",连同支票和有关资料报送发卡银行,根据银行盖章的进账单,借记"其他货币资金——信用卡存款"科目,贷记"银行存款"科目;企业用信用卡购物消费时,收到银行转来的付款凭证及发票账单时,借记"管理费用"等科目,贷记"其他货币资金——信用卡存款"科目。如需续存资金的,借记"其他货币资金——信用卡存款"科目,贷记"银行存款"科目;如不需要继续使用信用卡时,应持卡到银行办理销户,销户时,借记"银行存款"科目,贷记"其他货币资金——信用卡存款"科目。

（6）存出投资款核算

企业将款项存入证券公司，借记"其他货币资金——存出投资款"科目，贷记"银行存款"科目；当用款项购买短期股票、债券时，借记"交易性金融资产"科目，贷记"其他货币资金——存出投资款"科目。

2.3.2　工作过程

【会计工作7】企业于2016年6月1日申请银行汇票，填写银行汇票申请书，金额30 000元，银行受理。

【会计凭证】银行汇票申请书

【工作指导】企业应作如下会计处理：

借：其他货币资金——银行汇票　　　　　　　　　　30 000

　　贷：银行存款　　　　　　　　　　　　　　　　　　30 000

【会计工作8】2016年6月10日，向丙企业购进材料一批，价款20 000元，增值税3 400元，价税合计以银行汇票支付。余额尚未退回。

【会计凭证】费用报销审批单、银行汇票、增值税专用发票

【工作指导】企业应作如下会计处理：

借：材料采购　　　　　　　　　　　　　　　　　　20 000

　　应交税费——应交增值税（进项税额）　　　　　　3 400

　　贷：其他货币资金——银行汇票　　　　　　　　　23 400

【会计工作9】2016年6月12日，银行转来多余货款的收账通知，金额6 600元。

【会计凭证】银行汇票收账通知书

【工作指导】企业应作如下会计处理：

借：银行存款　　　　　　　　　　　　　　　　　　6 600

　　贷：其他货币资金——银行汇票　　　　　　　　　6 600

【会计工作10】2016年6月13日，企业向证券公司划出款项1 000 000元，准备进行短期投资。

【会计凭证】转账支票

【工作指导】企业应作如下会计处理：

借：其他货币资金——存出投资款　　　　　　　　　1 000 000

　　贷：银行存款　　　　　　　　　　　　　　　　　1 000 000

【课后习题】

一、单项选择题

1. 企业将款项委托开户银行汇往采购地银行，开立采购专户时，应借记的科目是（　　　）。

　　A."银行存款"科目　　　　　　　　　　B."材料采购"科目

C."其他货币资金"科目　　　　　　　　D."其他应收款"科目

2.下列各项中,不属于"其他货币资金"科目核算内容的是(　　)。

　　A.信用证存款　　B.存出投资款　　C.备用金　　　　D.银行汇票存款

3.企业采用银行承兑汇票结算方法购进货物,签发的银行承兑汇票经开户银行承兑时,支付的承兑手续费应计入(　　)。

　　A.管理费用　　　　B.财务费用　　　　C.营业外支出　　D.其他业务成本

4.企业在现金清查中发现多余现金,在未经批准处理之前,应借记"现金"科目,贷记(　　)科目。

　　A."营业外收入"　　　　　　　　　　B."待处理财产损溢"

　　C."其他应付款"　　　　　　　　　　D."其他业务收入"

5.企业的银行存款账户中,办理日常转账结算和现金收付业务的是(　　)。

　　A.基本存款账户　　　　　　　　　　B.一般存款账户

　　C.临时存款账户　　　　　　　　　　D.专用存款账户

6.经过"银行存款余额调节表"调整后的银行存款余额为(　　)。

　　A.企业账上的银行存款余额

　　B.银行账上的企业存款余额

　　C.企业可动用的银行存款数额

　　D.企业应当在会计报表中反映的银行存款余额

7.商业承兑汇票的承兑人通常为(　　)。

　　A.购货企业　　　　　　　　　　　　B.销货企业

　　C.购货企业的开户银行　　　　　　　D.销货企业的开户银行

8.根据《支付结算办法》规定,银行汇票的提示付款期限为(　　)。

　　A.自出票日起 10 日　　　　　　　　B.自出票日起 1 个月

　　C.自出票日起 2 个月　　　　　　　　D.自出票日起 6 个月

9.根据《现金管理暂行条例》规定,下列经济业务中,不能用现金支付的是(　　)。

　　A.支付职工奖金 5 000 元　　　　　　B.支付零星办公用品购置费 800 元

　　C.支付物资采购货款 1 200 元　　　　D.支付职工差旅费 2 000 元

10.企业对现金清查中发现的确实无法查明原因的长款,应将其计入(　　)。

　　A.其他业务收入　　B.资本公积　　　C.盈余公积　　　D.营业外收入

11.甲公司 5 月 1 日将本年 4 月 1 日签发、期限 3 个月、票面价值 60 000 元的不带息商业汇票向银行贴现,年贴现率为 6%。甲公司的贴现收入为(　　)元。

　　A.59 100　　　　B.59 400　　　　C.59 700　　　　D.60 300

12.下列各类款项,适用于托收承付结算方式的是(　　)。

　　A.代销商品的款项　　　　　　　　　B.寄销商品的款项

　　C.赊销商品的款项　　　　　　　　　D.因商品交易而产生的款项

13.现行银行结算办法规定,支票付款的有效期限应为(　　)。

　　A.3 天　　　　　B.5 天　　　　　　C.10 天　　　　　D.15 天

14. 现行银行结算办法规定,下列结算方式中,只能用于商品交易款项结算的是(　　)。

　　A. 银行汇票结算方式　　　　　　　　B. 商业汇票结算方式

　　C. 委托收款结算方式　　　　　　　　D. 银行本票结算方式

15. 企业采购人员持银行汇票到外地办理款项支付结算后,根据有关凭证账单报销时,应借记有关科目,贷记(　　)。

　　A. "银行存款"科目　　　　　　　　B. "应付票据——商业承兑汇票"科目

　　C. "应付票据——银行承兑汇票"科目　D. "其他货币资金"科目

16. 不单独设置"备用金"科目的企业,内部各部门、各单位周转使用的备用金,应通过(　　)科目核算。

　　A. 现金　　　　B. 其他应收款　　　　C. 应收账款　　　　D. 预付账款

17. 商业汇票的提示付款期限为(　　)天。

　　A. 5　　　　　　B. 10　　　　　　C. 20　　　　　　D. 30

18. 下列各项中,可以采用商业汇票进行结算的是(　　)。

　　A. 法人之间具有真实的交易　　　　B. 个人之间具有真实的交易

　　C. 法人之间只有商品交易才可采用　D. 个人之间只有商品交易才可采用

19. 某企业持有一张 2003 年 2 月 28 日签发、期限为 3 个月的商业汇票。该商业汇票的到期日为(　　)。

　　A. 5 月 28 日　　　B. 5 月 29 日　　　C. 5 月 30 日　　　D. 5 月 31 日

20. 某企业对基本生产车间所需备用金采用定额备用金制度。当基本生产车间报销日常管理支出而补足其备用金定额时,应借记的会计科目是(　　)。

　　A. 其他应收款　　　B. 其他应付款　　　C. 制造费用　　　D. 生产成本

二、多项选择题

1. 按照《银行账户管理办法》规定,银行存款账户分为(　　)。

　　A. 基本存款账户　　　　　　　　B. 一般存款账户

　　C. 临时存款账户　　　　　　　　D. 专用存款账户

2. 商业汇票的签发人可以是(　　)。

　　A. 收款人　　　　B. 付款人　　　　C. 承兑申请人　　　D. 承兑银行

3. 企业发生的下列支出中,可用现金支付的有(　　)。

　　A. 发放本月职工工资 185 000 元　　B. 购买原材料价款 68 000 元

　　C. 购买办公用品 580 元　　　　　　D. 报销退休职工张某医药费 6 300 元

4. 下列各项中,属于其他货币资金的有(　　)。

　　A. 银行本票存款　　B. 信用卡存款　　C. 银行汇票存款　　D. 外埠存款

5. 下列各项中,符合《现金管理暂行条例》规定可以用现金结算的有(　　)。

　　A. 向个人收购农副产品支付的价款　B. 向企业购买大宗材料支付的价款

　　C. 支付给职工个人的劳务报酬　　　D. 出差人员随身携带的差旅费

6. 导致企业账银行存款的余额与银行账企业存款的余额在同一日期不一致的情况有

（　　）。

  A. 银行已记作企业的存款增加,而企业尚未接到收款通知,尚未记账的款项

  B. 银行已记作企业的存款减少,而企业尚未接到付款通知,尚未记账的款项

  C. 企业已记作银行存款增加,而银行尚未办妥入账手续的款项

  D. 企业已记作银行存款减少,而银行尚未支付入账的款项

 7. 下列各项中,不通过"其他货币资金"科目核算的有(　　)。

  A. 银行汇票存款   B. 银行承兑汇票

  C. 备用金   D. 存出投资款

三、判断题

 1. 根据现行银行结算办法的有关规定,异地托收承付结算方式可适用于各种企业办理商品交易,以及因商品交易而产生的劳务供应的款项。（　　）

 2. 企业采用代销、寄销、赊销方式销售商品的款项,不得采用异地托收承付结算方式结算货款。（　　）

 3. 我国的会计核算以人民币为记账本位币,因此,企业的现金是指库存的人民币现金,不包括外币。（　　）

 4. 企业与银行核对银行存款账目时,对已发现的未达账项,应当编制银行存款余额调节表进行调节,并进行相应的账务处理。（　　）

 5. 无论是商业承兑汇票还是银行承兑汇票,付款人都负有到期无条件支付票款的责任。（　　）

 6. 企业用银行汇票支付购货款时,应通过"应付票据"账户核算。（　　）

 7. 我国会计上所说的现金仅指企业库存的人民币。（　　）

 8. 未达账款是指企业与银行之间由于凭证传递上的时间差,一方已登记入账而另一方尚未入账的账项。（　　）

 9. 托收承付结算方式既适用于同城结算,也适用于异地结算。（　　）

 10. 商业承兑汇票是由购货企业签发的,并由购货企业承兑。（　　）

 11. 企业采用托收承付结算的款项,必须是商品交易,以及因商品交易而产生的劳务供应的款项。（　　）

 12. 企业平时核对银行存款只需以银行对账单为准。（　　）

 13. 单独设置"备用金"科目的企业,除了增加或减少拨入的备用金外,使用或报销有关备用金支出时不再通过"备用金"科目核算。（　　）

项目 3 应收及预付款项的核算

任务 1 应收票据的核算

3.1.1 相关知识

1）应收票据的概述

应收票据是企业因销售产品、提供劳务而收到的商业汇票。商业汇票是由出票人签发的,委托付款人在指定的日期无条件支付确定的金额给收款人或持票人的票据。根据承兑人不同,商业汇票分为商业承兑汇票和银行承兑汇票。商业汇票是指由付款人签发并承兑,或由收款人签发交由付款人承兑的汇票;银行承兑汇票是指由承兑银行开立存款账户的存款人签发,由承兑银行承兑的票据。按是否计息,商业汇票分为不带息商业汇票和带息的商业汇票。

商业汇票的付款期限最长不得超过 6 个月。

2）应收票据的账务处理

企业应收票据的核算应通过"应收票据"账户进行。该账户是资产类账户,借方登记取得的应收票据的面值,贷方登记到期收回的票款、背书转让、贴现或到期未收回票款转销的应收账款的账面价值,期末余额在借方,反映企业持有的商业汇票的票面金额。企业应设置"应收票据备查簿",详细登记商业汇票的种类、号数、票面金额、到期日等资料。

（1）应收票据的取得

应收票据取得的原因不同,会计处理方法也有所不同。取得应收票据时,均按其面值入账。因销售产品而收到的应收票据,应借记"应收票据"科目,贷记"主营业务收入""应交税费——应交增值税(销项税额)"等科目;因债务人抵偿前欠货款而取得的应收票据,应借记"应收票据"科目,贷记"应收账款"科目。

（2）应收票据的收回

应收票据收回时,按实际收到的金额,借记"银行存款"科目,贷记"应收票据"科目。

（3）应收票据的转让或贴现

①应收票据的转让。企业持有应收票据,当资金周转遇到困难时,可以将持有的商业汇票背书转让。背书是指在票据背面或粘贴单上记载有关事项并签章的票据行为。企业将持

有的商业汇票背书转让取得所需物资时,按应计入取得物资成本的金额,借记"材料采购"或"原材料""库存商品"等科目;按专用发票上注明的可抵扣的增值税额,借记"应交税费——应交增值税(进项税额)"科目;按商业汇票的票面金额,贷记"应收票据"科目;如有差额,借记或贷记"银行存款"科目。

②应收票据的贴现。应收票据贴现是指商业汇票持票人将未到期的商业汇票交存银行汇票,银行按票面金额扣除贴息后的金额交给贴现申请人的业务。票据贴现是一种融资行为,可以看成是以票据作抵押向银行借入的短期借款。企业通常按实际收到的金额,借记"银行存款"科目;按贴现利息部分借记"财务费用";按应收票据的面值贷记"应收票据"。

(4)应收票据到期退回

①未贴现的应收票据到期退回。未贴现的应收票据到期,承兑人无力支付时,应将票据退回给付款人,并将应收票据转为应收账款,借记"应收账款",贷记"应收票据"。

②已贴现应收票据的退回。已贴现的商业汇票到期,因承兑人的银行存款不足支付时,申请贴现的企业收到银行退回的应收票据和支付款项通知时,按所付本息借记"应收账款",贷记"银行存款"。如果承兑人无力付款,并且申请贴现的企业银行存款也不足支付时,银行作为逾期贷款,借记"应收账款"科目,贷记"短期借款"科目。

3.1.2　工作过程

1)应收票据的取得

【会计工作 1】2016 年 5 月 28 日,企业销售产品一批,货款为 300 000 元,增值税率为 17%,收到对方开出的不带息的商业承兑汇票一张,到期日为 8 月 28 日,票面金额为 351 000元。

【会计凭证】增值税专用发票、销售发票、商业承兑汇票

【工作指导】企业应作如下会计处理:

借:应收票据　　　　　　　　　　　　　　351 000

　　贷:主营业务收入　　　　　　　　　　　　300 000

　　　　应交税费——应交增值税(销项税额)　　51 000

2)应收票据的收回

【会计工作 2】承【会计工作 1】,2016 年 8 月 28 日,票据到期。收回票面金额 351 000 元存入银行。

【会计凭证】商业承兑汇票、银行存款凭单

【工作指导】企业应作如下会计处理:

借:银行存款　　　　　　　　　　　　　　351 000

　　贷:应收票据　　　　　　　　　　　　　　351 000

3)应收票据的转让

【会计工作 3】承【会计工作 1】,2016 年 6 月 20 日,企业将上述应收票据转让,以换取

生产所需原材料,材料已入库。材料款为 300 000 元,增值税率17%。

【会计凭证】商业承兑汇票、采购发票、增值税专用发票、入库单

【工作指导】企业应作如下会计处理:

借:原材料　　　　　　　　　　　　　　　　　　　　　300 000

　　应交税费——应交增值税(进项税额)　　　　　　　　51 000

　　　贷:应收票据　　　　　　　　　　　　　　　　　　　　351 000

4)应收票据的贴现

【会计工作4】承【会计工作1】,2016 年 6 月 28 日,企业将上述应收票据向银行申请贴现,贴息为 4 680 元,实际收到金额为 346 320 元。

【会计凭证】票据贴现凭证

【工作指导】企业应作如下会计处理:

借:银行存款　　　　　　　　　　　　　　　　　　　　346 320

　　财务费用　　　　　　　　　　　　　　　　　　　　　4 680

　　　贷:应收票据　　　　　　　　　　　　　　　　　　　　351 000

5)应收票据的到期退回

【会计工作5】承【会计工作1】,2016 年 8 月 28 日,票据到期,对方单位无力付款,将商业汇票退回。

【会计凭证】商业承兑汇票

【工作指导】企业应作如下会计处理:

借:应收账款　　　　　　　　　　　　　　　　　　　　351 000

　　　贷:应收票据　　　　　　　　　　　　　　　　　　　　351 000

3.1.3　知识拓展

带息应收票据的核算

一、带息应收票据的到期值的计算

带息应收票据的到期值＝票据金额＋票面利息

票面利息＝票据面值×票面利率×票据期限

公式中的票据期限有两种表示方式:

1. 以"天数"表示。即票据签发日和到期日"算头不算尾"或"算尾不算头"方法,按实际天数计算到期日。

例如:2016 年 3 月 20 日签发的 60 天的商业汇票,按"算头不算尾"的方法,3 月有 12 天,4 月有 30 天,5 月有 18 天,合计 60 天,到期日 +1 为 5 月 19 日。按"算尾不算头"的方法,3 月有 11 天,4 月 30 天,5 月 19 天,合计是 60 天,到期日不要 +1 直接为 5 月 19 日。

2. 以"月份"表示。即票据到期日以签发日期数月后的对日计算,不论每月月大月小。

例如:2016 年 5 月 15 日签发的 2 个月的商业汇票,到期日为 7 月 15 日。如为月末签发,到期日为相应月份的月末,例如:2016 年 4 月 30 日签发的 3 个月的商业汇票,到期日为 7

月 31 日。同时要特别注意 2 月份,是平年还是闰年。

二、带息应收票据的账务处理

1. 带息应收票据收回

带息应收票据到期收回时,按到期值借记"银行存款"科目;按账面余额贷记"应收票据"科目;按其差额贷记"财务费用"科目。

2. 带息应收票据的贴现

应收票据贴现的计算过程为:

(1)应收票据的到期值计算

(2)应收票据的贴现利息计算

贴现利息 = 票据到期值 × 贴现率 × 贴现期

贴现期 = 未到期票据期限 = 票据期限 – 已持有的票据期限

(3)贴现收入的计算

贴现收入 = 票据到期值 – 贴现利息

任务 2　应收账款的核算

3.2.1　相关知识

1)应收账款的概述

应收账款是指企业因销售商品、提供劳务等经营活动,应向购货方或接受劳务方收取的款项。其主要包括买价、增值税额及代购货单位垫付的包装费、运杂费等。应收账款是因为赊销业务产生,其确认时间为销售成立的时间。

2)应收账款的核算

为了反映和监督应收账款的增减变动及结存情况,企业应设置"应收账款"账户。不单独设置"预收账款"账户的企业,预收款项也在"应收账款"账户核算。该账户借方登记应收账款的增加,贷方登记应收账款的减少及确认的坏账损失,期末余额一般在借方,反映企业尚未收回的应收账款。在该账户下,应按不同的购货单位或接受劳务的单位设置明细账,进行明细核算。

通常应收账款应按购买业务的实际金额入账,如果具体业务中有折扣,则还要考虑折扣因素。折扣包括商业折扣和现金折扣两种。商业折扣又称折扣销售,是指在商品交易时卖方视买方购买数量的多少,在价目表列示的售价中扣减一定金额,从而给予价格上的优惠。通常扣减折扣后的净额才是实际的销售价格。

现金折扣又称销售折扣,是指为了鼓励客户在一定时期内提前付款而给予的债务折扣。通常用符号"折扣/付款期限"表示,例如"2/15,1/25,n/50"表示如果买方在 15 天付款,可享受 2% 的折扣;25 天内付款可享受 1% 的折扣;50 天内付款则不享受折扣。

现金折扣有两种会计处理方法:总价法和净价法。我国企业会计准则规定采用总价法核算。即在销售业务发生时,销售收入以未扣减现金折扣前的实际售价作为入账价值,对客户提前付款产生的现金折扣,计入财务费用。

(1)无折扣情况下的账务处理

企业因销售产品而发生应收账款时,借记"应收账款"科目,贷记"主营业务收入""应交税费——应交增值税(销项税额)"等科目;收回应收账款时,借记"银行存款"科目,贷记"应收账款"。

(2)有折扣情况下的账务处理

①商业折扣。企业销售产品时,按产品售价扣除商业折扣后的净额,借记"应收账款"科目,贷记"主营业务收入""应交税费——应交增值税(销项税额)"等科目;收回应收账款时,借记"银行存款"科目,贷记"应收账款"科目。

②现金折扣。我国企业会计准则规定,现金折扣按总价法核算。销售产品时,按货款总价入账,借记"应收账款"科目,贷记"主营业务收入""应交税费——应交增值税(销项税额)"等科目;客户在折扣期内付款享受的现金折扣计入"财务费用"。

3.2.2 工作过程

【会计工作6】2016 年 6 月 15 日,企业销售甲产品一批,价款 100 000 元,增值税率17%,产品已发出并办妥托收手续。

【会计凭证】销售发票、增值税专用发票、出库单、托收承付凭证回单

【工作指导】作如下会计处理:

借:应收账款   117 000
   贷:主营业务收入   100 000
      应交税费——应交增值税(销项税额)   17 000

【会计工作7】承【会计工作6】,企业为了提前收回货款,给出了"2/10, 1/20, n/30"的现金折扣条件。如果上述货款在 6 月 20 日收到(假设折扣不考虑增值税),则企业的账务作何处理?

【会计凭证】银行进账单、现金折扣、审批单

【工作指导】作如下会计处理:

借:银行存款   115 000
   财务费用   2 000
   贷:应收账款   117 000

【会计工作8】承【会计工作6】,如果上述货款在 6 月 28 日收到(假设折扣不考虑增值税),则企业的账务作何处理?

【会计凭证】银行进账单、现金折扣、审批单

【工作指导】作如下会计处理:

借:银行存款   116 000
   财务费用   1 000

　　贷:应收账款　　　　　　　　　　　　　　　　　　　　117 000

　　【会计工作9】承【会计工作6】,如果上述货款在 7 月 15 日收到(假设折扣不考虑增值税),则企业的账务作何处理?

　　【会计凭证】银行进账单

　　【工作指导】作如下会计处理:

　　借:银行存款　　　　　　　　　　　　　　　　　　　　117 000

　　　贷:应收账款　　　　　　　　　　　　　　　　　　　117 000

3.2.3　知识拓展

应收账款的确认与计价

　　1)应收账款的确认

　　应收账款是因赊销而产生的,确认时间为销售成立的时间。影响企业应收账款确认的因素有以下两方面:

　　(1)销售收入的确认(※)

　　按企业会计准则规定,销售收入在同时符合下面五个条件时才能予以确认:

　　①企业已将商品所有权上的主要风险和报酬转移给购货方。

　　②企业既没有保留通常与所有权相联系的继续管理权,也没有对已售出的商品实施控制。

　　③与交易相关的经济利益能够流入企业。

　　④收入的金额能够可靠计量。

　　⑤相关的成本或将发生的成本能够可靠计量。

　　(2)结算方式对应收账款的影响

　　①托收承付结算方式下,办妥托收手续时确认。

　　②委托收款结算方式下,办妥委托收款手续后确认。

　　③委托代销结算方式下,收到代销清单时确认。

　　2)应收账款的计价

　　(1)销售折让的账务处理

　　销售折让是企业因销售产品的质量不合格等原因而在价格上给予的折让。对于企业在销售收入确认前发生的折让,直接按折让后的金额入账;对于在销售收入确认后发生的折让,应实际发生时冲减当期的收入、成本、税金。

　　(2)销售退回的账务处理

　　销售退回是指企业售出商品后,由于质量、品种等原因不符合合同要求而发生的退货。如果销售退回在收入确认之前发生,直接冲减库存商品;如果销售退回在收入确认之后发生,一般应冲减当期的收入、成本、税金。

任务 3　预付账款的核算

3.3.1　相关知识

1）预付账款的概述

预付账款是企业因购买货物或接受劳务，按合同规定预付给对方的款项。预付账款是企业预先付给供货方的款项，属于企业的债权。

2）预付账款的账务处理

企业应当设置"预付账款"科目，反映和监督预付账款的增减变动及结存情况，属于资产类科目。在"预付账款"账户下，应按供应单位设置明细账，进行明细核算。

企业向供货方预付款项时，借记"预付账款"科目，贷记"银行存款"科目。

①企业收到购买的材料物资时，借记"材料采购""应交税费——应交增值税（进项税额）"等科目，贷记"预付账款"科目。

②当预付账款小于购买物资所支付的款项时，应将不足部分补付，借记"预付账款"科目，贷记"银行存款"科目。

③当预付账款大于购买物资所支付的款项时，应将多余款项收回，借记"银行存款"科目，贷记"预付账款"科目。

企业预付账款不多时，可以不设置"预付账款"科目，直接通过"应付账款"科目核算。

①企业预付款项时，借记"应付账款"科目，贷记"银行存款"科目。

②收到货物后，借记"材料采购""应交税费——应交增值税（进项税额）"等科目，贷记"应付账款"科目。

③补付货款时，借记"应付账款"科目，贷记"银行存款"科目。

④收回多余货款时，借记"银行存款"科目，贷记"应付账款"科目。

3.3.2　工作过程

【会计工作 10】2016 年 7 月 10 日，企业向甲公司采购材料一批，货款 20 000 元。根据合同规定先向甲公司预付货款的 50%，验收货物后再补付剩余款项。企业通过银行信汇预付给甲公司采购材料款 10 000 元。

【会计凭证】银行信汇凭证

【工作指导】

借：预付账款　　　　　　　　　　　　　　　　　10 000

　　贷：银行存款　　　　　　　　　　　　　　　　　10 000

【会计工作 11】2016 年 7 月 25 日收到采购的材料，增值税发票上列明货款 20 000 元，增值税 3 400 元，以银行信汇补付所欠款项 13 400 元。

【会计凭证】入库单、银行信汇凭证、增值税专用发票、采购发票

【工作指导】企业应作如下会计处理：

借：材料采购　　　　　　　　　　　　　　　　20 000
　　应交税费——应交增值税（进项税额）　　　3 400
　　　贷：预付账款　　　　　　　　　　　　　　　　23 400
借：预付账款　　　　　　　　　　　　　　　　13 400
　　　贷：银行存款　　　　　　　　　　　　　　　　13 400

【会计工作 12】2016 年 7 月 20 日，企业向甲公司采购材料一批，根据合同规定先向甲公司预付货款，企业通过银行转账预付给甲公司采购材料款 20 000 元。

【会计凭证】银行转账支票

【工作指导】企业应作如下会计处理：

借：预付账款　　　　　　　　　　　　　　　　20 000
　　　贷：银行存款　　　　　　　　　　　　　　　　20 000

【会计工作 13】2016 年 8 月 1 日收到采购的材料，增值税发票上列明货款 15 000 元，增值税 2 550 元，收回多余货款 2 450 元存入银行。

【会计凭证】入库单、银行转账支票、增值税专用发票、采购发票

【工作指导】企业应作如下会计处理：

借：银行存款　　　　　　　　　　　　　　　　2 450
　　　贷：预付账款　　　　　　　　　　　　　　　　2 450

任务 4　其他应收款的核算

3.4.1　相关知识

1）其他应收款概述

其他应收款是企业除应收账款、应收票据、预付账款以外的其他各种应收及暂付款项。

其他应收款是企业在购销活动之外产生的短期债权。主要内容包括：（※）

①应收的各种赔款、罚款。

②应向职工收取的各种垫付款项。

③应收的出租包装物租金。

④存出保证金、备用金。

⑤其他各种应收、暂付款项。

2）其他应收款的账务处理

企业应当设置"其他应收款"科目，反映和监督其他应收款的增减变动及结存情况。该账户属于资产类账户，借方登记其他应收款的增加，贷方登记其他应收款的收回，期末余额一般在借方，表示企业尚未收回的其他应收款。其他应收款应按种类或债务人设置明细账，进行明细核算。

3.4.2 工作过程

【会计工作14】2016 年 8 月 10 日,职工王华预借差旅费 5 000 元。

【会计凭证】借款单

【工作指导】企业应作如下会计处理:

借:其他应收款——王华   5 000

    贷:库存现金   5 000

【会计工作15】期末进行财产清查,发现材料短缺,原因是管理不善造成材料损毁,经领导批准后应由责任人李明负责赔偿 1 500 元。

【会计凭证】材料盘点处理通知单

【工作指导】企业应作如下会计处理:

借:其他应收款——李明   1 500

    贷:待处理财产损溢——待处理流动资产损溢   1 500

【会计工作16】2016 年 8 月 15 日,职工李华出差回来报销差旅费 1 500,交回余款 3500 元。

【会计凭证】差旅费报销单收据

【工作指导】企业应作如下会计处理:

借:管理费用   1 500

    库存现金   3 500

    贷:其他应收款——李华   5 000

任务5 应收款项减值的核算

3.5.1 相关知识

1）应收款项减值的概述

企业的应收款项可能会因债务人破产、死亡等原因,无法收回或收回的可能性很小。这类无法收回的应收款项就是坏账,由此造成的损失称为坏账损失。企业应当在资产负债表日对各种应收款项的账面价值进行核查,如有证据表明该应收款项发生减值,应确认坏账损失,计提坏账准备。

2）坏账损失的账务处理

坏账损失的账务处理有两种,即直接转销法和备抵法。我国企业会计准则规定采用备抵法确定应收款项的减值。

（1）直接转销法

直接转销法是指在日常核算中,对于企业应收款项可能发生的坏账损失不予考虑,待实际发生坏账时直接计入当期损益,从应收账款中转销。坏账发生时,借记"管理费用"科目,贷记"应收账款"科目。已确认的坏账在以后又收回来时,应先冲回原已冲销的应收账款,借记"应收账款"科目,贷记"管理费用"科目;再借记"银行存款"科目,贷记"应收账款"科目。

直接转销法的优点是账务处理比较简单、实用。但缺点是不符合权责发生制和配比原则。采用这种方法使得资产负债表上的应收款项金额不够准确。所以,一般不采用直接转销法。

(2)备抵法

备抵法是指采用一定的方法按期估计坏账损失,计提坏账准备。等实际发生坏账时,冲销已提的坏账准备,同时转销应收款项的金额。估计坏账损失的方法主要有以下三种:

①应收账款余额百分比法。它是根据应收款项期末余额,按一定百分比来估计坏账损失的方法。估计的坏账率可以是按以往的数据资料确定,也可以按规定的百分率计算。

②账龄分析法。它是根据应收款项账龄的时间长短,估计坏账损失的方法。

③销货百分比法。它是根据某一会计期间赊销金额的一定百分比估计坏账损失的方法。

3)坏账准备的账务处理

企业应当设置"坏账准备"科目,核算应收款项坏账准备的计提、冲销等。该账户是应收款项的备抵账户,借方登记实际发生的坏账损失和冲销的坏账准备金额,贷方登记当期计提的坏账准备和收回已核销的坏账,期末余额一般在贷方,表示已计提尚未转销的坏账准备。

企业计提坏账准备时,借记"资产减值损失——计提的坏账准备"科目,贷记"坏账准备"科目;冲销多提的坏账准备时,借记"坏账准备"科目,贷记"资产减值损失——计提的坏账准备"科目;已确认为坏账并转销的应收款项以后又收回的,应先冲回原已冲销的应收账款,借记"应收账款"科目,贷记"坏账准备"科目,同时借记"银行存款"科目,贷记"应收账款"科目。

3.5.2　工作过程

【会计工作 17】企业三年前赊销给甲公司产品一批,应收账款 4 680 元。由于甲公司破产清算应收账款难以收回,确认为坏账损失。采用直接转销法核算。

【工作指导】企业应作如下会计处理:

借:资产减值损失——坏账损失　　　　　　　　　　　4 680

　　贷:应收账款　　　　　　　　　　　　　　　　　　4 680

【会计工作 18】企业当期期末对应收账款进行减值测试,采用应收账款余额百分比法计提坏账准备。应收账款余额为 200 000 元,坏账准备计提比例为 3%。采用备抵法核算。

【工作指导】企业应作如下会计处理:

借:资产减值损失——坏账损失　　　　　　　　　　　6 000

　　贷:坏账准备　　　　　　　　　　　　　　　　　　6 000

【会计工作 19】第二年,实际发生坏账损失 2 000 元。

【工作指导】企业应作如下会计处理:

借:坏账准备　　　　　　　　　　　　　　　　　　　2 000

　　　　贷:应收账款　　　　　　　　　　　　　　　　　　　　　　2 000

【会计工作20】第三年,收回上年确认为坏账损失的2 000元。

【工作指导】企业应作如下会计处理:

借:应收账款　　　　　　　　　　　　　　　　　　　　2 000

　　贷:坏账准备　　　　　　　　　　　　　　　　　　　　　　2 000

借:银行存款　　　　　　　　　　　　　　　　　　　　2 000

　　贷:应收账款　　　　　　　　　　　　　　　　　　　　　　2 000

3.5.3　知识拓展

【拓展1】

坏账损失的确认

应收账款在出现以下情况时应确认为坏账:

①债务人死亡,以其遗产清偿后仍无法收回。

②债务人破产,以其破产财产清偿后仍无法收回。

③债务人逾期3年尚未归还的应收账款,或有关证据表明该应收账款收回的可能性很小。

【拓展2】

坏账准备的计提

坏账准备的计提可以按公式计算:

当期应计提的坏账准备 = 当期按应收账款计算应提坏账准备金额 − (或 +)"坏账准备"科目的贷方(或借方)余额

例:2015年12月31日,企业应收账款余额为150 000元,采用应收账款余额百分比法计提坏账准备。坏账准备的计提比例为5‰。计提前坏账准备贷方余额为500元。

当期按应收账款计算应提坏账准备金额 = 150 000 × 5‰ = 750(元)

当期应计提的坏账准备 = 750 − 500 = 250(元)

会计处理为:

借:资产减值损失——计提的坏账准备　　　　　　　　250

　　贷:坏账准备　　　　　　　　　　　　　　　　　　　250

如计提前坏账准备贷方余额为1 000元,企业的账务处理为:

当期应计提的坏账准备 = 750 − 1 000 = −250(元)

会计处理为:

借:坏账准备　　　　　　　　　　　　　　　　　　　　250

　　贷:资产减值损失——计提的坏账准备　　　　　　　　　250

【课后习题】

一、单项选择题

1. 期末,企业对带息应收票据计提利息时,正确的会计处理是(　　　)。

    A. 借记"应收利息"账户,贷记"财务费用"账户

    B. 借记"应收利息"账户,贷记"利息收入"账户

    C. 借记"应收票据"账户,贷记"其他业务收入"账户

    D. 借记"应收利息"账户,贷记"其他业务收入"账户

2. 某企业 2003 年 5 月 10 日签发一张期限为 3 个月的商业承兑汇票,其到期日为(　　　)。

    A. 8 月 8 日　　　　　B. 8 月 9 日　　　　　C. 8 月 10 日　　　　　D. 8 月 11 日

3. 某企业 2003 年 7 月 1 日签发一张期限为 90 天的商业承兑汇票,其到期日为(　　　)。

    A. 9 月 28 日　　　　　B. 9 月 29 日　　　　　C. 9 月 30 日　　　　　D. 10 月 1 日

4. 一张期限为 90 天的票据,本金为 50 000 元,年利率为 10%,其到期利息为(　　　)。

    A. 3 500 元　　　　　B. 1 250 元　　　　　C. 2 500 元　　　　　D. 1 500 元

5. 票据到期日为 2005 年 1 月 31 日,一个月到期,则到期日为该年的(　　　)。

    A. 3 月 1 日　　　　　B. 2 月 28 日　　　　　C. 2 月 29 日　　　　　D. 3 月 2 日

6. 不带息票据到期价值应等于(　　　)。

    A. 票面价值　　　　　　　　　　　　B. 票面价值 + 利息

    C. 贴现值　　　　　　　　　　　　　D. 贴现值 + 利息

7. 甲公司于 2002 年 11 月 1 日向乙公司销售产品一批,专用发票上注明的售价总额为 200 000 元,增值税额为 34 000 元。乙公司于当日向甲公司开出了期限为 3 个月、票面利率为 6% 的商业承兑汇票一张。2002 年 12 月 31 日公司该收入票据的账面余额为(　　　)元。

    A. 200 000　　　　　B. 202 000　　　　　C. 234 000　　　　　D. 236 340

8. 不包括在应收账款中的款项为(　　　)。

    A. 购货的预付定金

    B. 销货应收款

    C. 票据到期时付款人无力偿还的应收票据面值

    D. 未能如期收到的销售应收款

9. 甲企业于 2003 年 4 月 1 日销售一批商品给乙企业,应收账款 100 000 元(假定不考虑增值税),规定的付款条件为 2/10、1/20、n/30;乙企业于 2003 年 4 月 18 日付款,乙企业实际享受的现金折扣为(　　　)元。

    A. 1 000　　　　　B. 2 000　　　　　C. 5 000　　　　　D. 20 000

10. 销售产品一批,价目表标明售价(不含税)20 000 元,商业折扣条件为 10%,现金折扣条件为 5/10、3/20、n/30,客户于第 15 天付款。增值税率为 17%,应收账款入账金额为(　　　)。

A. 21 060   B. 23 400   C. 20 428   D. 18 000

11. 甲公司向乙公司销售商品一批,该批商品按价目表上标明的售价为 50 000 元。为了促销,甲公司给予乙企业 10%的商业折扣,同时,还规定了 2/10、1/20、n/30 的付款条件。规定不考虑增值税,甲公司该项应收账款的入账价值为(   )元。(不含税折扣)

A. 44 000   B. 44 500   C. 45 000   D. 50 000

12. 企业发生下列各项交易或事项,不得通过"其他应收款"账户核算的是(   )。

A. 备用金   B. 存出的保证金
C. 应收的各种罚款   D. 拨出用于投资的款项

13. 下列业务内容应在"其他应收款"账户中核算的是(   )。

A. 预付给职工个人的备用款项   B. 预付给某公司的材料采购定金
C. 应收回的产品销货款   D. 为购货单位垫付的运费

14. 其他应收款是指企业的(   )款项。

A. 应收票据   B. 应收账款
C. 预付账款   D. 应收、暂付其他单位和个人的各种款项

15. 企业对应收账款计提的坏账准备应计入当期损益,并通过(   )账户进行核算。

A. 资产减值损失   B. 销售费用
C. 财务费用   D. 主营业务成本

16. 在期末结账前,"坏账准备"账户如果借方余额,反映的内容是(   )。

A. 提取的坏账准备
B. 已经发生的坏账损失
C. 收回以前已经确认并转销的坏账损失
D. 已确认的坏账损失超出坏账准备的金额

17. 某企业 1999 年末应收账款余额为 2 000 000 元;2000 年确认坏账损失 3 000 元,年末应收账款余额为 4 000 000 元;2001 年收回已转销的坏账 20 000 元,年末应收账款余额为 3 500 000 元。坏账准备提取比例为 5‰,则该企业 3 年内计提坏账准备而计入"资产减值损失"账户的金额累计为(   )元。

A. 47 500   B. 22 500   C. 27 500   D. 40 000

18. 某企业 2002 年初"应收账款"账面余额为 200 000 元,年末"应收账款"账面余额为 300 000 元。该企业按应收账款期末余额的 15%计提坏账准备。该企业年末应收账款的账面价值为(   )元。

A. 100 000   B. 255 000   C. 300 000   D. 500 000

19. 某企业 2001 年末应收账款金额为 500 万元;2002 年末确认坏账损失 5 万元,年末应收账款余额为 400 万元;2003 年收回已转销的坏账 3 万元,年末应收账款余额为 450 万元。坏账准备提取比率为 5‰,则该企业 3 年内计提"坏账准备"而计入"资产减值损失"账户的余额累计为(   )。

A. 67.5 万元   B. 25.5 万元   C. 24.5 万元   D. 25 万元

20. 企业采用备抵法核算时,下列各项目中不能提取坏账准备的是(   )。

A.预付货款　　　　　　　　　　B.存出保证金

C.代购货单位垫支的运杂费　　　D.货币资金

二、多项选择题

1. 我国的应收票据包括(　　　　)

　A.银行本票　　　　　　　　　　B.委托收款凭证

　C.商业承兑汇票　　　　　　　　D.银行承兑汇票

　E.银行汇票

2. 坏账是指企业无法收回的(　　　　)等。

　A.库存现金　　　　　　　　　　B.应收账款

　C.其他应收款　　　　　　　　　D.银行存款

　E.对外投资

3. 下列有关坏账的确认中,说法正确的有(　　　　)。

　A.因债务人破产,经法律清偿后,确实无法收回的应收账款

　B.债务人死亡,无遗产可清偿的应收账款

　C.债务人逾期三年不能履行义务,经主管部门审核后可列为坏账的应收账款

　D.债务人死亡,无义务承担人应收账款

4. 下列款项中,应计提坏账准备的有(　　　　)。

　A.应付票据　　　　　　　　　　B.应收账款

　C.预付款项　　　　　　　　　　D.其他应收款

　E、预收款项

5. 处理坏账损失的方法有(　　　　)。

　A.备抵法　　　　　　　　　　　B.盘存法

　C.加权平均法　　　　　　　　　D.直线转销法

　E.直线法

6. 其他应收款核算的内容包括(　　　　)。

　A.一次性备用金　　　　　　　　B.应收的各种罚款

　C.预付的货款　　　　　　　　　D.存出的保证金

　E.为职工暂垫的房租、水电费

7. 在现金折扣条件下,应收账款的计价方法有(　　　　)。

　A.总价法　　　　　　　　　　　B.后进先出法

　C.加权平均法　　　　　　　　　D.净价法

　E.先进先出法

8. 进行预付款核算时,可以运用的账户是(　　　　)。

　A.应收账款　　　　　　　　　　B.应付账款

　C.预付账款　　　　　　　　　　D.其他应收款

　E.其他应付款

9.坏账准备金制度符合会计核算的(　　　)。

A.权责发生制　　　　　　　　　B.原始成本计价

C.可比性要求　　　　　　　　　D.谨慎性要求

E.明晰性要求

10.坏账准备账户的贷方反映(　　　)。

A.已发生的坏账损失　　　　　　B.提取的坏账准备

C.收回以前已确认并转销的坏账损失　　D.发生坏账冲销的坏账准备

E.冲回多提的坏账准备

11.按现行制度可以作为应收账款入账金额的项目是(　　　)。

A.销项税额　　　　　　　　　　B.商业折扣

C.现金折扣　　　　　　　　　　D.应收包装物租金

E.代购货单位垫支运杂费

三、业务题

习题一

资料:甲企业发生下列经济业务:

1.销售一批商品给乙企业,销售收入为 80 000 元,增值税额为 13 600 元,商品已经发生。乙企业交来一张期限 6 个月无息的商业承兑汇票。

2.上述票据到期收回。

3.销售一批商品给丙企业,销售收入为 50 000 元,增值税额为 8 500 元,商品已经发生。丙企业交来一张期限 4 个月的商业承兑汇票。

4.票据到期由于承兑人银行账户不足支付,银行将票据退回丙企业。

要求:根据上述资料编制甲企业有关业务的会计分录。

习题二

资料:

1.向甲企业销售商品一批,售价 80 000 元,增值税率 17%,商业折扣 10%,货款尚未收到。

2.向乙企业赊销一批商品,售价 500 000 元,增值税率 17%,付款条件是"2/10、n/30"。采用"总价法"进行会计核算。(1)赊销;(2)10 内收款;(3)第 25 日收款。(不含税折扣)

3.向丙企业赊销一批商品,该批商品报价为 100 000 元,商业折扣 5%,付款条件是"3/10、2/20、n/30"。采用"总价法"进行会计核算。(1)赊销;(2)10 内收款;(3)第 18 日收款;(4)第22 日收款。(不含税折扣)

习题三

资料:

1. A 企业每年末按照应收款项余额的 3% 提取坏账准备(暂且只考虑应收账款)。

(1)该企业第一年末的应收账款余额为 1 000 000 元。

(2)第二年发生坏账 60 000 元,其中甲单位 10 000 元,乙单位 50 000 元,年末应收账款余额为 1 200 000 元。

(3)第三年已冲销的上年乙单位的 50 000 元又收回,期末应收账款余额为 1 300 000 元。

2. B 企业采用应收账款余额百分比法计提坏账准备，提取率为 2%，2011 年 1 月 1 日，"应收账款"账户的余额为 1 970 000 元，"其他应收款"账户的余额为 30 000 元，"坏账准备"账户的余额为 40 000 元。B 企业 2011 年发生有关业务如下（暂且只考虑应收账款和其他应收款）：

（1）一张面值为 600 000 元的不带息票据到期不能收回。

（2）因供货单位破产清算，已预付的 200 000 元货款暂时无法收回，转为"其他应收款"。

（3）经厂长办公会议等类似机构批准，当年核销坏账 50 000 元。

（4）年末计提坏账准备。

3. C 公司从 2010 年开始采用应收账款余额百分比法核算坏账损失，坏账准备的提取比例为 5%，有关资料如下（暂且只考虑应收账款）：

（1）2010 年末应收账款余额为 200 000 元。

（2）2011 年和 2012 年应收账款余额分别为 300 000 元和 320 000 元，2011 年和 2012 年均未发生坏账损失。

（3）2013 年 1 月，经董事会批准核销一笔坏账损失，金额为 36 000 元。

（4）2013 年 12 月，上述已核销的坏账又收回 10 000 元。

（5）2013 年年末应收账款余额为 260 000 元。

4. D 企业采用"应收账款余额百分比法"计提坏账准备,提取比例为 5%(暂且只考虑应收账款)。

(1)2000 年 12 月 31 日,"应收账款"账面余额为 1 000 000 元,"坏账准备"账面贷方余额为 7 000 元。

(2)2001 年 3 月 6 日,应收乙企业的货款 5 000 元确认为坏账。

(3)2001 年 12 月 31 日,"应收账款"账面余额为 400 000 元。

(4)2002 年 6 月 8 日,上年已注销的坏账又收回。

(5)2002 年 8 月 10 日,应收乙企业的货款 10 000 元确认为坏账。

(6)2002 年 12 月 31 日,"应收账款"账面余额为 500 000 元。

习题四

资料:

1. 2015 年 4 月 1 日,甲公司销售一批商品给乙公司,开出的增值税专用发票上注明销售价款为 40 万元,增值税销项税额为 6.8 万元,乙公司签发并承兑了一张商业汇票,票面值为 46.8 万元,期限为 6 个月。2015 年 6 月 1 日,甲公司因急需流动资金,经与中国银行协商,甲公司将此票据贴现给银行,银行支付 42 万元的贴现款,同时甲公司对此票据的如期偿付承担连带责任。2015 年 10 月 1 日乙公司因资金困难未能兑付此票款,由甲公司按协议代为偿付此票据的票面金额。

2. 2015 年 4 月 1 日，甲公司销售一批商品给乙公司，开出的增值税专用发票上注明销售价款为 40 万元，增值税销项税额为 6.8 万元，乙公司签发并承兑了一张商业汇票，票面值为 46.8 万元，期限为 6 个月。2015 年 6 月 1 日，甲公司因急需流动资金，经与中国银行协商，甲公司将此票据贴现给银行，银行支付 42 万元的贴现款，同时甲公司对此票据的如期偿付不承担连带责任。

项目4　交易性金融资产的核算

任务1　认知交易性金融资产

4.1.1　相关知识

金融资产是《企业会计准则第22号——金融工具确认和计量》的主要内容,是构成金融工具的主要方面。金融工具是进行投资、筹资和风险管理的手段,其中一方形成金融资产,另一方就对应形成金融负债或权益工具。例如,某公司通过发行债券筹集资金,购入债券方形成金融资产,发行债券方就对应地形成金融负债。又如,某公司通过发行股票筹集资金6 000万元,购入股票方则形成金融资产,而发行股票方则形成权益工具。

金融资产主要包括库存现金、银行存款、应收账款、应收票据、贷款、其他应收款、应收利息、债权投资、股权投资、金融衍生工具形成的资产等。

1)交易性金融资产的概念

交易性金融资产主要是指企业为了近期内出售而持有的金融资产。

例如,企业以赚取差价为目的从二级市场购入的股票、债券、基金等。

2)交易性金融资产的特征

满足下列条件之一的金融资产,应当划分为交易性金融资产:

①取得该金融资产的目的,主要是为了近期内出售。

②属于进行集中管理的可辨认金融工具组合的一部分。如果有客观证据表明企业近期采用短期获利方式对该组合进行过管理,即使组合中有某个组成项目持有的期限稍长,也不应当受其影响。如某公司购入某单位发行的三年期债券并不是为了持有至到期,而是准备到期前出售。

③属于衍生工具。但是,被指定为有效套期工具的衍生工具、属于财务担保合同的衍生工具、与在活跃市场中没有报价且其公允价值不能可靠计量的权益工具投资挂钩并须通过交付该权益工具结算的衍生工具除外。其中,财务担保合同是指保证人和债权人约定,当债务人不履行债务时,保证人按照约定履行债务或者承担责任的合同。

4.1.2　知识拓展

金融资产分类

企业应当按照会计准则的规定,结合自身业务和风险管理的特点,将取得的金融资产在初始确认时分为以下几类：

①以公允价值计量且其变动计入当期损益的金融资产；

②持有至到期投资；

③贷款和应收款项；

④可供出售的金融资产。

上述分类一经确定不得随意变更。

以公允价值计量且其变动计入损益的金融资产，可以进一步分为交易性金融资产和直接指定为以公允价值计量且其变动计入当期损益的金融资产。只有直接指定能够产生更相关的会计信息时，才能将某项金融资产直接指定为以公允价值计量且其变动计入当期损益的金融资产。例如：企业进行公允价值套期保值而购入的股票或债券，由于被套期工具采用公允价值计量且公允价值变动计入当期损益，因此不应当把该股票或债券划分为可供出售金融资产而直接指定为以公允价值计量且其变动计入损益的金融资产。

任务 2　交易性金融资产的账务处理

4.2.1　相关知识

1）交易性金融资产的核算账户

为了核算交易性金融资产的取得、收取现金股利或利息、处置等业务，企业应当设置"交易性金融资产""公允价值变动损益""投资收益"等科目。

"交易性金融资产"科目核算企业为交易目的所持有的债券投资、股票投资、基金投资等交易性金融资产的公允价值。企业持有的直接指定为以公允价值计量且其变动计入当期损益的金融资产也在"交易性金融资产"科目核算。"交易性金融资产"科目的借方登记交易性金融资产的取得成本、资产负债表日其公允价值高于账面余额的差额等；贷方登记资产负债表日其账面价值低于账面余额的差额，以及企业出售交易性金融资产时结转的成本和公允价值变动损益。企业应当按照交易性金融资产的类别和品种，分别设置"成本""公允价值变动"等明细科目进行核算。

"公允价值变动损益"科目核算企业交易性金融资产等公允价值变动而形成的应计入当期损益的利得或损失。该账户借方登记资产负债表日企业持有的交易性金融资产等的公允价值低于账面余额的差额；贷方登记资产负债表日企业持有的交易性金融资产等的公允价值高于账面余额的差额。

"投资收益"科目核算企业持有交易性金融资产期间取得的投资收益以及处置交易性金融资产等实现的投资收益或投资损失。该账户借方登记企业出售交易性金融资产等发生的投资损失；贷方登记企业出售交易性金融资产等发生的投资收益。

2）交易性金融资产的取得

企业取得交易性金融资产时，应当按照金融资产取得时的公允价值作为其初始确认金额,计入"交易性金融资产——成本"科目。取得交易性金融资产所支付价款中包含了已宣告但尚未发放的现金股利或已到付息期但尚未领取的债券利息的,应当单独确认为应收项目,计入"应收股利"或"应收利息"科目。

取得交易性金融资产所发生的相关交易费用应当在发生时计入投资收益。交易费用是指直接可归属于购买、发行或处置金融工具新增的外部费用,包括支付给代理机构、咨询公司、券商等的手续费和佣金及其他必要支出。

3) 交易性金融资产的现金股利和利息

企业持有交易性金融资产期间对于被投资单位宣告发放的现金股利或企业在资产负债表日按分期付息、一次还本债券投资的票面利率计算的利息收入,应当确认为应收项目,计入"应收股利"或"应收利息"科目,并计入投资收益。

4) 交易性金融资产的期末计量

资产负债表日,交易性金融资产应当按照公允价值计量,公允价值与账面余额之间的差额计入当期损益。企业应当在资产负债表日按照交易性金融资产公允价值与其账面余额的差额,借记或贷记"交易性金融资产——公允价值变动"科目,贷记或借记"公允价值变动损益"科目。

5) 交易性金融资产的处置

出售交易性金融资产时,应当将该金融资产出售时的公允价值与其账面余额之间的差额确认为投资收益,同时调整公允价值变动损益。

企业应按实际收到的金额,借记"银行存款"等科目;按该金融资产的账面余额,贷记"交易性金融资产"科目;按其差额,贷记或借记"投资收益"科目。同时,将原计入该金融资产的公允价值变动转出,借记或贷记"公允价值变动损益"科目,贷记或借记"投资收益"科目。

4.2.2　工作过程

【会计工作1】2016 年 1 月 20 日,甲公司委托某证券公司从上海证券交易所购入 A 上市公司股票 1 000 000 股,并将其划分为交易性金融资产。该笔股票投资在购买日的公允价值为 15 000 000 元,另支付相关交易费用金额 35 000 元。

【会计凭证】证券机构取得的交割单

【工作指导】取得交易性金融资产所发生的相关交易费用 35 000 元应当在发生时计入投资收益。

①2016 年 1 月 20 日,购买 A 上市公司股票时:

借:交易性金融资产——成本　　　　　　　　　15 000 000

　　贷:其他货币资金——存出投资款　　　　　　　　　　15 000 000

②支付相关交易费用时:

借:投资收益　　　　　　　　　　　　　　　　35 000

　　贷:其他货币资金——存出投资款　　　　　　　　　　35 000

【会计工作2】2016 年 1 月 8 日,甲公司购入丙公司发行的公司债券。该笔债券于 2015

年7月1日发行,面值为5 000万元,票面利率为4%,上年债券利息于下年初支付。甲公司将其划分为交易性金融资产,支付价款为5 200万元(其中包含已宣告发放的债券利息100万元),另支付交易费用60万元。2016年2月5日,甲公司收到该笔债券利息100万元。2017年年初,甲公司收到债券利息200万元。

【会计凭证】证券机构取得的交割单、银行进账单(收账通知)、转账支票

【工作指导】取得交易性金融资产所支付价款中包含了已宣告但尚未发放的债券利息1 000 000元,应当记入"应收利息"科目,而不记入"交易性金融资产"科目。

①2016年1月8日,购入丙公司的公司债券时:

借:交易性金融资产——成本　　　　　　　51 000 000
　　应收利息　　　　　　　　　　　　　　1 000 000
　　投资收益　　　　　　　　　　　　　　　600 000
　　贷:银行存款　　　　　　　　　　　　　　　　52 600 000

②2016年2月5日,收到购买价款中包含的已宣告发放的债券利息时:

借:银行存款　　　　　　　　　　　　　　1 000 000
　　贷:应收利息　　　　　　　　　　　　　　　　1 000 000

③2016年12月31日,确认丙公司的公司债券利息收入时:

借:应收利息　　　　　　　　　　　　　　2 000 000
　　贷:投资收益　　　　　　　　　　　　　　　　2 000 000

④2017年年初,收到持有丙公司的公司债券利息时:

借:银行存款　　　　　　　　　　　　　　2 000 000
　　贷:应收利息　　　　　　　　　　　　　　　　2 000 000

【会计工作3】承【会计工作2】,假定2016年6月30日,甲公司购买的该笔债券的市价为5 160万元;2016年12月31日,甲公司购买的该笔债券的市价为5 120万元。

【会计凭证】证券机构取得的交割单

【工作指导】2016年6月30日,该笔债券的公允价值为5 160万元,账面余额为5 100万元,公允价值大于账面余额60万元,应记入"公允价值变动损益"科目的贷方;

2016年12月31日,该笔债券的公允价值为5 120元,账面余额为5 160万元,公允价值小于账面余额40万元,应记入"公允价值变动损益"科目的借方。

①2016年6月30日,确认该笔债券的公允价值变动损益时:

借:交易性金融资产——公允价值变动　　　600 000
　　贷:公允价值变动损益　　　　　　　　　　　　600 000

②2016年12月31日,确认该笔债券的公允价值变动损益时:

借:公允价值变动损益　　　　　　　　　　400 000
　　贷:交易性金融资产——公允价值变动　　　　　400 000

【会计工作4】承【会计工作3】,假定2017年1月31日,甲公司出售了所持有的丙公司债券,售价为5 130万元。

【会计凭证】证券机构取得的交割单

【工作指导】企业出售交易性金融资产时,还应将原计入该金融资产的公允价值变动转出。即出售交易性金融资产时,应按"公允价值变动"明细科目的贷方余额 200 000 元,借记"公允价值变动损益"科目,贷记"投资收益"科目。

借:银行存款 51 300 000
　　贷:交易性金融资产——成本 51 000 000
　　　　　　　　　　——公允价值变动 200 000
　　　　投资收益 100 000

同时:
借:公允价值变动损益 200 000
　　贷:投资收益 200 000

【课后习题】

一、单项选择题

1. 2007 年 2 月 2 日,甲公司支付 830 万元取得一项股权投资作为交易性金融资产核算,支付价款中包括已宣告尚未领取的现金股利 20 万元,另支付交易费用 5 万元。甲公司该项交易性金融资产的入账价值为(　　)万元。

A. 810　　　　B. 815　　　　C. 830　　　　D. 835

2. 甲公司于 2006 年 5 月 20 日从证券市场购入 A 公司股票 60 000 股,划分为交易性金融资产,每股买价 8 元(其中包含已宣告发放尚未领取的现金股利 0.5 元),另外支付印花税及佣金 5 000 元。2006 年 12 月 31 日,甲公司持有的该股票的市价总额(公允价值)为 510 000元。2007 年 2 月 10 日,甲公司出售 A 公司股票 60 000 股,收入现金 540 000 元。甲公司出售该项金融资产时应确认的投资收益为(　　)元。

A. 30 000　　　B. 60 000　　　C. 85 000　　　D. 90 000

3. 甲公司 2010 年 3 月 10 日自证券市场购入乙公司发行的股票 100 万股,共支付价款 860 万元,其中包括交易费用 4 万元。2010 年 5 月 10 日收到被投资单位宣告发放的现金股利每股 1 元,甲公司将购入的乙公司股票作为交易性金融资产核算。2010 年 7 月 2 日,甲公司出售该交易性金融资产,收到价款 900 万元,甲公司 2010 年利润表中因该交易性金融资产应确认的投资收益为(　　)万元

A. 40　　　　B. 140　　　　C. 36　　　　D. 136

4. 甲公司 2009 年 1 月 1 日,购入面值为 100 万元,年利率为 4% 的 A 债券,取得时的价款是 104 万元(含已到付息期但尚未领取的利息 4 万元),另外支付交易费用 0.5 万元。甲公司将该项金融资产划分为交易性金融资产。2009 年 1 月 5 日,收到购买时价款中所含的利息 4 万元;2009 年 12 月 31 日,A 债券的公允价值为 106 万元;2010 年 1 月 5 日,收到 A 债券 2009 年度的利息 4 万元;2010 年 4 月 20 日甲公司出售 A 债券,售价为 110 万元。甲公司出售 A 债券时确认投资收益的金额为(　　)万元。

二、业务题

2007 年 1 月 1 日，甲企业从二级市场支付价款 1 020 000 元(含已到付息但尚未领取的利息 20 000 元)购入某公司发行的债券，另发生交易费用 20 000 元。该债券面值 1 000 000 元，剩余期限为 2 年，票面年利率为 4%，每半年付息一次，甲企业将其划分为交易性金融资产。其他资料如下：

(1)2007 年 1 月 5 日，收到该债券 2006 年下半年利息 20 000 元；

(2)2007 年 6 月 30 日，该债券的公允价值为 1 150 000 元(不含利息)；

(3)2007 年 7 月 5 日，收到该债券半年利息；

(4)2007 年 12 月 31 日，该债券的公允价值为 1 100 000 元(不含利息)；

(5)2008 年 1 月 5 日，收到该债券 2007 年下半年利息；

(6)2008 年 3 月 31 日，甲企业将该债券出售，取得价款 1 180 000 元(含 1 季度利息 10 000 元)。假定不考虑其他因素。

项目 5 存货的核算

任务 1 认知存货

5.1.1 相关知识

1) 存货的概念

存货是指企业在日常活动中持有以备出售的产成品或商品、处在生产过程中的在产品、在生产过程或提供劳务过程中耗用的材料或物料等,包括各类材料、在产品、半成品、产成品、商品以及包装物、低值易耗品、委托代销商品等。

①原材料,是指企业在生产过程中经加工改变其形态或性质并构成产品主要实体的各种原料及主要材料、辅助材料、燃料、修理用备件(备品备件)、包装材料、外购半成品(外购件)等。

②在产品,是指企业正在制造但尚未完工的生产物,包括正在各个生产工序加工的产品、已加工完毕但尚未检验或已检验但尚未办理入库手续的产品。

③半成品,是指经过一定生产过程并已检验合格交付半成品仓库保管,但尚未制造完工成为产成品,仍需进一步加工的中间产品。但不包括从一个生产车间转给另一个生产车间继续加工的自制半成品以及不能单独计算成本的自制半成品。

④产成品,是指工业企业已经完成全部生产过程并验收入库,可以按照合同规定的条件送交订货单位,或者可以作为商品对外销售的产品。企业接受外来原材料加工制造的代制品和为外单位加工修理的代修品,制造和修理完成验收入库后,应视同企业的产成品。

⑤商品,是指商品流通企业的商品,包括外购或委托加工完成验收入库用于销售的各种商品。

⑥周转材料,是指企业能够多次使用但不符合固定资产定义的材料。如为了包装本企业商品而储备的各种包装物、各种工具、管理用具、玻璃器皿、劳动保护用品以及在经营过程中周转使用的容器等低值易耗品和建造承包商的钢模板、木模板、脚手架等其他周转材料。但是,周转材料符合固定资产定义的,应当作为固定资产处理。

⑦委托加工物资,是指委托其他单位加工的物资。

⑧委托代销商品,是指企业委托其他单位代销的商品。

2) 存货的初始计量

存货的初始计量是指对达到目前状态和场所的存货价值进行计量,是为了确定存货的入账价值,在取得时对存货进行计量。

（1）外购存货

外购存货包括通过购买从企业外部取得的各种材料、商品及低值易耗品等,其初始成本就是采购成本,包括购买价款、相关税费、运输费、装卸费、保险费及其他可归属于存货采购成本的费用。

①购买价款,是指企业购入的材料或商品的发票账单上列明的价款,但不包括按规定可以抵扣的增值税额。

②相关税费,是指企业购买、自制或委托加工存货发生的进口关税、消费税、资源税和不能抵扣的增值税进项税额等应计入存货采购成本的税费。

③其他采购成本,是指外购存货到达仓库以前发生的仓储费、包装费、装卸费、保险费、运输途中的合理损耗、入库前的挑选整理费用等。这些费用能分清负担对象的,应直接计入存货的采购成本;不能分清负担对象的,应选择合理的分配方法,分配计入有关存货的采购成本,可按所购存货的数量或采购价格比例进行分配。

商品流通企业在采购商品过程中发生的运输费、装卸费、保险费以及其他可归属于存货采购成本的进货费用,应计入所购商品成本,在商品销售后计入当期损益,不在发生时直接计入当期损益。但采购商品时进货费用金额较小的,可以在发生时直接计入当期损益。

（2）自制存货

自制存货是企业自行生产加工制造的存货,如产成品、自制半成品、自制材料。其初始成本包括加工制造过程中耗用的直接材料或半成品和存货的加工成本。存货的加工成本包括直接人工和制造费用。

（3）委托加工存货

委托加工存货是指委托外单位加工完成的存货,以实际耗用的原材料或半成品或商品、加工费、运输费、装卸费和保险费等费用,以及按规定应计入成本的税金,作为实际成本。

（4）提供劳务取得的存货

通过提供劳务取得的存货,其成本按从事劳务提供人员的直接人工和其他直接费用以及可归属于该存货的间接费用确定。

（5）其他方式取得的存货

①投资者投入的存货,其成本应当按照投资合同或协议约定的价值确定,但合同或协议约定的价值不公允的除外。

②盘盈的存货,按照同类或类似存货的市场价格作为入账价值。

③通过非货币性资产交换、债务重组、企业合并等方式取得的存货,其入账价值按照有关企业会计准则确定。

在确定存货成本的过程中,应当注意,下列费用不应当计入存货成本,而应当在其发生时计入当期损益:

①非正常消耗的直接材料、直接人工及制造费用应计入当期损益,不得计入存货成本。例如,企业超定额的废品损失以及由自然灾害而发生的直接材料、直接人工及制造费用。由于这些费用的发生无助于使该存货达到目前场所和状态,不应计入存货成本,而应计入当期

损益。

②仓储费用指企业在采购入库后发生的储存费用,应计入当期损益。但是,在生产过程中为达到下一个生产阶段所必需的仓储费用则应计入存货成本。

③不能归属于使存货达到目前场所和状态的其他支出,不符合存货的定义和确认条件的,应在发生时计入当期损益,不得计入存货成本。

3)发出存货的计量方法

(1)个别计价法

个别计价法亦称个别认定法、具体辨认法、分批实际法。采用这一方法是假设存货具体项目的实物流转与成本流转相一致,按照各种存货逐一辨认各批发出存货和期末存货所属的购进批别或生产批别,分别按其购入或生产时所确定的单位成本计算各批发出存货和期末存货成本的方法。在这种方法下,是把每一种存货的实际成本作为计算发出存货成本和期末存货成本的基础。

个别计价法的成本计算准确,符合实际情况,但在存货收发频繁的情况下,其发出成本分辨的工作量较大。因此,这种方法适用于一般不能替代使用的存货,为特定项目专门购入或制造的存货以及提供的劳务,如珠宝、名画等贵重物品。

(2)先进先出法

先进先出法是指以先购入的存货应先发出(销售或耗用)这样一种存货实物流动假设为前提,对发出存货进行计价的一种方法。采用这种方法,先购入的存货成本在后购入存货成本之前转出,据此确定发出存货和期末存货的成本。具体方法是:收入存货时,逐笔登记收入存货的数量、单价和金额;发出存货时,按照先进先出的原则逐笔登记存货的发出成本和结存金额。

先进先出法可以随时结转存货发出成本,但较烦琐。如果存货收发业务较多,且存货单价不稳定时,其工作量较大。在物价持续上升时,期末存货成本接近于市价,而发出成本偏低,会高估企业当期利润和库存存货价值;反之,会低估企业存货价值和当期利润。

(3)月末一次加权平均法

月末一次加权平均法是指以本月全部进货数量加上月初存货数量作为权数,去除本月全部进货成本加上月初存货成本,计算出存货的加权平均单位成本,以此为基础计算本月发出存货的成本和期末存货成本的一种方法。计算公式如下:

存货单位成本
=(原有库存存货的实际成本 + 本次进货的实际成本)/(原有库存存货数量 + 本次进货数量)

本次发出存货成本 = 本次发出存货数量 × 本次发货前存货单位成本

本月月末库存存货成本 = 月末库存存货的数量 × 本月月末存货单位成本

采用移动加权平均法能够使企业管理当局及时了解存货的结存情况,计算的平均单位成本以及发出和结存的存货成本比较客观。但由于每次收货都要计算一次平均单价,计算工作量较大,对收发货较频繁的企业不适用。

5.1.2 工作过程

1) 个别计价法

【会计工作1】企业 2015 年 5 月 1 日结存甲材料 300 千克,单位实际成本为 10 元/千克。5 月 6 日,购进该材料 1 000 千克,单位实际成本 11 元/千克,5 月 20 日,购进该材料 600 千克,单位实际成本为 12 元/千克;5 月 12 日,发出单位实际成本为 10 元/千克的材料 200 千克,单位实际成本为 11 元/千克的材料 900 千克,5 月 26 日,发出单位实际成本为 12 元/千克的材料 550 千克,单位实际成本为 10 元/千克的材料 100 千克。按个别计价法计算发出和结存材料的成本。

【工作指导】发出和结存材料的成本按各批材料取得时的单位成本逐个认定计算
得出:

发出材料成本 $= 200 \times 10 + 900 \times 11 + 100 \times 10 + 550 \times 12 = 19\ 500$(元)

期末结存材料成本 $= 100 \times 11 + 50 \times 12 = 1\ 700$(元)

2) 先进先出法

【会计工作2】在【会计工作1】中,按先进先出法计算发出和结存材料的成本。

【工作指导】按照先进先出的原则计算存货的发出成本和结存金额:

发出材料成本 $= 300 \times 10 + 800 \times 11 + 200 \times 11 + 450 \times 12 = 19\ 400$(元)

期末结存材料成本 $= 150 \times 12 = 1\ 800$(元)

3) 月末一次加权平均法

【会计工作3】在【会计工作1】中,按月末一次加权平均法计算发出和结存材料的成本。

【工作指导】

加权平均单价 $= (3\ 000 + 18\ 200)/(300 + 1\ 600) \approx 11.16$(元/千克)

本月发出材料实际成本 $= 1\ 750 \times 11.16 = 19\ 530$(元)

月末结存材料实际成本 $= 3\ 000 + 18\ 200 - 19\ 530 = 1\ 670$(元)

4) 移动加权平均法

【会计工作4】在【会计工作1】中,按移动加权平均法计算发出和结存材料的成本。

【工作指导】

①5 月 6 日购入存货后的平均单位成本

$= (300 \times 10 + 1\ 000 \times 11)/(300 + 1\ 000) \approx 10.769$(元/千克)

②5 月 12 日发出存货的成本 $= 1\ 100 \times 10.769 = 11\ 845.9$(元)

③5 月 20 日购入存货后的平均单位成本

$= (200 \times 10.769 + 600 \times 12)/(200 + 600) = 11.692$(元/千克)

④5 月 26 日发出存货的成本 $= 650 \times 11.692 = 7\ 599.8$(元)

⑤末结存材料实际成本 $= 150 \times 11.692 = 1\ 753.8$(元)

5.1.3　知识拓展

存货的确认

一、存货确认的条件

存货在同时满足以下两个条件时,才能加以确认:

1. 该存货包含的经济利益很可能流入企业

存货作为企业的一项重要的流动资产,对它的确认,关键是要判断是否很可能给企业带来经济利益或与存货有关的经济利益是否很可能流入企业。判断一项存货是否是企业的存货通常以是否拥有所有权作为判断标准,凡所有权已属于企业,不论企业是否已收到或持有,均应作为本企业的存货;反之,若无所有权,即使存放于企业,也不能作为本企业的存货。

2. 该存货的成本能够可靠地计量

成本能够可靠计量是存货确认的另一项基本条件。如果要确认存货,必须能够对其成本进行可靠计量。而存货的成本能够可靠计量,不仅要取得确凿、可靠的证据,并且应具有可验证性。如果存货的成本不能可靠地计量,则不能确认为存货。

因此,某个项目要被确认为存货,首先要符合存货的定义。在此前提下,应当符合上述存货确认的两个条件。

二、存货确认的特殊情况

1. 代销商品

代销商品,是指一方委托另一方代其销售商品。从商品所有权的转移来分析,代销商品在售出以前,所有权属于委托方,受托方只是代对方销售商品。因此,代销商品应作为委托方的存货处理。但为了使受托方加强对代销商品的核算和管理,企业会计制度也要求受托方对其受托代销商品纳入账内核算。

2. 在途商品

对于销售方按销售合同、协议规定已确认销售(如已收到货款等),而尚未发运给购货方的商品,应作为购货方的存货而不应再作为销货方的存货;对于购货方已收到商品但尚未收到销货方结算发票等的商品,购货方应作为其存货处理;对于购货方已经确认为购进(如已付款等)而尚未到达入库的在途商品,购货方应将其作为存货处理。

3. 购货约定

对于约定未来购入的商品,由于企业并没有实际的购货行为发生,因此,不作为企业的存货,也不确认有关的负债和费用。

任务 2　原材料的核算

5.2.1　相关知识

1) 原材料的概念

原材料是指企业在生产过程中经过加工改变其形态或性质并构成产品主要实体的各种

原料、主要材料和外购半成品，以及不构成产品实体但有助于产品形成的辅助材料。原材料具体包括原料及主要材料、辅助材料、外购半成品（外购件）、修理用备件（备品备件）、包装材料、燃料等。原材料的日常收发及结存，可以采用实际成本核算，也可以采用计划成本核算。

2）原材料按实际成本计价的核算

（1）账户设置

原材料按实际成本计价核算时，材料的收发及结存，无论总分类核算还是明细分类核算，均按照实际成本计价，使用的会计科目有"原材料""在途物资"等。"原材料"科目的借方、贷方及余额均以实际成本计价，不存在成本差异的计算与结转问题。但采用实际成本核算，日常反映不出材料成本是节约还是超支，从而不能反映和考核物资采购业务的经营成果。因此，这种方法通常适用于材料收发业务较少的企业。在实务工作中，对于材料收发业务较多并且计划成本资料较为健全、准确的企业，一般可以采用计划成本进行材料收发的核算。

①"原材料"账户，属于资产类账户，用来核算企业库存的各种原材料的实际成本。该账户借方登记收入原材料的实际成本，贷方登记发出原材料的实际成本，期末余额在借方，表示库存原材料的实际成本。该账户可以按材料保管地点（仓库）、材料的类别、品种和规格等种类进行明细核算。

②"在途物资"账户，用来核算企业已经付款或已开出承兑商业汇票但尚未到达或尚未验收入库的各种物资的实际成本。账户借方登记已支付或已开出承兑的商业汇票的各种物资的实际成本，贷方登记已验收入库物资的实际成本，期末余额在借方，表示已经付款或已开出承兑商业汇票但尚未到达或尚未验收入库的在途物资的实际成本。该账户可以按照供应单位进行明细核算。

③"应付账款"账户，用来核算企业因购买材料、商品和接受劳务等经营活动应支付的款项。账户贷方登记企业因购入材料、商品和接受劳务等尚未支付的款项，借方登记偿还的应付账款，期末余额一般在贷方，反映企业尚未支付的应付账款。

④"预付账款"账户，用来核算企业按照合同规定预付的款项。账户借方登记预付的款项及补付的款项，贷方登记收到所购物资时根据有关发票账单记入"原材料"等账户的金额及收回多付款项的金额。期末余额在借方，反映企业实际预付的款项；期末余额在贷方，则反映企业应付或应补付的款项。预付款项情况不多的企业，可以不设置"预付账款"账户，而将此业务在"应付账款"账户中核算。

（2）账务处理

①购入材料。

由于支付方式不同，原材料入库的时间与付款的时间可能一致，也可能不一致，在会计处理上也有所不同。

A.货款已经支付或已开出、承兑商业汇票，同时材料已验收入库，借记"原材料""应交税费——应交增值税（进项税额）"，贷记"银行存款"等。

B.货款已经支付或已开出、承兑商业汇票，材料尚未到达或尚未验收入库时，借记"在途物资""应交税费—应交增值税(进项税额)",贷记"银行存款"等;当材料验收入库时,借记"原材料",贷记"在途物资"。

C.货款尚未支付,材料已经验收入库,且发票账单已到时,借记"原材料""应交税费——应交增值税(进项税额)",贷记"应付账款";若发票账单未到时,借记"原材料",贷记"应付账款——暂估应付账款";下月初作相反的会计分录予以冲回,借记"应付账款——暂估应付账款",贷记"原材料"。

D.货款已经预付,材料尚未验收入库,应在预付材料价款时,按照实际预付金额,借记"预付账款",贷记"银行存款";如材料已验收入库,应根据发票账单所列金额入账,借记"原材料""应交税费——应交增值税(进项税额)",贷记"预付账款";如预付款不足,补付货款时,借记"预付账款",贷记"银行存款";如预付款多余,收到退回的货款时,借记"银行存款",贷记"预付账款"。

②发出材料。

企业发出材料,就应当根据"发料凭证汇总表"编制记账凭证,登记入账,并根据发出材料的用途计入相关资产的成本或者当期损益。发出材料的实际成本的确定,企业可以从个别计价法、先进先出法、月末一次加权平均法、移动加权平均法等方法中选择一种。计价方法一经确定,不得随意变更。如需变更,应在财务报表附注中予以说明。

会计分录一般为借记"生产成本——基本生产成本(辅助生产成本)""制造费用""管理费用""销售费用"等,贷记"原材料"。

3)原材料按计划成本计价的核算

(1)账户设置

原材料采用计划成本核算时,材料的收发及结存,无论总分类核算还是明细分类核算,均按照计划成本计价,使用的会计科目有"原材料""材料采购""材料成本差异"等。材料实际成本与计划成本的差异,通过"材料成本差异"科目核算。月末,计算本月发出材料应负担的成本差异并进行分摊,根据领用材料的用途计入相关资产的成本或者当期损益,从而将发出材料的计划成本调整为实际成本。

①"原材料"账户,属于资产类账户,在计划成本法下,用来核算企业库存的各种原材料的计划成本。账户借方登记验收入库材料的计划成本,贷方登记发出原材料的计划成本,期末余额在借方,表示库存原材料的计划成本。

②"材料采购"账户,用来核算企业采用计划成本进行材料日常核算而购入材料的采购成本。账户借方登记外购材料的实际成本(包括买价和采购费用)和实际成本小于计划成本的节约差异,贷方登记已验收入库材料的计划成本和实际成本大于计划成本的超支差异,月末借方余额表示尚未验收入库的在途材料的实际成本。

该账户应按供应单位和材料品种设置明细账,进行明细核算。

③"材料成本差异"账户,用来核算各种材料实际成本与计划成本的差异。该账户属于资产类账户,是"原材料"账户的调整账户。其借方登记验收入库材料的实际成本大于计划成本的超支差异以及发出材料应承担的节约差异,贷方登记验收入库材料的实际成本小于计划成本的节约差异及发出材料应分担的超支差异。期末余额若在借方,表示库存各种材

料实际成本大于计划成本的超支差异;若在贷方,表示库存各种材料实际成本小于计划成本的节约差异。

（2）账务处理

①购入材料。

A. 货款已经支付,同时材料验收入库,按采购材料的实际成本,借记"材料采购""应交税费——应交增值税(进项税额)"等账户,贷记"银行存款""应付票据"等账户;材料验收入库后,借记"原材料"账户,贷记"材料采购"账户;月末结转入库材料的成本差异,若实际成本大于计划成本,则借记"材料成本差异"账户,贷记"材料采购"账户;反之,则借记"材料采购"账户,贷记"材料成本差异"账户。

B. 货款已经支付或已开出、承兑商业汇票,材料尚未验收入库,借记"材料采购""应交税费——应交增值税(进项税额)"账户,贷记"银行存款""应付票据"等账户;待收到材料验收入库后,按计划成本,借记"原材料"账户,贷记"材料采购"账户;月末结转本月入库材料的成本差异。

C. 货款尚未支付,材料已经验收入库,这种情况的处理与实际成本法类似,应于月末,按材料的暂估价值,借记"原材料"账户,贷记"应付账款——暂估应付账款"账户,下月初作相反的会计分录予以冲回。在计划成本法中,材料的暂估价值是计划成本。下月付款或开出、承兑商业汇票后,按正常程序进行账务处理。

②发出材料。

月末,企业根据领料单等编制"发料凭证汇总表"结转发出材料的计划成本,应当根据所发出材料的用途,按计划成本分别记入"生产成本""制造费用""销售费用""管理费用"等科目,同时结转材料成本差异。

根据《企业会计准则第1号——存货》的规定,企业日常采用计划成本核算的,发出的材料成本应由计划成本调整为实际成本,通过"材料成本差异"科目进行结转,按照所发出材料的用途,分别记入"生产成本""制造费用""销售费用""管理费用"等科目。发出材料应负担的成本差异应当按期(月)分摊,不得在季末或年末一次计算。

本期材料成本差异率

=（期初结存材料的成本差异＋本期验收入库材料的成本差异）/（期初结存材料的计划成本＋本期验收入库材料的计划成本）×100%

期初材料成本差异率＝（期初结存材料的成本差异/期初结存材料的计划成本）×100%

发出材料应负担的成本差异＝发出材料的计划成本×本期材料成本差异率

5.2.2 工作过程

1）按实际成本核算购入材料

（1）货款已经支付或已开出、承兑商业汇票,同时材料已验收入库

【会计工作5】企业购入A材料一批,增值税专用发票上记载的货款为500 000元,增值税税额85 000元,另对方代垫包装费1 000元,全部款项已用转账支票付讫,材料已验收入库。

【会计凭证】增值税专用发票、转账支票、收料单

【工作指导】企业应作如下会计处理：

借：原材料——A 材料　　　　　　　　　　　　　　501 000

　　应交税费——应交增值税（进项税额）　　　　　 85 000

　　贷：银行存款　　　　　　　　　　　　　　　　　586 000

【会计工作6】企业持银行汇票1 874 000元购入B材料一批，增值税专用发票上记载的货款为1 600 000元，对方代垫包装费2 000元，材料已验收入库。

【会计凭证】增值税专用发票、银行汇票、收料单

【工作指导】企业应作如下会计处理：

借：原材料——B 材料　　　　　　　　　　　　　1 602 000

　　应交税费——应交增值税（进项税额）　　　　 272 000

　　贷：其他货币资金——银行汇票　　　　　　　　1 874 000

【会计工作7】企业采用托收承付结算方式购入C材料一批，货款40 000元，增值税税额6 800元，对方代垫包装费5 000元，款项在承付期内以银行存款支付，材料已验收入库。

【会计凭证】增值税专用发票、托收结算凭证、收料单

【工作指导】企业应作如下会计处理：

借：原材料——C 材料　　　　　　　　　　　　　　45 000

　　应交税费——应交增值税（进项税额）　　　　　 6 800

　　贷：银行存款　　　　　　　　　　　　　　　　 51 800

（2）货款已经支付或已开出、承兑商业汇票，材料尚未到达或尚未验收入库

【会计工作8】企业采用汇兑结算方式购入D材料一批，发票及账单已收到，增值税专用发票上记载的货款为20 000元，增值税税额3 400元，支付保险费1 000元，材料尚未到达。

【会计凭证】增值税专用发票、有关保费单据、汇兑结算凭证

【工作指导】企业应作如下会计处理：

借：在途物资　　　　　　　　　　　　　　　　　　21 000

　　应交税费——应交增值税（进项税额）　　　　　 3 400

　　贷：银行存款　　　　　　　　　　　　　　　　 24 400

【会计工作9】承【会计工作8】，上述购入的D材料已收到，并验收入库。

【工作指导】企业应作如下会计处理：

借：原材料　　　　　　　　　　　　　　　　　　　21 000

　　贷：在途物资　　　　　　　　　　　　　　　　 21 000

（3）货款尚未支付，材料已经验收入库

【会计工作10】企业采用托收承付结算方式购入E材料一批，增值税专用发票上记载的货款为50 000元，增值税税额8 500元，对方代垫运杂费1 000元。银行转来的结算凭证已到，款项尚未支付，材料已验收入库。

【会计凭证】增值税专用发票、运费单据、托收结算凭证、收料单

【工作指导】企业应作如下会计处理：

借：原材料——E 材料   51 000

  应交税费——应交增值税（进项税额）   8 500

  贷：应付账款   59 500

【会计工作 11】企业采用委托收款结算方式购入 F 材料一批，材料已验收入库，月末发票账单尚未收到，也无法确定其实际成本，暂估价值为 30 000 元。

【会计凭证】收料单

【工作指导】月末无法确定材料实际采购成本时，先以暂估价入账，下月初作相反的会计分录予以冲回。

①月末以暂估价入账：

借：原材料   30 000

  贷：应付账款——暂估应付账款   30 000

②下月初作相反的会计分录予以冲回：

借：应付账款——暂估应付账款   30 000

  贷：原材料   30 000

【会计工作 12】承【会计工作 11】，上述购入的 F 材料于次月收到发票账单，增值税专用发票上记载的货款为 31 000 元，增值税税额 5 270 元，对方代垫运杂费 2 000 元，已用转账支票付讫。

【会计凭证】增值税专用发票、运费单据、转账支票

【工作指导】企业应作如下会计处理：

借：原材料——F 材料   33 000

  应交税费——应交增值税（进项税额）   5 270

  贷：银行存款   38 270

（4）货款已经预付，材料尚未验收入库

【会计工作 13】根据与某钢厂的购销合同规定，企业为购买 G 材料向该钢厂预付

100 000 元货款的 80%，计 80 000 元，已通过汇兑方式汇出。

【会计凭证】汇兑结算凭证

【工作指导】企业应作如下会计处理：

借：预付账款   80 000

  贷：银行存款   80 000

【会计工作 14】承【会计工作 13】，企业收到该钢厂发运来的 G 材料，已验收入库。有关发票账单记载，该批货物的货款 100 000 元，增值税税额 17 000 元，对方代垫运杂费 3 000 元，所欠款项以转账支票付讫。

【会计凭证】增值税专用发票、运费单据、转账支票、收料单

【工作指导】采用"预收账款""预付账款"核算时，应"坚持到底"，即"一笔到底"。

①材料入库时：

借：原材料——G 材料   103 000

  应交税费——应交增值税（进项税额）   17 000

　　贷:预付账款　　　　　　　　　　　　　　　　　　　　120 000
　②补付货款时:
　　借:预付账款　　　　　　　　　　　　　　　　　　　　40 000
　　贷:银行存款　　　　　　　　　　　　　　　　　　　　　40 000

2)按实际成本核算发出材料

【会计工作15】企业2015年3月1日结存B材料3 000千克,每千克实际成本为10元;3月5日和3月20日分别购入该材料9 000千克和6 000千克,每千克实际成本分别为11元和12元;3月10日和3月25日分别发出该材料10 500千克和6 000千克。

【工作指导】
①采用先进先出法计算成本如下:
本月发出存货成本 = 3 000×10+7 500×11+1 500×11+4 500×12 = 183 000(元)
月末库存存货成本 = 1 500×12 = 18 000(元)
②采用月末一次加权平均法计算成本如下:
B材料平均单位成本 = (30 000+171 000)/(3 000+15 000) = 11.17(元)
本月发出存货成本 = (10 500+6 000)×11.17 = 184 305(元)
月末库存存货成本 = 3 000×10+9 000×11+6 000×12−184 305 = 16 695(元)
③采用移动加权平均法计算成本如下:
第一批收货后的平均单位成本 = (30 000+99 000)/(3 000+9 000) = 10.75(元)
第一批发货的存货成本 = 10 500×10.75 = 112 875(元)
当时结存的存货成本 = 1 500×10.75 = 16 125(元)
第二批收货后的平均单位成本 = (16 125+72 000)/(1 500+6 000) = 11.75(元)
第二批发货的存货成本 = 6 000×11.75 = 70 500(元)
当时结存的存货成本 = 1 500×11.75 = 17 625(元)
B材料月末结存1 500千克,月末库存存货成本为17 625元;本月发出存货成本合计为183 375(112 875+70 500)元。

企业各生产单位及有关部门领用的材料具有种类多、业务频繁等特点。为了简化核算,可以在月末根据"领料单"或"限额领料单"中有关领料的单位、部门等加以归类,编制"发料凭证汇总表",据以编制记账凭证、登记入账。发出材料实际成本的确定,可以由企业从上述个别计价法、先进先出法、月末一次加权平均法、移动加权平均法等方法中选择。

计价方法一经确定,不得随意变更。如需变更,应在附注中予以说明。

【会计工作16】企业根据"发料凭证汇总表"的记录,1月份基本生产车间领用A材料500 000元,辅助生产车间领用A材料40 000元。车间管理部门领用A材料5 000元,企业行政管理部门领用A材料4 000元,计549 000元。

【会计凭证】发料凭证汇总表
【工作指导】
借:生产成本——基本生产成本　　　　　　　　　　　　　500 000
　　　　　　　——辅助生产成本　　　　　　　　　　　　　　40 000

制造费用	5 000
管理费用	4 000
贷：原材料——A 材料	549 000

3）按计划成本核算购入材料

（1）货款已经支付，同时材料验收入库

【会计工作 17】甲企业为一般纳税人，2015 年 5 月 10 日从乙公司购入 A 材料一批，货款 3 000 000 元，增值税专用发票上注明的增值税为 510 000 元，发票等结算凭证同时收到，款项已通过银行转账支票支付。材料已验收入库。该材料计划成本为 3 200 000 元。

【会计凭证】增值税专用发票、转账支票、收料单

【工作指导】

①采购材料时：

借：材料采购	3 000 000
应交税费——应交增值税（进项税额）	510 000
贷：银行存款	3 510 000

②材料验收入库时：

借：原材料——A 材料	3 200 000
贷：材料采购	3 200 000

③同时结转材料成本差异：

借：材料采购	200 000
贷：材料成本差异	200 000

（2）货款已经支付或已开出、承兑商业汇票，材料尚未验收入库

【会计工作 18】甲企业为一般纳税人，2015 年 5 月 8 日从丙公司购入 B 材料一批，发票账单等结算凭证已到，货款为 200 000 元，增值税额为 34 000 元，已开出并承兑三个月的商业汇票结算价税款，材料未运到。B 材料计划成本为 180 000 元。

【会计凭证】增值税专用发票、商业汇票

【工作指导】待材料验收入库再结转采购成本，会计处理为：

借：材料采购	200 000
应交税费——应交增值税（进项税额）	34 000
贷：应付票据	234 000

（3）货款尚未支付，材料已经验收入库

【会计工作 19】甲企业为一般纳税人，2015 年 5 月 20 日购入 C 材料一批，专用发票上记载的货款为 500 000 元，增值税税额 85 000 元，发票账单已收到，款项尚未支付，计划成本 520 000 元，材料已验收入库。

【会计凭证】增值税专用发票、收料单

【工作指导】

①按实际采购成本记入"材料采购"账户：

借：材料采购	500 000

| 应交税费——应交增值税(进项税额) | 85 000 |
| 贷:应付账款 | 585 000 |

②按计划成本材料验收入库时:

借:原材料——C 材料　　　　　　　　　　　　　　520 000

　　贷:材料采购　　　　　　　　　　　　　　　　　　　520 000

③同时结转材料成本差异:

借:材料采购　　　　　　　　　　　　　　　　　　20 000

　　贷:材料成本差异　　　　　　　　　　　　　　　　　20 000

【会计工作 20】甲企业为一般纳税人,2015 年 5 月 22 日购入 D 材料一批,材料已验收入库,发票账单未到,月末应按照计划成本 600 000 元估价入账。

【会计凭证】收料单

【工作指导】

①按照计划成本估价入账:

借:原材料　　　　　　　　　　　　　　　　　　600 000

　　贷:应付账款——暂估应付账款　　　　　　　　　　　600 000

②下月初作相反的会计分录予以冲回:

借:应付账款——暂估应付账款　　　　　　　　　　600 000

　　贷:原材料　　　　　　　　　　　　　　　　　　　600 000

③待结算凭证到达时,再按正常程序作会计分录。

4)按计划成本核算发出材料

【会计工作 21】甲企业根据"发料凭证汇总表"的记录,某月 A 材料的消耗(计划成本)为:基本生产车间领用 2 000 000 元,辅助生产车间领用 600 000 元,车间管理部门领用 250 000元,企业行政管理部门领用 50 000 元。

【会计凭证】发料凭证汇总表

【工作指导】

借:生产成本——基本生产成本　　　　　　　　　2 000 000

　　　　　　——辅助生产成本　　　　　　　　　600 000

　　制造费用　　　　　　　　　　　　　　　　　250 000

　　管理费用　　　　　　　　　　　　　　　　　50 000

　　贷:原材料——A 材料　　　　　　　　　　　　　　2 900 000

【会计工作 22】承【会计工作 17】和【会计工作 21】,甲企业某月月初结存 A 材料的计划成本为 1 000 000 元,成本差异为超支 30 740 元;当月入库 A 材料的计划成本 3 200 000 元,成本差异为节约 200 000 元。

【工作指导】

材料成本差异率 = (30 740 - 200 000)/(1 000 000 + 3 200 000)×100% = -4.03%

借:材料成本差异——A 材料　　　　　　　　　　116 870

　　贷:生产成本——基本生产成本　　　　　　　　　　80 600

——辅助生产成本	24 180
制造费用	10 075
管理费用	2 015

5.2.3 知识拓展

外购材料短缺、毁损的处理

外购材料在验收入库时，企业如果发现材料短缺或毁损，应及时查明原因，区分不同情况进行处理。

属于供货单位造成的短缺、毁损，若价税款尚未支付，则待收到发票账单时，按短缺、毁损材料金额及其应分担的运杂费、相应的增值税，填写拒付理由书，拒付相应的款项，不作账务处理；若价税款已经支付，则向供货单位索赔。

一、外购商品短缺与毁损增值税进项税额的会计处理方法

对于外购商品的短缺与毁损，在未查明原因之前，一般的会计处理方法是：

先按外购商品的不含税进价记入"待处理财产损溢"，同时把增值税进项税额通过"应交税金——应交增值税（进项税额转出）"也转入"待处理财产损溢"；然后在查明原因以后再从"待处理财产损溢"把不含税进价和进项税额作相应的会计处理。

因为外购商品的短缺与毁损是由于不同的原因造成的，其增值税进项税额的会计处理也相应地应该有所不同。可以按以下方法进行会计处理。首先，在验收入库发现短缺与毁损时，对其增值税进项税额不予以结转，仅对外购商品的不含税进价进行结转：

借：待处理财产损溢（不含税进价）
　　贷：原材料或库存商品等（不含税进价）

然后，在查明原因以后，再根据不同情况分别进行会计处理：

1.外购商品的短缺或毁损属于运输途中的定额内损耗，其进项税额应予以抵扣，增值税进项税额可以不作处理，只需在审批后记为：

借：原材料或库存商品等（不含税进价）
　　贷：待处理财产损溢（不含税进价）

2.若外购商品的短缺与毁损属于途中的超定额损耗，其进项税额应不予以抵扣，对于该部分进项税额应通过"进项税额转出"转入"营业费用"，记为：

借：管理费用（不含税进价＋转出的进项税额）
　　贷：待处理财产损溢（不含税进价）
　　　　应交税金——应交增值税（进项税额转出）

3.若外购商品的短缺与毁损属于供货单位原因，则需要根据实际情况进行处理：

（1）如果对方决定近期内予以补货，则短缺商品的进项税额需要视不同情况处理：若已付款，其进项税额可以抵扣；若未付款，则待付款后方可抵扣。

（2）如果对方决定退赔货款，则视不同情况比照进货退出进行处理：若购买方未付款且未作账务处理，应退回原发票，待收到重开的发票后作购进处理；若已付款或已作账务处理，必须取得当地主管税务机关开具的"进货退及索取折让证明单"交给销货方，购买方则应在

取得对方开具的红字增值税专用发票后,以红字冲减原已登记的进项税额,记为:

借:应收账款(不含税进价)

应交税金——应交增值税(进项税额)(红字)

贷:待处理财产损溢(不含税进价)

4.外购商品的短缺与毁损属于运输单位造成的,应向运输单位索赔,索赔款中的进项税额应通过"进项税额转出"转入"其他应收款",记为:

借:其他应收款(不含税进价,进项税额转出)

贷:应交税金——应交增值税(进项税额转出)

待处理财产损溢(不含税进价)

5.如果外购商品的短缺与毁损属于非常损失,其进项税额不得抵扣,而应在批准后通过"进项税额转出"转入"营业外支出",记为:

借:营业外支出(净损失)

原材料　　　(残料)

其他应收款(保险赔款)

贷:待处理财产损溢(不含税进价)

应交税金——应交增值税(进项税额转出)

二、外购材料短缺与毁损增值税进项税额的会计处理案例分析

现举例说明,某工业生产企业实际成本法核算从外地甲公司购进 A 材料 1 000 千克,增值税专用发票上注明:价款 50 000 元,税额 8 500 元。接到银行转来的托收承付结算凭证及相关凭证,经审核无误,如数以银行存款支付,商品尚未运到,作会计分录如下:

借:在途物资——A　　　　　　　　　　　　　　　50 000

应交税金——应交增值税(进项税额)　　　　　8 500

贷:银行存款　　　　　　　　　　　　　　　　58 500

商品验收入库时,实收 980 千克,原因待查,作会计分录如下:

借:原材料——A　　　　　　　　　　　　　　　49 000

待处理财产损溢　　　　　　　　　　　　　1 000

贷:在途物资——A　　　　　　　　　　　　　50 000

1.若上例商品短缺 20 千克,经查明属于定额内损耗,经批准后,作会计分录如下:

借:原材料——A　　　　　　　　　　　　　　　1 000

贷:待处理财产损溢　　　　　　　　　　　　1 000

2.若上例商品短缺 20 千克,经查明 10 千克属于定额内损耗,另 10 千克属于超定额损耗,经批准后,作会计分录如下:

借:原材料——A　　　　　　　　　　　　　　　500

管理费用　　　　　　　　　　　　　　　585

贷:待处理财产损溢　　　　　　　　　　　　1 000

应交税金——应交增值税(进项税额转出)　　　85

3. 若上例商品短缺 20 千克，经查明属于对方单位少发，现收到对方单位补发的商品，作会计分录如下：

借：原材料——A   1 000
    贷：待处理财产损溢   1 000

4. 若上例商品短缺 20 千克，经查明属于对方单位少发，经双方协商作退货处理，到主管税务机关开具"证明单"送交供货方，待收到供货方转来的红字增值税专用发票，作会计分录如下：

借：应收账款——甲公司   1 170
    贷：应交税金——应交增值税(进项税额转出)   170
        待处理财产损溢   1 000

5. 若上例商品短缺 20 千克，经查明属于运输单位原因，应向运输单位索赔，作会计分录如下：

借：其他应收款——运输公司   1 170
    贷：待处理财产损溢   1 000
        应交税金——应交增值税(进项税额转出)   170

6. 若上例商品短缺 20 千克，经查明属于非常损失，收回残料 50 元，保险公司赔偿 500 元，经批准后，作如下会计分录：

借：原材料   50
    其他应收款——保险公司   500
    营业外支出——非常损失   620
    贷：待处理财产损溢   1 000
        应交税金——应交增值税(进项税额转出)   170

任务 3　周转材料的核算

5.3.1　相关知识

1) 周转材料的概念

周转材料是指企业能够多次使用，逐渐转移其价值但仍然保持原有形态，不确认为固定资产的材料，如一般企业的包装物和低值易耗品等。

(1) 包装物

包装物是指为了包装本企业商品而储备的各种包装容器，如桶、箱、瓶、坛、袋等。

其核算内容包括：

① 生产过程中用于包装产品作为产品组成部分的包装物；

② 随同商品出售而不单独计价的包装物；

③ 随同商品出售而单独计价的包装物；

④出租或出借给购买单位使用的包装物。

（2）低值易耗品

低值易耗品通常被视同存货，作为流动资产进行核算和管理。其一般划分为：一般工具、专用工具、替换设备、管理用具、劳动保护用品、其他用具等。

2）账户设置

为了反映和监督周转材料的增减变动及其价值损耗、结存等情况，企业应当设置"周转材料"账户，用以核算周转材料的计划成本或实际成本。该账户是资产类账户，借方登记周转材料的增加，贷方登记周转材料的减少，期末余额在借方，通常反映企业在库周转材料的计划成本或实际成本以及在用周转材料的摊余价值。本账户可以按照周转材料的种类，分别设"在库""在用""摊销"等科目进行明细核算。

3）账务处理

（1）取得周转材料

企业购入、自制、委托外单位加工完成并验收入库的周转材料，比照"原材料"账户的核算方法进行。

（2）周转材料摊销

企业周转材料在日常活动中领用后，其价值开始实现转移，其价值实现的方法在会计上称为周转材料摊销。常用的周转材料摊销方法有一次转销法和分次摊销法。

①一次转销法，是指在领用周转材料时，将其全部价值一次计入成本、费用的摊销方法。采用一次转销法的，领用时应按其账面价值，借记"管理费用""生产成本""制造费用""销售费用"等账户，贷记"周转材料"账户。

②五五摊销法，是指根据周转材料的账面价值和预计使用期限，将其价值分次摊入成本、费用的摊销方法。由于摊销次数是两次，核算时，需单独设置"周转材料——低值易耗品——在用""周转材料——低值易耗品——在库"及"周转材料——低值易耗品——摊销"明细科目。

（3）周转材料领用

企业在生产经营中领用低值易耗品，可直接根据上述一次摊销法或分次摊销法将其摊销价值记入"制造费用"或"管理费用"账户进行核算。

对于生产经营中领用包装物，应按照其用途的不同分别进行处理。

①生产领用包装物。企业生产部门领用的用于包装产品的包装物，构成了产品的组成部分，应将包装物的成本计入产品的生产成本，借记"生产成本"账户，按照领用包装物成本，贷记"周转材料——包装物"账户。

②随同商品出售而不单独计价的包装物。包装物随产品、商品出售不单独计价时，应将这部分包装物的成本作为企业发生的销售费用，借记"销售费用"账户，按其成本，贷记"周转材料——包装物"账户。

③随同产品出售单独计价的包装物。随同产品出售单独计价的包装物，属于企业包装物的销售业务。其取得的收入应作为其他业务收入，借记"银行存款"等账户，贷记"其他业

务收入""应交税费——应交增值税（销项税额）"。其成本应相应地作为其他业务成本，借记"其他业务成本"，贷记"周转材料——包装物"。

④出租、出借包装物。企业之间因业务需要，有时要发生相互租用、借用包装物的业务。出租、出借的包装物在周转使用过程中因磨损而减少的价值可根据情况采用一次转销法或五五摊销法进行摊销。企业应建立备查账簿登记出租、出借的包装物。

收到出租、出借包装物的押金，借记"库存现金""银行存款"等账户，贷记"其他应付款"账户，退回押金时作相反分录。

逾期未退包装物，将没收的押金贷记"其他业务收入"账户。根据税法的规定，没收押金还应缴纳增值税、消费税等税费。

对于逾期未退包装物没收的加收押金，应计入"营业外收入"，并计算应缴纳的增值税、消费税等税费。

包装物出借时收取押金，但包装物供借用单位无偿使用。因此，出借包装物不收取租金，没有收益。但借用单位归还包装物时，应全额退还其押金。

（4）周转材料报废

企业的周转材料不能继续使用时，应将周转材料予以报废。报废时，将剩余材料出售收入冲减原已记录的支出或费用，借记"银行存款"等账户，贷记"生产成本""管理费用""其他业务成本""销售费用"等账户。

5.3.2 工作过程

1）周转材料摊销

【会计工作23】企业低值易耗品按实际成本计价核算。8月份基本生产车间领用4 000元，行政管理部门领用2 000元。

【会计凭证】领料单

【工作指导】

①采用一次转销法，会计处理如下：

借：制造费用	4 000
管理费用	2 000
贷：周转材料——低值易耗品	6 000

②采用五五摊销法，会计处理如下：

A. 领用时：

借：周转材料——低值易耗品——在用	6 000
贷：周转材料——低值易耗品——在库	6 000

B. 第一次摊销，领用时摊销其价值的一半：

借：制造费用	2 000
管理费用	1 000
贷：周转材料——低值易耗品——摊销	3 000

C.第二次摊销,用完时摊销其价值的一半:

借:制造费用 2 000

 管理费用 1 000

  贷:周转材料——低值易耗品——摊销 3 000

同时:

借:周转材料——低值易耗品——摊销 6 000

  贷:周转材料——低值易耗品——在用 6 000

2)周转材料领用

(1)生产领用包装物

【会计工作24】企业对包装物采用实际成本计价核算,2011 年 5 月 10 日,为包装 C 产品领用包装物一批,成本 5 000 元。

【会计凭证】领料单

【工作指导】

借:生产成本 5 000

  贷:周转材料——包装物 5 000

(2)随同商品出售而不单独计价的包装物

【会计工作25】企业对包装物采用计划成本计价核算,2015 年 5 月 12 日销售产品时,领用不单独计价的包装物,计划成本为 4 000 元,包装物成本差异率为 1%。

【会计凭证】领料单

【工作指导】

①发出包装物时:

借:销售费用 4 000

  贷:周转材料——包装物 4 000

②结转领用包装物成本差异时:

借:销售费用 40

  贷:材料成本差异——包装物 40

(3)随同产品出售单独计价的包装物

【会计工作26】企业对包装物采用计划成本计价核算,2011 年 5 月 18 日销售产品时,领用单独计价的包装物,计划成本为 6 000 元,包装物成本差异率为 1%,销售收入为 6 600 元,增值税额为 1 122 元,款项已存入银行。

【会计凭证】增值税专用发票、领料单、银行收款凭证

【工作指导】

借:银行存款 7 722

  贷:其他业务收入 6 600

   应交税费——应交增值税(销项税额) 1 122

借:其他业务成本 6 060

  贷:周转材料——包装物   6 000

    材料成本差异   60

（4）出租、出借包装物

【会计工作27】2015年5月,甲企业向乙企业销售产品时,随货出租新包装物一批,实际成本1 000元,收到现金押金1 500元,使用期满后,租入方退还包装物,收到租金收入200元。该包装物采用一次转销法进行摊销。

【会计凭证】领料单、押金收款凭证、押金退回凭证、租金收款凭证

【工作指导】

①出租时,收到押金时的会计处理:

借:库存现金   1 500

  贷:其他应付款——乙企业   1 500

②出租的新包装物领用时:

借:其他业务成本   1 000

  贷:周转材料——包装物   1 000

③收到租金时:

借:库存现金   200

  贷:其他业务收入   200

④租用单位到期归还包装物,全额退还其押金:

借:其他应付款——乙企业   1 500

  贷:库存现金   1 500

【会计工作28】2015年5月,甲企业向乙企业销售产品时,随货出借新包装物一批,实际成本1 000元,收到现金押金1 500元,6月份使用期满后,租入方退还包装物。该包装物采用一次摊销法进行摊销。

【会计凭证】领料单、押金收款凭证、押金退回凭证

【工作指导】

①出借时,收到押金时的会计处理:

借:库存现金   1 5 00

  贷:其他应付款——乙企业   1 500

②出借的新包装物领用时:

借:销售费用   1 000

  贷:周转材料——包装物   1 000

③借用单位到期归还包装物,全额退还其押金:

借:其他应付款——乙企业   1 500

  贷:库存现金   1 500

3）周转材料报废

【会计工作29】甲企业2015年5月末报废销售部门出借包装物一批,残料价值100元入账。

【会计凭证】残料入库单

【工作指导】

借:原材料　　　　　　　　　　　　　　　　　　100

　　贷:销售费用　　　　　　　　　　　　　　　　100

5.3.3　知识拓展

小心"周转材料"核算漏洞

新《企业会计准则》附录规定,"周转材料"科目用来核算企业周转材料的计划成本或实际成本,包括包装物、低值易耗品及钢(木)模板、脚手架等。企业购入、自制、委托外单位加工完成并已验收入库的周转材料等,应比照"原材料"科目的相关规定进行处理,涉及增值税进项税的进行相应的处理。对于耗用的周转材料,不管是采用一次转销法还是其他摊销法,应按计入成本费用的金额,借记"管理费用""生产成本"等科目,贷记该科目。采用计划成本进行核算的,还应同时结转应分摊的成本差异。该科目期末应为借方余额,反映企业在库周转材料的计划成本或实际成本以及在用周转材料的摊余价值。

可见,"周转材料"科目核算的正确性不仅影响到周转材料及企业成本、费用核算的正确性,而且还影响到增值税进项税和企业所得税的正确性。

任务 4　委托加工物资的核算

5.4.1　相关知识

1)委托加工物资概述

委托加工物资,是指企业委托外单位加工成新的材料或周转材料等。企业从外部购入的原材料等存货,有时在规格和质量上还不能直接满足生产上的需要。企业本身由于受到工艺设备条件的限制或从降低成本的角度考虑,需要将这部分存货委托外单位制造成另一种性能和用途的存货,从而形成了委托加工物资。

委托加工物资以实际耗用的原材料或者半成品以及加工费、运输费、装卸费和保险费等费用以及按规定应计入成本的税费,作为实际成本。

2)账户设置

为了反映和监督委托加工物资增减变动及其结存情况,企业应当设置"委托加工物资"账户,借方登记委托加工物资的实际成本,贷方登记加工完成验收入库的物资的实际成本和剩余物资的实际成本,期末余额在借方,反映企业尚未完工的委托加工物资的实际成本和发出加工物资的杂费等。委托加工物资也可以采用计划成本或售价进行核算。

3)账务处理

①发出委托加工物资时,借记"委托加工物资",贷记"原材料"。如果采用计划成本法核算还应结转其材料成本差异。

②支付加工费及增值税、运杂费等，借记"委托加工物资""应交税费——应交增值税（进项税额）"，贷记"银行存款"等。

③支付消费税时，如果委托加工物资是应税消费品，还需要交纳消费税。对于委托方提货时由受托方代收代缴的消费税，应分别按以下情况处理：

A. 委托加工物资收回后用于连续生产应税消费品的，借记"应交税费——应交消费税"，贷记"银行存款"等。

B. 委托加工物资收回后直接用于销售的，委托方应将受托方代收代缴的消费税计入委托加工物资的成本，借记"委托加工物资"，贷记"银行存款"等。

④收回委托加工物资时，借记"原材料"，贷记"委托加工物资"。

5.4.2 工作过程

【会计工作30】甲公司委托某量具厂加工一批量具，发出材料一批，计划成本70 000元，材料成本差异率4%，以银行存款支付运杂费2 200元。

【会计凭证】材料出库单、运费单据

【工作指导】

①发出材料时：

借：委托加工物资　　　　　　　　　　　　　　　72 800
　　贷：原材料　　　　　　　　　　　　　　　　70 000
　　　　材料成本差异　　　　　　　　　　　　　2 800

②支付运杂费时：

借：委托加工物资　　　　　　　　　　　　　　　2 200
　　贷：银行存款　　　　　　　　　　　　　　　2 200

【会计工作31】承【会计工作30】，甲公司以银行存款支付上述量具的加工费用20 000元。

【会计凭证】加工费支付凭证

【工作指导】

借：委托加工物资　　　　　　　　　　　　　　　20 000
　　贷：银行存款　　　　　　　　　　　　　　　20 000

【会计工作32】承【会计工作30】和【会计工作31】，甲公司收回由某量具厂代加工的量具，以银行存款支付运杂费2 500元。该量具已验收入库，其计划成本为110 000元。

【会计凭证】入库单、运费单据

【工作指导】

①支付运杂费时：

借：委托加工物资　　　　　　　　　　　　　　　2 500
　　贷：银行存款　　　　　　　　　　　　　　　2 500

②工具入库时：

借:周转材料——低值易耗品　　　　　　　　　　110 000
　　贷:委托加工物资　　　　　　　　　　　　　　　97 500
　　　　材料成本差异　　　　　　　　　　　　　　　12 500

【会计工作33】甲公司委托丁公司加工商品一批(属于应税消费品)100 000件,有关经济业务如下:2015年1月20日,发出材料一批,计划成本为6 000 000元,材料成本差异率为-3%。2月20日,支付商品加工费120 000元,支付应当交纳的消费税660 000元,该商品收回后用于连续生产,消费税可抵扣,甲公司和丁公司为一般纳税人,适用增值税税率为17%。3月4日,用银行存款支付往返运杂费10 000元。3月5日,上述商品100 000件(每件计划成本为65元)加工完毕,公司已办理验收入库手续。

【会计凭证】材料出库单、运费单据、加工费、税金支付凭证、入库单
【工作指导】
①1月20日,发出材料时:
借:委托加工物资　　　　　　　　　　　　　　6 000 000
　　贷:原材料　　　　　　　　　　　　　　　　　6 000 000
②结转发出材料应分摊的材料成本差异时:
借:材料成本差异　　　　　　　　　　　　　　　180 000
　　贷:委托加工物资　　　　　　　　　　　　　　180 000
③2月20日,支付加工费和税款时:
借:委托加工物资　　　　　　　　　　　　　　　120 000
　　应交税费——应交消费税　　　　　　　　　　660 000
　　　　　　——应交增值税(进项税额)　　　　　20 400
　　贷:银行存款　　　　　　　　　　　　　　　　800 400
④3月4日,支付运杂费:
借:委托加工物资　　　　　　　　　　　　　　　 10 000
　　贷:银行存款　　　　　　　　　　　　　　　　 10 000
⑤3月5日,加工完毕,验收入库:
借:库存商品　　　　　　　　　　　　　　　　6 500 000
　　贷:委托加工物资　　　　　　　　　　　　　　5 950 000
　　　　材料成本差异　　　　　　　　　　　　　　550 000
⑥如企业收回加工物资直接用于销售,则支付消费税时作如下会计处理:
借:委托加工物资　　　　　　　　　　　　　　　660 000
　　贷:银行存款　　　　　　　　　　　　　　　　660 000
加工完毕,验收入库时:
借:库存商品　　　　　　　　　　　　　　　　6 500 000
　　材料成本差异　　　　　　　　　　　　　　　110 000
　　贷:委托加工物资　　　　　　　　　　　　　　6 610 000

任务5 库存商品的核算

5.5.1 相关知识

1）库存商品概述

库存商品是指库存的外购商品、自制商品、存放在门市部准备出售的商品、发出展览的商品以及寄存在外或存放在仓库的商品等。工业企业的库存商品主要指产成品。商品流通企业的库存商品主要指外购或委托加工完成验收入库用于销售的各种商品。

2）账户设置

企业应设置"库存商品"账户，核算各种库存商品的实际成本（或进价）或计划成本（或售价）。库存商品增加记借方，库存商品减少记贷方，余额在借方，反映期末库存商品的成本（计划成本或实际成本）。此外，工业企业接受外来原材料加工制造的代制品和为外单位加工修理的代修品，在制造和修理完成验收入库后，视同企业的产品，在"库存商品"科目核算；可以降价出售的不合格品，也在"库存商品"科目核算，但应当与合格商品分开记账。

3）账务处理

（1）产成品

工业企业的产成品既可以按计划成本核算，又可以按实际成本核算。在采用实际成本计价时，对完成生产过程并验收入库的产成品结转成本时，借记"库存商品"账户，贷记"生产成本"账户。销售的产成品结转成本时，借记"主营业务成本"账户，贷记"库存商品"账户。按计划成本核算计价方法可参照原材料。

库存商品通常用于对外销售，但也可能用于在建工程、对外投资、债务重组、非货币性资产交换等方面。应用方面不同，会计处理也有所不同。

（2）商品存货

商品流通企业的库存商品有两种核算方式：毛利率法和售价金额核算法。

①毛利率法。

毛利率法是指根据本期销售净额乘以上期实际（或本期计划）毛利率匡算本期销售毛利，并据以计算发出存货和期末结存存货成本的一种方法。其计算公式如下：

毛利率＝（销售毛利/销售净额）×100%

销售净额＝商品销售收入－销售退回与折让

销售毛利＝销售净额×毛利率

销售成本＝销售净额－销售毛利

期末存货成本＝期初存货成本＋本期购货成本－本期销售成本

这一方法是商品流通企业，尤其是商业批发企业常用的计算本期商品销售成本和期末库存商品成本的方法。

②售价金额核算法。

售价金额核算法通过设置"商品进销差价"账户进行处理。平时商品存货的进、销、存均按售价记账,售价与进价的差额记入"商品进销差价"账户。期末通过计算进销差价率的办法计算本期已销商品应分摊的进销差价,并据以调整本期销售成本。按实际销售成本,借记"商品进销差价"账户,贷记"主营业务成本"账户。进销差价率的计算公式如下:

商品进销差价率

= (期初库存商品进销差价 + 本期购入商品进销差价)/

(期初库存商品售价 + 本期购入商品售价) × 100%

本期销售商品应分摊的商品进销差价 = 本期商品销售收入 × 商品进销差价率

本期销售商品的成本 = 本期商品销售收入 − 本期销售商品应分摊的商品进销差价

期末结存商品的成本 = 期初库存商品的进价成本 + 本期购进商品的进价成本 − 本期销售商品的成本

对于从事商业零售业务的企业(如百货公司、超市等),由于经营的商品种类、品种、规格等繁多,而且要求按商品零售价格标价,采用其他成本计算结转方法均较困难,因此广泛采用这一方法。

5.5.2 工作过程

1)产成品

【会计工作34】甲公司"商品入库汇总表"记载,某月已验收入库 Y 产品 1 000 台,实际单位成本 5 000 元,计 5 000 000 元;Z 产品 2 000 台,实际单位成本 1 000 元,计 2 000 000 元。

【会计凭证】产成品入库单

【工作指导】

借:库存商品——Y 产品	5 000 000	
——Z 产品	2 000 000	
贷:生产成本——基本生产成本(Y 产品)		5 000 000
——基本生产成本(Z 产品)		2 000 000

【会计工作35】甲公司月末汇总的发出商品中,当月已实现销售的 Y 产品有 500 台,Z 产品有 1 500 台。该月 Y 产品实际单位成本 5 000 元,Z 产品实际单位成本 1 000 元。结转其销售成本。

【会计凭证】发货单

【工作指导】

借:主营业务成本	4 000 000	
贷:库存商品——Y 产品		2 500 000
——Z 产品		1 500 000

2)商品存货

(1)毛利率法

【会计工作36】甲商品批发企业为增值税一般纳税人,本月购入 A 商品 1 000 件,增值税专用发票中注明:单价300元,增值税额51 000元。发票等结算凭证与商品已同时到达,货款已通过银行转账支付。

【会计凭证】增值税专用发票、转账支票

【工作指导】

借:库存商品——A商品　　　　　　　　　　　　　　300 000
　　应交税费——应交增值税(进项税额)　　　　　　　51 000
　　　贷:银行存款　　　　　　　　　　　　　　　　　351 000

【会计工作37】甲商品批发企业中A类商品月初存货成本150 000元,本月购入该类货品300 000元,销货250 000元,销售退回与折让合计10 000元,上季度该类商品毛利率为20%。计算本月已销存货和月末存货的成本。

【工作指导】

本月销售净额 = 250 000 – 10 000 = 240 000(元)

销售毛利 = 240 000 × 20% = 48 000(元)

销售成本 = 240 000 – 48 000 = 192 000(元)

月末存货成本 = 150 000 + 300 000 – 192 000 = 258 000(元)

(2)售价金额核算法

【会计工作38】乙商品零售企业为增值税一般纳税人,2015年5月份的月初库存商品的进价成本为150 000元,销售金额为180 000元。本月发生如下购销业务:1日,购进商品一批,进价300 000元(不含增值税),总售价为360 000元;15日,销售商品一批,不含税售价为240 000元,已开出增值税专用发票,款项收存银行,商品已发出;30日,结转本月已销售商品应分摊的进销差价。

【会计凭证】增值税专用发票、收货单、发货单、银行结算凭证

【工作指导】

①1日,购进商品时:

借:在途物资　　　　　　　　　　　　　　　　　　　300 000
　　应交税费——应交增值税(进项税额)　　　　　　　51 000
　　　贷:银行存款　　　　　　　　　　　　　　　　　351 000

②入库时,按售价记账:

借:库存商品　　　　　　　　　　　　　　　　　　　360 000
　　贷:在途物资　　　　　　　　　　　　　　　　　　300 000
　　　　商品进销差价　　　　　　　　　　　　　　　　60 000

③15日,销售商品时:

借:银行存款　　　　　　　　　　　　　　　　　　　280 800
　　贷:主营业务收入　　　　　　　　　　　　　　　　240 000
　　　　应交税费——应交增值税(销项税额)　　　　　　40 800

④按售价结转商品销售成本:

借:主营业务成本　　　　　　　　　　　　　　　　　240 000

　　　　贷:库存商品　　　　　　　　　　　　　　　　　　240 000

⑤30 日,结转本月已销售商品应分摊的进销差价:

进销差价率 = (30 000 + 60 000)/(180 000 + 360 000) × 100% = 16.67

已销售商品应分摊的进销差价 = 240 000 × 16.67% = 40 008(元)

本期销售商品的实际成本 = 240 000 - 40 008 = 199 992(元)

　　借:商品进销差价　　　　　　　　　　　　　　　40 008

　　　　贷:主营业务成本　　　　　　　　　　　　　　　　40 008

任务 6　存货清查的核算

5.6.1　相关知识

1)存货清查概述

　　存货清查是指通过存货的实地盘点,确定存货的实有数量,并与账面结存数核对,从而确定存货实存数与账面结存数是否相符的一种专门方法。

　　由于存货的品种、规格繁多,在日常收发过程中,因计量或计算上的差错,自然损耗,丢失、被盗或毁损等情况,可能造成账实不符。因此,企业必须建立和健全各种规章制度,对存货进行定期或不定期地清查盘点,如实反映企业存货的实有数额,保证存货核算的真实性,确保存货的安全完整。

　　存货清查的内容一般包括:核对存货的账存数和实存数;查明盘盈(实际结存数量大于账面结存数量)、盘亏(实际结存数量小于账面结存数量);存货的品种、规格和数量;查明变质、毁损(非常损失造成的存货损失)、积压呆滞存货的品种、规格和数量。对于存货的盘盈盘亏,应填写存货盘点报告(如实存账存对比表),及时查明原因,按照规定程序报批处理。

2)账户设置

　　为了正确核算存货清查的情况,应设置"待处理财产损溢"账户。该账户核算企业在清查财产过程中查明的各种财产盘盈、盘亏和毁损的价值。其贷方登记各种财产(不包括固定资产)的盘盈数以及经批准结转的各项资产的盘亏、毁损数;借方登记各种财产的盘亏、毁损数以及经批准结转的各项资产的盘盈数。企业的财产损溢(盘盈或盘亏)应查明原因,在期末结账前结转完毕,结转后本账户应无余额。

　　企业会计准则规定,经股东大会或董事会,或经理(厂长)会议或类似机构批准后,对盘盈、盘亏和毁损的存货,在期末结账前处理完毕。如在期末结账前未经批准的,应在对外提供财务报告时先进行处理,并在会计报表附注中作出说明。如果其后批准处理的金额与已处理的金额不一致,应按其差额调整会计报表相关项目的年初数。

3)账务处理

　　(1)存货盘盈

　　企业发生存货盘盈时,借记"原材料""库存商品"等,贷记"待处理财产损溢——待处理流动资产损溢"；按管理权限报经批准后，借记"待处理财产损溢——待处理流动资产损溢"，贷记"管理费用"。

（2）存货盘亏及毁损

①企业发生存货盘亏及损毁时，借记"待处理财产损溢——待处理流动资产损溢"，贷记"原材料""库存商品"等。

②按管理权限报经批准后，按入库的残料价值，借记"原材料"等；按应由保险公司和过失人赔付的赔款，借记"其他应收款"；按扣除残料价值和应由保险公司、过失人赔款后的净损失，属于一般经营损失的部分以及属于定额内自然损耗造成的，借记"管理费用"，属于非常损失的部分，借记"营业外支出"。贷记"待处理财产损溢——待处理流动资产损溢"。

5.6.2 工作过程

1）存货盘盈

【会计工作39】某企业在财产清查中盘盈的库存商品 2 000 元，经批准期末冲减管理费用。

【会计凭证】存货盘点报告表

【工作指导】

①批准前的会计处理：

借：库存商品   2 000

　　贷：待处理财产损溢——待处理流动资产损溢   2 000

②批准后：

借：待处理财产损溢——待处理流动资产损溢   2 000

　　贷：管理费用   2 000

2）存货盘亏及毁损

【会计工作40】某企业在财产清查盘点中发现 A 材料盘亏 2 000 元（计划成本），材料成本差异 200 元（超支）。

【会计凭证】处理意见书、存货盘点报告表

【工作指导】

①如果盘亏的材料，属于自然损耗：

借：待处理财产损溢——待处理流动资产损溢   2 000

　　贷：原材料   2 000

同时，调整盘亏材料的成本差异：

借：待处理财产损溢——待处理流动资产损溢   200

　　贷：材料成本差异   200

②批准后，计入管理费用：

借：管理费用   2 200

　　贷：待处理财产损溢——待处理流动资产损溢   2 200

③如果盘亏的材料,属于管理不善造成的,责任人赔款 1 500 元:

A. 批准前同上。

B. 批准后,计入管理费用:

借:其他应收款　　　　　　　　　　　　　　　　　　　　 1 500
　　管理费用　　　　　　　　　　　　　　　　　　　　　　 700
　　　贷:待处理财产损溢——待处理流动资产损溢　　　　　　 2 200

④A 材料实际成本 2 200 元,该材料的进项税额为 374 元。经查明是由于非常事故造成的损失,保险公司赔款 1 000 元,过失人赔偿 500 元,毁损材料残值 100 元。

A. 批准前:

借:待处理财产损溢——待处理流动资产损溢　　　　　　　 2 574
　　　贷:原材料　　　　　　　　　　　　　　　　　　　　　 2 200
　　　　　应交税费——应交增值税(进项税额转出)　　　　　　 374

B. 批准后,分别按不同情况处理:

借:其他应收款——保险公司　　　　　　　　　　　　　　 1 000
　　　　　　　　——过失人　　　　　　　　　　　　　　　 500
　　原材料　　　　　　　　　　　　　　　　　　　　　　　 100
　　营业外支出　　　　　　　　　　　　　　　　　　　　　 974
　　　贷:待处理财产损溢——待处理流动资产损溢　　　　　　 2 574

任务 7　存货减值的核算

5.7.1　相关知识

1)存货期末计量的原则

资产负债表日,存货应当按照成本与可变现净值孰低计量。

当存货成本低于可变现净值时,存货按成本计量;当存货成本高于可变现净值时,存货按可变现净值计量,同时按照成本高于可变现净值的差额计提存货跌价准备,计入当期损益。

这里所讲的"成本"是指存货的实际成本,即对发出存货按先进先出法、个别计价法、加权平均法计价时计算的期末存货实际成本。如果企业在存货成本的日常核算中采用计划成本法、售价金额法等核算,则成本为经调整后的实际成本。"可变现净值"是指在日常活动中,存货的估计售价减去至完工时估计将要发生的成本、估计的销售费用以及相关税费后的金额。

成本与可变现净值孰低计量的理论基础主要是使存货符合资产的定义。当存货的可变现净值下跌至成本以下时,表明该存货会给企业带来的未来经济利益低于其账面成本,因而应将这部分损失从资产价值中扣除,计入当期损益。否则,存货的可变现净值低于成本时,如果仍然以其成本计量,就会出现虚计资产的现象。

2）存货可变现净值的应用

在存货期末计量中，如何准确地确定各种存货的可变现净值是问题的关键。因此，企业在确定存货的可变现净值时，不仅应当以取得的确凿证据为基础，还要考虑持有存货的目的、资产负债表日后事项的影响等因素。具体来说，企业应区别以下情况确定存货的可变现净值：

（1）有销售合同或劳务合同而持有的存货的可变现净值的确定

①企业持有存货的数量等于销售合同订购数量。

这类存货的可变现净值通常应以产成品或商品的合同价格作为其可变现净值的计量基础。

②企业持有存货的数量多于销售合同订购数量。

在这种情况下，可分为两部分进行计量：一是合同订购数量内的部分存货，其可变现净值按产成品或商品的合同价格计算；二是超出销售合同订购数量的部分存货，其可变现净值应当以产成品或商品的一般销售价格计算。

③企业持有存货的数量少于销售合同订购数量。

在这种情况下，企业实际持有与该销售合同相关的存货应以销售合同所规定的价格作为可变现净值的计算基础。如果该合同为亏损合同，还应同时按照《企业会计准则第13号——或有事项》的规定确认预计负债。

（2）没有销售合同或劳务合同而持有的存货的可变现净值的确定

没有销售合同约定的存货（不包括用于出售的材料），其可变现净值应当以产成品或商品的一般销售价格（即市场销售价格）作为计算基础。

（3）用于出售的材料等，通常应以市场价格作为其可变现净值的计量基础

这里的市场价格是指材料等的市场销售价格。

（4）为生产而持有的材料

这里的材料是指原材料、在产品、委托加工材料等，其计量基础分两种情况：

①产品没有发生减值，则材料按成本计量。

如果用材料生产的产成品的可变现净值预计高于成本（这里的成本是指产成品的生产成本），则该材料仍然应当按照成本计量。

②产品发生减值，则材料按成本与可变现净值孰低计量。

如果材料价格下降，表明产成品的可变现净值低于成本，则该材料应当按可变现净值计量。

3）计提存货跌价准备的核算

企业应当定期或至少每年度终了对存货进行全面清查。如有因存货毁损、陈旧过时或销售价格低于成本等而使存货成本高于可变现净值的，应按可变现净值低于存货成本的部分，计提存货跌价准备。

（1）存货减值迹象的判断

资产负债表日，当存在下列情况之一时，应当计提存货跌价准备：

①市价持续下跌,并且在可预见的未来无回升的希望。

②企业使用该项原材料生产的产品的成本大于产品的销售价格。

③企业因产品更新换代,原有库存原材料已经不适应新产品的需要,而该原材料的市场价格又低于其账面价值。

④因企业所提供的商品或劳务过时或消费者偏好改变而使市场的需求发生变化,导致市场价格逐渐下跌。

⑤其他足以证明该项存货实质上已经发生减值的情形。

(2)存货存在下列情形之一的,通常表明存货的可变现净值为零

①已霉烂变质的存货。

②已过期且无转让价值的存货。

③生产中已不再需要,并且已无使用价值和转让价值的存货。

④其他足以证明已无使用价值和转让价值的存货。

(3)计提存货跌价准备的方法

如果期末存货的成本低于可变现净值时,不需要作会计处理,资产负债表中的存货仍按期末账面的价值列示;如果期末可变现净值低于成本时,则必须确认当期的期末存货跌价损失,计提存货跌价准备。具体计提方法有:

①按单个存货项目计提存货跌价准备。

按单个存货项目计提存货跌价准备是指企业将每个存货项目的成本与其可变现净值逐一进行比较,按较低者计量存货,并且按成本高于可变现净值的差额,计提存货跌价准备。

②按类别计提存货跌价准备。

按类别计提存货跌价准备是将存货类别的成本总额与可变现净值的总额进行比较,每个存货类别均取较低者确定存货期末价值。按照存货类别计提存货跌价准备适用于数量繁多、单位价值较低的存货。

③合并计提存货跌价准备。

存货具有相同或类似最终用途或目的,并在同一地区生产和销售,意味着存货所处的经济环境、法律环境、市场环境等相同,具有相同的风险和报酬。因此,与在同一地区生产和销售的产品系列相关、具有相同或类似最终用途或目的,且难以与其他项目分开计量的存货,可以合并计提存货跌价准备。

(4)存货跌价准备的核算

①设置账户。

企业计提存货跌价准备,应设置"存货跌价准备"账户和"资产减值损失"账户核算。

"存货跌价准备"账户是存货的备抵账户。其贷方登记企业计提的减值准备的数额,借方登记冲减恢复的减值准备、发出存货应转出的减值准备,余额在贷方,反映企业已计提但尚未转销的存货跌价准备。

"资产减值损失——计提的存货跌价准备"账户属于损益类账户。其借方登记企业计提的存货跌价准备的数额,贷方登记企业转回的存货跌价准备的数额。期末,应将本账户余额转入"本年利润"账户,结转后本账户无余额。

②账务处理。

资产负债表日，企业首次计提存货跌价准备时，应按存货可变现净值低于其成本的差额，借记"资产减值损失——计提的存货跌价准备"账户，贷记"存货跌价准备"账户。以后各期，比较成本与可变现净值，计算出应计提的存货跌价准备数额（应提数），然后与"存货跌价准备"账户的余额（已提数）进行比较。如果应提数大于已提数，应予以补提；反之，应冲销多提部分数。如果以前减记存货价值的影响因素已经消失，则减记的金额应当予以恢复，并在原已计提的存货跌价准备的金额内转回。转回的存货跌价准备与计提该准备的存货项目或类别应当存在直接对应关系，转回金额应以存货跌价准备的余额冲减至零为限。

企业计提了存货跌价准备，如果其中有部分存货已经销售，则企业在结转销售成本时，应同时结转对其已计提的存货跌价准备。

5.7.2 工作过程

【会计工作41】某企业按成本与可变现净值孰低法对期末存货进行计价，并按单个存货项目计提存货跌价准备。2015年12月31日，A,B,C这3种存货的成本分别为1 000万元、720万元、2 400万元，可变现净值分别为950万元、700万元、2 600万元。

【工作指导】C存货成本低于可变现净值，不计提存货跌价准备；A,B两种存货应计提存货跌价准备共计70万元。

```
借：资产减值损失——A                    50
            ——B                    20
    贷：存货跌价准备——A                         50
            ——B                         20
```

【会计工作42】承【会计工作41】，2016年12月31日，存货A,C没有发生变化，存货B市场价格有所上升，预计其可变现净值为715万元。

【工作指导】存货B应计提存货跌价准备5万元，因已提20万元，应冲减存货跌价准备15万元。

```
借：存货跌价准备——B                    15
    贷：资产减值损失——B                         15
```

【会计工作43】承【会计工作41】和【会计工作42】，至2017年12月31日，存货A账面历史成本为1 000万元，销售后账面历史成本为600万元；存货B市场价格持续上升，根据有关资料，可以判断以前造成存货B减值的因素已经消失，预计其可变现净值为730万元；存货C没有发生任何变化。

【工作指导】存货C不作会计处理；存货B可变现净值已经高于成本，应在其已计提的存货跌价准备金额5万元内将减值金额转回；存货A在结转销售成本时，同时结转销售部分存货已计提的存货跌价准备。

```
借：存货跌价准备——B                    5
    贷：资产减值损失——B                         5
借：主营业务成本——A                    380
```

　　存货跌价准备——A　　　　　　　　　　　　　　　　　　20
　　　贷:库存商品——A　　　　　　　　　　　　　　　　　　400
　　存货 A 应结转的存货跌价准备为:50 ÷ 1 000 × (1 000 - 600) = 20(万元)

【课后习题】

一、单项选择题

1. 某企业为增值税一般纳税人,从外地购入原材料 6 000 吨,收到增值税专用发票上注明的售价为每吨 1 200 元,增值税税款为 1 224 000 元,另发生运输费 60 000 元(可按 7% 抵扣增值税),装卸费 20 000 元,途中保险费为 18 000 元。原材料运到后验收数量为 5 996 吨,短缺 4 吨为合理损耗,则该原材料的入账价值为(　　　)元。
　　A. 7 078 000　　　　B. 7 098 000　　　　C. 7 293 800　　　　D. 7 089 000

2. 甲企业系增值税一般纳税企业,本期购入一批商品,进货价格为 750 000 元,增值税额为 127 500 元,所购商品到达后验收发现短缺 30%,其中合理损失 5%,另 25% 的短缺尚待查明原因。该商品应计入存货的实际成本为(　　　)元。
　　A. 560 000　　　　B. 562 500　　　　C. 655 200　　　　D. 702 000

3. 下列各项中,不应计入存货实际成本中的是(　　　)。
　　A. 用于继续加工的委托加工应税消费品收回时支付的消费税
　　B. 小规模纳税企业委托加工物资收回时所支付的增值税
　　C. 发出用于委托加工的物资在运输途中发生的合理损耗
　　D. 商品流通企业外购商品时所发生的合理损耗

4. 下列各项中,不应计入存货实际成本中的是(　　　)。
　　A. 用于直接对外销售的委托加工应税消费品收回时支付的消费税
　　B. 材料采购过程中发生的非合理损耗
　　C. 发出用于委托加工的物资在运输途中发生的保险费
　　D. 商品流通企业外购商品时所支付的运杂费等相关费用

5. 某投资者以甲材料一批作为投资取得 A 公司 100 万股普通股,每股 1 元,双方协议约定该批甲材料的价值为 300 万元(假定该价值是公允的)。A 公司收到甲材料和增值税发票(进项税额为 51 万元)。该批材料在 A 公司的入账价值是(　　　)万元。
　　A. 300　　　　B. 351　　　　C. 100　　　　D. 151

6. 企业接受捐赠原材料一批,发票上注明的价款为 100 万元,增值税 17 万元,同时发生运杂费 3 万元,包装费 2 万元,运杂费、包装费均以银行存款支付,该企业的所得税税率为 33%。按照税法规定,此项业务分 5 年计入应纳税所得额。则企业计入营业外收入的金额等于(　　　)万元。
　　A. 100　　　　B. 117　　　　C. 86.11　　　　D. 122

7. A 公司接受一批捐赠的原材料,对方提供的增值税专用发票注明价款为 10 万元,增值税税额为 1.7 万元，A 公司为将存货运抵公司发生了 0.5 万元的运费（已经取得运输发票，可按 7% 抵扣增值税），已用银行存款支付了运费，所得税税率为 33%，假定不考虑其他税费。按照税法规定，此项业务分 5 年计入应纳税所得额。则 A 公司接受捐赠原材料的账务处理正确的是（   ）。

A. 借：原材料   12.2

贷：营业外收入   11.7

 银行存款   0.5

B. 借：原材料   10.5

应交税费——应交增值税（进项税额） 1.7

贷：营业外收入   12.2

C. 借：原材料   10.465

应交税费——应交增值税（进项税额） 1.735

贷：营业外收入   8.61

 递延所得税负债   3.09

 银行存款   0.5

D. 借：原材料   10.465

应交税费——应交增值税（进项税额） 1.735

贷：资本公积   11.7

 银行存款   0.5

8. 甲企业委托乙单位将 A 材料加工成用于直接对外销售的应税消费品 B 材料，消费税税率为 5%。发出 A 材料的实际成本为 978 500 元，加工费为 285 000 元，往返运杂费为 8 400 元。假设双方均为一般纳税企业，增值税税率为 17%。B 材料加工完毕验收入库时，其实际成本为（   ）元。

A. 1 374 850   B. 1 326 400   C. 1 338 400   D. 1 273 325

9. A 公司委托 B 企业将一批原材料加工为半成品（为应税消费品），进一步加工为应税消费品。企业发出委托加工用材料 20 000 元，需支付的运费 1 000 元，加工费 12 000 元，增值税税率为 17%，消费税税率 10%。假设双方均为一般纳税人企业。A 公司收回半成品时的成本为（   ）元。

A. 32 000   B. 33 000   C. 35 040   D. 36 555

10. 甲企业委托乙单位将 A 材料加工成用于直接对外销售的应税消费品 B 材料，消费税税率为 5%。发出 A 材料的实际成本为 979 000 元，加工费为 29 425 元，往返运费为 8 400 元。假设双方均为一般纳税企业，增值税税率为 17%。B 材料加工完毕验收入库时，其实际成本为（   ）元。

A. 1 374 850   B. 1 069 900   C. 1 321 775   D. 1 273 325

11. 下列会计处理，不正确的是（   ）。

A. 由于管理不善造成的存货净损失计入管理费用

B. 非正常原因造成的存货净损失计入营业外支出

C. 以存货抵偿债务结转的相关存货跌价准备冲减资产减值损失

D. 为特定客户设计产品发生的可直接确定的设计费用计入相关产品成本

12. 甲材料月初结存存货 3 000 元，本月增加存货 4 000 元；月初数量 1 500 件，本月增加 2 500 件，那么，甲材料本月的加权平均单位成本为(   )。

    A. 2 元/件   B. 1.75 元/件   C. 1.6 元/件   D. 2.5 元/件

13. 甲公司为增值税小规模纳税人，原材料采用计划成本核算。甲材料计划成本每千克为 20 元。本月购进甲材料 9 000 千克，收到的增值税专用发票上注明的价款为 153 000 元，增值税额为 26 010 元。另发生运输费 1 000 元，包装费 500 元，仓储费 600 元，途中保险费用 538.5 元。原材料运抵企业后验收入库原材料 8 992.50 千克，运输途中合理损耗 7.5 千克。则购进甲材料发生的成本超支差异为(   )元。

    A. 5 398.50   B. 1 798.50   C. 27 961.50   D. 24 361.50

14. 光明食品加工厂为增值税小规模纳税人，原材料采用计划成本核算，甲材料计划成本每吨为 20 元。本期购进甲材料 6 000 吨，收到的增值税专用发票上注明的价款总额为 102 000 元。增值税额为 17 340 元。另发生运杂费用 1 400 元，途中保险费用 359 元。原材料运抵企业后验收入库原材料 5 995 吨，运输途中合理损耗 5 吨。购进甲材料发生的成本差异(超支)为(   )元。

    A. 1 099   B. 1 199   C. 16 141   D. 16 241

15. 某工业企业为增值税小规模纳税人，原材料采用计划成本核算，A 材料计划成本每吨为 20 元。本期购进 A 材料 600 吨，收到的增值税专用发票上注明的价款总额为 10 200 元，增值税额为 1 734 元。另发生运杂费用 1 200 元，途中保险费用 166 元。原材料运抵企业后验收入库原材料 599 吨，运输途中合理损耗 1 吨。购进 A 材料发生的成本差异为(   )元。

    A. 414   B. -414   C. 1 320   D. -1 320

16. 某企业采用毛利率法对发出存货进行核算。该企业 A 类商品上月库存 20 000 元，本月购进 8 000 元，本月销售净额为 15 000 元，上月该类商品的毛利率为 20%。则本月末库存商品成本为(   )元。

    A. 3 000   B. 16 000   C. 12 000   D. 23 000

17. 某商业企业采用毛利率法计算期末存货成本。2005 年 5 月，甲商品的月初成本总额为 2 400 万元，本月购货成本为 1 500 万元，本月销售收入为 4 550 万元。甲商品 4 月份的毛利率为 20%。该企业甲商品在 2005 年 5 月末结存商品的成本为(   )万元。

    A. 242   B. 282   C. 458   D. 260

18. 某商场采用毛利率法对商品的发出和结存进行日常核算。2006 年 10 月，甲类商品期初库存余额为 20 万元。该类商品本月购进为 60 万元，本月销售收入为 92 万元，本月销售折让为 2 万元。上月该类商品按扣除销售折让后计算的毛利率为 30%。假定不考虑相关税费，2006 年 10 月该类商品月末库存成本为(   )万元。

    A. 15.6   B. 17   C. 52.4   D. 53

19. 甲商场采用售价金额核算法对库存商品进行核算。2014 年 3 月，月初库存商品的进价成本为 21 万元，销售总额为 30 万元；本月购进商品的进价成本为 31 万元，售价总额为 50

万元；本月销售商品的售价总额为 60 万元。假定不考虑增值税及其他因素，甲公司 2014 年 3 月末结存商品的实际成本为（　　）万元。

  A.7   B.13   C.27   D.33

20. 银河商业企业年初库存商品成本为 30 万元，售价总额为 45 万元。当年购入商品成本为 70 万元，售价总额为 120 万元。当年销售收入为当年购入商品售价总额的 85%。采用零售价法的情况下，该企业年末库存商品成本为（　　）万元。

  A.40.5   B.32   C.63   D.38.18

21. 某商业企业采用售价金额法计算期末存货成本。本月月初存货成本为 20 000 元，售价总额为 30 000 元；本月购入存货成本为 100 000 元，相应的售价总额为 120 000 元；本月销售收入为 100 000 元。该企业本月销售成本为（　　）元。

  A.96 667   B.80 000   C.40 000   D.33 333

22. 某商场采用售价金额核算法对库存商品进行核算。本月月初库存商品的进价成本为 6 万元，售价总额为 9 万元；本月购进商品的进价成本为 8 万元，售价总额为 11 万元；本月销售商品的售价总额为 15 万元。该商场当月售出商品应分摊的进销差价为（　　）万元。

  A.3.5   B.4   C.4.5   D.5

23. 2016 年 12 月 31 日，兴业公司库存原材料——A 材料的账面价值（即成本）为 350 万元，市场购买价格总额为 280 万元，预计销售发生的相关税费为 10 万元；用 A 材料生产的产成品 W 型机器的可变现净值高于成本；则 2016 年年末 A 材料的账面价值为（　　）万元。

  A.350   B.280   C.270   D.290

24. 某企业 11 月 1 日存货结存数量为 200 件，单价为 4 元；11 月 2 日发出存货 150 件；11 月 5 日购进存货 200 件，单价 4.4 元；11 月 7 日发出存货 100 件。在对存货发出采用先进先出法的情况下，11 月 7 日发出存货的实际成本为（　　）元。

  A.400   B.420   C.430   D.440

25. 工业企业为增值税一般纳税人。原材料采用实际成本法核算。购入 A 种原材料 1 000 吨，收到的增值税专用发票上注明的价款为 800 万元，增值税额为 136 万元。另发生运杂费用 11.36 万元，装卸费用 4 万元，途中保险费用 3 万元。原材料运抵企业后，验收入库原材料为 998 吨，运输途中发生合理损耗 2 吨。则该原材料的实际单位成本为（　　）万元。

  A.0.80   B.0.81   C.0.82   D.0.83

26. A 公司为增值税一般纳税人。2016 年 6 月 1 日“材料成本差异”科目借方余额为 2 000元，“原材料”科目余额为 400 000 元；本月购入原材料 60 000 千克，计划单位成本 10 元。增值税专用发票上注明的价款 550 000 元，增值税税款 93 500 元，销货方给予的现金折扣条件为：2/10，n/30，A 公司在折扣期限内支付了全部的价款和税款。另外还支付了运杂费 8 000 元，保险费 50 000 元，途中仓储费 2 000 元；本月生产领用原材料 50 000 千克，在建工程领用原材料 20 000 千克。则 A 公司 2016 年 6 月 30 日结存的原材料实际成本为（　　）元。

  A.300 000   B.3 230 000   C.303 600   D.320 500

27. 甲公司期末原材料的账面余额为 100 万元,数量为 10 吨。该原材料专门用于生产与乙公司所签合同约定的 20 台 Y 产品。该合同约定:甲公司为乙公司提供 Y 产品 20 台,每台售价 10 万元(不含增值税,本题下同)。将该原材料加工成 20 台 Y 产品尚需加工成本总额为 85 万元。估计销售每台 Y 产品尚需发生相关税费 1.5 万元(不含增值税,本题下同)。本期期末市场上该原材料每吨售价为 9 万元,估计销售每吨原材料尚需发生相关税费 0.1 万元。期末该原材料的可变现净值为(   )万元。

    A. 85   B. 89   C. 100   D. 105

28. 2016 年 8 月大华公司与新华公司签订了一份不可撤销销售合同,合同约定大华公司 2017 年 2 月向新华公司销售 A 产品 8 台,每台售价 65 万元。2016 年 12 月 31 日,大华公司库存 A 产品 6 台,账面价值为 372 万元,2016 年 12 月 31 日 A 产品的市场销售价格为每台 64 万元。预计销售 6 台 A 产品需发生销售税费 24 万元。2016 年 12 月 31 日大华公司应计提的存货跌价准备为(   )万元。

    A. 0   B. 6   C. 9   D. 12

29. 2016 年末,大华公司决定将用于生产 C 产品的甲材料对外出售,2016 年 12 月 31 日,甲材料库存 10 000 千克,成本为 200 万元。该材料目前的市场价格为 190 元/千克,同时销售该材料可能发生销售税费 2 万元。2016 年 12 月 31 日甲材料的账面价值应为(   )万元。

    A. 200   B. 198   C. 190   D. 188

30. 某一般纳税企业因台风毁损材料一批,计划成本 80 000 元,材料成本差异率为 -1%,企业适用的增值税税率为 17%,能够获得保险公司赔款 50 000 元,则因该批材料的毁损而计入"营业外支出"科目的金额为(   )元。

    A. 43 000   B. 42 664   C. 30 000   D. 29 200

31. 下列原材料相关损失项目中,应计入管理费用的是(   )。

    A. 计量差错引起的原材料盘亏   B. 自然灾害造成的原材料损失

    C. 原材料运输途中发生的合理损耗   D. 人为责任造成的原材料损失

32. 甲企业为增值税一般纳税企业,增值税税率为 17%,因销售商品出租给乙企业包装物一批,收取押金 4 914 元。因乙企业逾期未退还租用的包装物,按协议规定,甲企业没收全部押金 4 914 元。因该业务,甲企业计入"其他业务收入"账户的金额为(   )元。

    A. 4 680   B. 4 200   C. 3 884.4   D. 680

33. 若包装物采用一次摊销法核算,当出借的包装物不能继续使用而报废时,应将其残值(   )。

    A. 计入营业外支出   B. 冲减营业外收入

    C. 冲减销售费用   D. 冲减其他业务成本

34. 属于定额内损耗的材料盘亏,经批准后可转作(   )。

    A. 生产成本   B. 管理费用   C. 营业外支出   D. 其他应收款

35. 企业发生的原材料盘亏或毁损中,不应作为管理费用列支的是(   )。

    A. 自然灾害造成毁损净损失   B. 保管中发生的定额内自然损耗

    C. 收发计量造成的盘亏损失   D. 管理不善造成的盘亏损失

二、多项选择题

1. 在我国的会计实务中，下列项目中构成企业存货实际成本的有（　　　）。

   A. 支付的买价

   B. 入库后的挑选整理费

   C. 运输途中的合理损耗

   D. 一般纳税人购货时的增值税进项税额

   E. 加工货物收回后直接用于销售的消费税

2. 下列项目中，应计入企业存货成本的有（　　　）。

   A. 进口原材料支付的关税　　　　　　B. 生产过程中发生的制造费用

   C. 原材料入库前的挑选整理费用　　　D. 自然灾害造成的原材料净损失

3. 下列项目中，应计入商品流通企业存货入账价值的有（　　　）。

   A. 一般纳税人购入存货时支付的增值税额

   B. 购入存货支付的运杂费

   C. 购入存货时支付的包装费

   D. 进口商品时支付的关税

4. 下列说法或做法中，正确的有（　　　）。

   A. 从存货的所有权看，代销商品在出售以前，应作为委托方的存货处理；但是，为了加强受托方对代销商品的管理，受托方应在资产负债表上同时反映一项资产和一项负债

   B. 外购存货运输途中发生的损耗必须区分合理与否，属于合理损耗部分，可以直接作为存货实际成本计列

   C. 如果期初存货计价过高，则可能会因此减少当期收益

   D. 存货采用成本与可变现净值孰低法计价，从存货的整个周转过程来看，只起着调节不同会计期间利润的作用，并不影响存货周转期的利润总额

5. 下列各项中，增值税一般纳税企业应计入收回委托加工物资成本的有（　　　）。

   A. 支付的加工费

   B. 随同加工费支付的增值税

   C. 支付的收回后继续加工应税消费品的委托加工物资的消费税

   D. 支付的收回后直接销售的委托加工物资的消费税

6. 下列项目中应构成一般纳税企业委托加工物资成本的是（　　　）。

   A. 发出用于加工的材料成本　　　　　B. 支付的加工费

   C. 支付的往返运杂费　　　　　　　　D. 支付的加工物资的增值税税款

   E. 支付的加工物资收回后直接用于销售的消费税税款

7. 计划成本法下，下列项目中应计入材料成本差异账户贷方的是（　　　）。

   A. 购入材料时，实际成本大于计划成本的差额

   B. 购入材料时，实际成本小于计划成本的差额

C.调整增加原材料的计划成本

D.调整减少原材料的计划成本

8.期末通过比较发现存货的成本低于可变现净值,则可能(　　)。

  A.按差额首次计提存货跌价准备　　　B.按差额补提存货跌价准备

  C.冲减存货跌价准备　　　D.不进行账务处理

9.企业每期都应当重新确定存货的可变现净值,企业在定期检查时,如果发现了以下情形之一,应当考虑计提存货跌价准备(　　)。

  A.市价持续下跌,并且在可预见的未来无回升的希望

  B.使用该原材料生产的产品成本大于产品的售价

  C.因产品更新换代,原有库存原材料已不适应新产品的需要,而该材料的市价又低于其账面成本

  D.因企业所提供的商品或劳务过时或消费者偏好改变而使市场需求变化,导致市价下跌

10.下列情况中,按规定应提取存货跌价损失准备的有(　　)。

  A.市价持续下跌,并且在可预见的未来无回升的希望

  B.企业使用该项原材料生产的产品的成本大于产品的销售价格

  C.存货陈旧过时

  D.已过期且无转让价值的存货

11.下列各项中,应计入销售费用的有(　　)。

  A.随同商品出售不单独计价的包装物成本

  B.随同商品出售单独计价的包装物成本

  C.领用的用于出借的新包装物成本

  D.对外销售的原材料成本

12.对存货实行定期盘存制的企业,确定当期耗用或销售存货成本时,主要依据(　　)等因素。

  A.期初结存存货　　　B.本期购入存货

  C.本期发出存货　　　D.期末结存存货

三、判断题

1.工业企业购入材料和商业企业购入商品所发生的运杂费、保险费等均应计入存货成本。

（　　）

2.商品流通企业在采购商品时,如果发生的进货费用金额较小,可以将该费用在发生时直接计入当期损益。（　　）

3.某一酒类生产厂家所生产的白酒在储存 3 个月之后才符合产品质量标准,该储存期间所发生的储存费用应计入当期管理费用。（　　）

4.企业接受的投资者投入的商品应是按照该商品在投出方的账面价值入账。（　　）

5.投资者投入的存货成本,一律按投资合同或协议约定的价值确定。（　　）

6. 在物价持续下跌的情况下,企业采用先进先出法计量发出存货的成本,当月发出存货单位成本小于月末结存存货的单位成本。（　　）

7. 在物价上涨的情况下,采用先进先出法计算的发出存货的成本将高于采用加权平均法计算的发出存货成本。（　　）

8. 采用计划成本进行材料日常核算的,结转入库材料的材料成本差异时,无论是节约差异还是超支差异,均计入"材料成本差异"科目的借方。（　　）

9. 采用计划成本进行材料日常核算的,结转发出材料的成本差异时,都从贷方结转,如果是超支差用蓝字,如果是节约差用红字。（　　）

10. 某商场采用售价金额核算法对库存商品进行核算,月初库存商品的售价金额是 9 万元,商品进销差价科目月初余额是 3 万元,本月购进商品的进价成本是 8 万元,售价金额 11 万元,本月的销售收入 15 万元,假定不考虑增值税,该商场月末库存商品的实际成本为 3.5 万元。（　　）

11. 期末每期都应当重新确定存货的可变现净值,如果以前减记存货价值的影响因素已经消失,则减记的金额应当予以恢复,并在原已计提的存货跌价准备的金额内转回。（　　）

12. 无论企业对存货采用实际成本核算,还是采用计划成本核算,在编制资产负债表时,资产负债表上的存货项目反映的都是存货的实际成本。（　　）

13. 成本与可变现净值孰低法中的"成本"是指存货的历史成本。（　　）

14. 甲企业因出租的包装物逾期未能收回而没收的加收押金,缴纳有关税费后的净收入应记入"营业外收入"账户。（　　）

四、计算题

1. 大华公司期末存货采用成本与可变现净值孰低法计价。2014 年 9 月 26 日大华公司与 M 公司签订销售合同:由大华公司于 2015 年 3 月 6 日向 M 公司销售笔记本电脑 10 000 台,每台 1.5 万元。2014 年 12 月 31 日大华公司库存笔记本电脑 14 000 台,单位成本 1.41 万元。2014 年 12 月 31 日市场销售价格为每台 1.3 万元,预计销售税费均为每台 0.05 万元。大华公司于 2015 年 3 月 6 日向 M 公司销售笔记本电脑 10 000 台,每台 1.5 万元。大华公司于 2015 年 4 月 6 日销售笔记本电脑 100 台,市场销售价格为每台 1.2 万元。货款均已收到。

大华公司是一般纳税企业,适用的增值税税率为 17%。

要求:编制计提存货跌价准备会计分录,并列示计算过程。

编制有关销售业务的会计分录。

2. 2015 年 12 月 31 日甲公司库存的原材料——A 材料账面余额为 88 000 元,市价为 750 000 元,用于生产仪表 80 台。由于 A 材料市场价格下降,用该材料生产的仪表的每台市价由 2 600 元降至 1 800 元,但是,将 A 材料加工成仪表,尚需发生加工费用 64 000 元。估计发生销售费用和税金为 4 000 元。

要求:

(1) 计算用 A 材料生产的仪表的生产成本;

(2) 计算 2015 年 12 月 31 日 A 材料的可变现净值;

(3) 计算 2015 年 12 月 31 日 A 材料应计提的跌价准备并编制计提跌价准备的会计分录。

3. 北京科技有限公司(以下简称北京科技)购入材料一批,增值税发票上注明价款 10 000 元,税 1 700 元,另发生运费 100 元取得符合抵扣的运输发票,产品在途中发生合理损耗 5 千克折合价为 100 元,入库前挑选费 500 元,货款以银行存款付清。

沿用例题资料,假定上述所购材料支付的运费未能取得运输发票,途中 5 千克的损耗为非合理损耗,其他资料不变。

4. A 公司将生产应税消费品甲产品所用原材料委托 B 企业加工，B 企业属于专门从事加工业务的企业。6 月 8 日 A 公司发出材料实际成本为 24 900 元，应付加工费为 3 000 元（不含增值税），消费税税率为 10%。6 月 17 日收回加工物资并验收入库，另支付往返运杂费 60 元，加工费及代扣代缴的消费税均未结算，受托方无同类消费品价格；6 月 23 日将加工收回的物资投入生产甲产品，此外生产甲产品过程中发生工资费用 9 000 元，福利费用 1 750 元，分配制造费用 10 600 元；6 月 30 日甲产品全部完工验收入库。7 月 12 日将此次生产的甲产品全部销售，售价 100 000 元（不含增值税），甲产品消费税税率为 10%。货款尚未收到。A 公司、B 企业均为一般纳税人，增值税税率为 17%。

要求：

（1）计算 B 企业应缴纳的增值税额及代扣代缴的消费税；

（2）编制 A 公司有关会计分录。

5. 甲公司对存货按照单项存货计提存货跌价准备，20×8 年年末关于计提存货跌价准备的资料如下：

（1）库存商品甲，账面余额为 300 万元，已计提存货跌价准备 30 万元。按照一般市场价格预计售价为 400 万元，预计销售费用和相关税金为 10 万元。

（2）库存商品乙，账面余额为 500 万元，未计提存货跌价准备。库存商品乙中，有 40% 已签订销售合同，合同价款为 230 万元；另 60% 未签订合同，按照一般市场价格预计销售价格为 290 万元。库存商品乙的预计销售费用和税金共 25 万元。

（3）库存材料丙因改变生产结构，导致无法使用，准备对外销售。丙材料的账面余额为 120 万元，预计销售价格为 110 万元，预计销售费用及相关税金为 5 万元，未计提跌价准备。

（4）库存材料丁 20 吨，每吨实际成本 1 600 元。20 吨丁材料全部用于生产 A 产品 10 件，A 产品每件加工成本为 2 000 元，每件一般售价为 5 000 元，现有 8 件已签订销售合同，合同规定每件为 4 500 元，假定销售税费均为销售价格的 10%。丁材料未计提存货跌价准备。要求：计算上述存货的期末可变现净值和应计提的跌价准备，并进行相应的账务处理。

6. A 公司是一家生产电子产品的上市公司,为增值税一般纳税企业。2008 年 12 月 31 日,A 公司期末存货有关资料如下:

(1)甲产品,账面余额为 1 000 万元,按照一般市场价格预计售价为 1 100 万元,预计销售费用和相关税金为 20 万元。已计提存货跌价准备 40 万元。

(2)乙产品,账面余额为 400 万元,其中有 20% 已签订销售合同,合同价款为 80 万元;另有 80% 未签订合同。期末库存乙产品如果按照一般市场价格计算,其预计销售价格为 440 万元。有合同部分乙产品的预计销售费用和税金为 3 万元,无合同部分乙产品的预计销售费用和税金为 12 万元。此前未计提存货跌价准备。

(3)因产品更新换代,丙材料已不适应新产品的需要,准备对外销售。丙材料的账面余额为 220 万元,预计销售价格为 210 万元,预计销售费用及相关税金为 10 万元,未计提跌价准备。

(4)丁材料 30 吨,每吨实际成本 1 500 万元。全部 30 吨丁材料用于生产 X 产品 20 件,X 产品每件加工成本为 1 000 万元,现有 7 件已签订销售合同,合同规定每件为 4 000 万元,每件一般市场售价为 3 500 万元,假定销售税费均为销售价格的 10%。丁材料未计提存货跌价准备。

(5)对存货采用单项计提存货跌价准备,按年计提跌价准备。

要求:分别计算上述存货的期末可变现净值,和应计提的跌价准备,并进行相应的账务处理。

项目6 长期股权投资的核算

任务1 认知长期股权投资

6.1.1 相关知识

1）长期股权投资的概念

长期股权投资是指通过投出各种资产取得被投资企业股权且不准备随时出售的投资。企业的长期股权投资一般为长期持有，通常不能随时出售。一般来说，企业进行长期股权投资主要是出于获取竞争优势的战略性考虑或通过多元化经营降低经营风险。如通过对原材料供应商的投资而获得稳定的原材料供应，通过参股控股其他企业而进入其他行业等。

《企业会计准则第2号——长期股权投资》规定规范的长期股权投资包括两个方面：一是企业持有的对其子公司、合营企业及联营企业的权益性投资；二是对被投资单位不具有控制、共同控制或重大影响，在活跃市场中没有报价，公允价值不能可靠计量的权益性投资。

控制是指有权决定一个企业的财务和经营政策，并能据以从该企业的经营活动中获取利益。企业能够对被投资企业实施控制的，被投资单位为本企业的子公司。

共同控制是指按照合同约定对某项经济活动所共有的控制，仅在与该项经济活动相关的重要财务和经营决策需要分享控制权的投资方一致同意时存在。企业与其他方对被投资单位实施共同控制的，被投资单位为本企业的合营企业。

重大影响是指对一个企业的财务和经营政策有参与决策的权利，但并不能控制或者与其他方一起共同控制这些政策的制定。企业能够对被投资单位施加重大影响的，被投资单位为本企业的联营企业。

2）长期股权投资的分类

（1）按照长期股权投资的取得方式划分

按照长期股权投资的取得方式，可以分为通过企业合并取得的长期股权投资和通过其他方式取得的长期股权投资。

①通过企业合并取得的长期股权投资。

企业合并，是指将两个或两个以上单独的企业合并形成一个报告主体的交易或事项。从合并方式上看，企业合并包括控股合并、吸收合并及新设合并。

控股合并，是指合并方（或购买方，下同）通过企业合并交易或事项取得对被合并方（或被购买方,下同)的控制权,能够主导被合并方的生产经营决策,从而将被合并方纳入其合并财务报表范围形成一个报告主体的情况。控股合并中,被合并方在企业合并后仍保持其独立的法人资格继续经营,合并方在合并中取得的是对被合并方的股权。合并方在其账簿及个别财务报表中应确认对被合并方的长期股权投资,合并中取得的被合并方的资产和负债仅在合并财务报表中确认。

吸收合并,是指合并方在企业合并中取得被合并方的全部净资产,并将有关资产、负债并入合并方自身的账簿和报表进行核算。企业合并后,注销被合并方的法人资格,由合并方持有合并中取得的被合并方的资产、负债,在新的基础上继续经营。

新设合并,是指企业合并中注册成立一家新的企业,由其持有原参与合并各方的资产、负债,在新的基础上经营。原参与合并各方在合并后均注销其法人资格。

控股合并形成投资企业的长期股权投资。

通过企业合并取得的长期股权投资,又可以进一步划分为同一控制下的企业合并取得的长期股权投资和非同一控制下的企业合并取得的长期股权投资。

A. 同一控制下的企业合并。

参与合并的企业在合并前后均受同一方或相同的多方最终控制且该控制并非暂时性的,为同一控制下的企业合并。例如,A 公司为 B 公司和 C 公司的母公司,A 公司将其持有的 C 公司 50% 的股权转让给 B 公司。转让股权后,B 公司持有 C 公司 50% 的股权,但 B 公司和 C 公司仍由 A 公司所控制。

B. 非同一控制下的企业合并。

参与合并的各方在前后不受同一方或相同的多方最终控制的,为非同一控制下的企业合并。

②通过其他方式取得的长期股权投资。

通过其他方式取得的长期股权投资主要包括以支付现金方式取得的长期股权投资、通过发行权益性证券取得的长期股权投资、投资者投入的长期股权投资以及通过非货币性资产交换或债务重组取得的长期股权投资等。

(2)按照被投资企业的性质划分

按照被投资企业的性质,可以分为股票投资和其他股权投资。

股票投资是指企业以购买股票的方式对其他企业所进行的投资。企业购买并持有某股份有限公司的股票后,即成为该公司的股东。投资企业有权参与被投资企业的经营管理,并根据股份有限公司经营的好坏,按持有股份的比例分享利润、分担亏损。如果股份有限公司破产,投资企业(股东)不但分不到红利,而且有可能失去入股的本金。因此,与债券投资比,股票投资具有风险大、责权利较大、获取经济利益较多等特点。

其他股权投资是指除去股票投资以外具有股权性质的投资,一般是指企业直接将现金、实物或无形资产等投资于其他企业,取得股权的一种投资。其他股权投资是一种直接投资,在我国主要是指联营投资。进行其他股权投资的企业,资产一经投出,除联营期满或由于特殊原因联营企业解散外,一般不得抽回投资。投资企业根据被投资企业经营的好坏,按其投资比例分享利润或分担亏损。其他投资与股票投资一样，也是一种权益性投资。

（3）按照对被投资企业产生的影响划分

按照对被投资企业产生的影响，可以分为控制型长期股权投资、共同控制型长期股权投资、重大影响型长期股权投资和无重大影响型长期股权投资。

3）长期股权投资的核算方法

长期股权投资的核算方法包括成本法和权益法。

（1）成本法核算的长期股权投资的范围

①企业能够对被投资单位实施控制的长期股权投资。如企业对子公司的长期股权投资应当采用成本法核算，编制合并财务报表时按照权益法进行调整。

②企业对被投资单位不具有控制、共同控制或重大影响，且在活跃市场中没有报价、公允价值不能可靠计量的长期股权投资。

（2）权益法核算的长期股权投资的范围

企业对被投资单位具有共同控制或重大影响时，长期股权投资应当采用权益法核算。

为了核算企业的长期股权投资，企业应当设置"长期股权投资""投资收益"等科目。

6.1.2 知识拓展

如何区分对被投资单位是控制、共同控制或是重大影响？

判断成本法核算还是权益法核算主要有两条途径，首先是资料给出投资企业对于被投资企业的影响。

成本法：投资方对被投资方不具有共同控制或重大影响，应该采用成本法；投资方能够控制被投资方，也应该采用成本法。

权益法：投资方对于被投资方具有共同控制或重大影响，应该采用权益法。

第二条途径是给出持股比例。

成本法：持股比例在20%以下或者50%以上应该采用成本法核算。

权益法：持股比例在20%～50%（包括20%和50%）应该采用权益法核算。

第一条途径高于第二条途径。比如资料中给出了持股比例为25%，同时又给出了对被投资方不具有重大影响，那么，就不能按照持股比例采用权益法，而应该按照实际影响采用成本法。

任务2 核算长期股权投资的成本法

6.2.1 相关知识

1）成本法的概念及其适用范围

成本法，是指投资按成本计价的方法。其适用于下列情形：

①投资企业能够对被投资单位实施控制的长期股权投资。

由于投资企业能够对被投资企业实施控制,需要编制合并财务报表。因此,长期股权投资可以按照成本计价,以免在编制合并财务报表时,抵消过多的内部重复计算项目。

②投资企业对被投资单位不具有共同控制或重大影响,并且在活跃市场中没有报价、公允价值不能可靠计量的长期股权投资。

由于投资企业对被投资企业不具有影响力,因此,按照重要性原则,投资成本可以按照成本计价,不再反映在被投资企业所有者权益中享有份额的变动情况。

2)采用成本法核算长期股权投资的账务处理

(1)长期股权投资初始投资成本的确定

除企业合并形成的长期股权投资以外,以支付现金取得的长期股权投资,应当按照实际支付的购买价款作为初始投资成本。企业所发生的与取得长期股权投资直接相关的费用、税金及其他必要支出应计入长期股权投资的初始投资成本。

同时,企业取得长期股权投资,实际支付的价款或对价中包含的已宣告但尚未发放的现金股利或利润,应作应收项目处理,不计入长期股权投资的成本。

(2)取得长期股权投资

取得长期股权投资时,应按照初始投资成本计价。按上述规定确定的长期股权投资初始投资成本,借记"长期股权投资"科目,贷记"银行存款"等科目。如果实际支付的价款中包含的已宣告但尚未发放的现金股利或利润,应借记"应收股利",贷记"长期股权投资"科目。

(3)长期股权投资持有期间被投资单位宣告发放现金股利或利润

长期股权投资持有期间被投资单位宣告发放现金股利或利润时,采用成本方法核算时,企业按应享有的部分确认为投资收益,借记"应收股利",贷记"投资收益"科目。

(4)长期股权投资的处置

处置长期股权投资时,按实际取得的价款与长期股权投资账面价值的差额确认为投资损益,并应同时结转已计提的长期股权投资减值准备。

会计处理:企业处置长期股权投资时,按实际收到的金额,借记"银行存款"等科目;按原已计提的减值准备,借记"长期股权投资减值准备"科目;按该项长期股权投资的账面余额,贷记"长期股权投资"科目;按尚未领取的现金股利或利润,贷记"应收股利"科目;按其差额,贷记或借记"投资收益"科目。

6.2.2　工作过程

1)取得长期股权投资

【会计工作1】嘉陵公司2016年1月10日购买成达股份公司发行的股票10 000 000股(占该公司5%的股份),准备长期持有。每股买入价6元,购买时另支付相关税费30 000元,款项已由银行存款支付。

【会计凭证】汇款委托书(回单)、证券机构取得的交割单

【工作指导】

①计算初始投资成本：

股票成交金额 = 10 000 000 × 6 = 60 000 000（元）

加：相关税费 30 000

初始投资成本 = 60 000 000 + 30 000 = 60 030 000（元）

②会计处理：

借：长期股权投资　　　　　　　　　　　　　　　60 030 000

　　贷：银行存款　　　　　　　　　　　　　　　　　　60 030 000

2）长期股权投资持有期间被投资单位宣告发放现金股利或利润

【会计工作2】嘉陵公司2015年10月10日购买成达股份公司发行的股票5 000 000股，准备长期持有。每股买入价8元，每股价格中包含0.1元的已宣告分派的现金股利，购买时另支付相关税费20 000元，款项已由银行存款支付。

【会计凭证】汇款委托书（回单）、证券机构取得的交割单、分红公告

【工作指导】

①计算初始投资成本：

股票成交金额 = 5 000 000 × 8 = 40 000 000（元）

加：相关税费 20 000 元

减：已宣告分派的现金股利 = 5 000 000 × 0.1 = 500 000（元）

初始投资成本 = 40 000 000 + 20 000 − 500 000 = 39 520 000（元）

②购入股票的会计处理：

借：长期股权投资　　　　　　　　　　　　　　　39 520 000

　　应收股利　　　　　　　　　　　　　　　　　　500 000

　　贷：银行存款　　　　　　　　　　　　　　　　　40 020 000

③假定公司2015年11月5日收到成达股份公司分来的购入股票时已宣告分派的现金股利500 000元。此时作如下会计处理：

借：银行存款　　　　　　　　　　　　　　　　　500 000

　　贷：应收股利　　　　　　　　　　　　　　　　　500 000

④假定公司长期股权投资持有期间被投资单位宣告分派现金股利或利润时，公司按应享有的部分确认为投资收益，会计处理为：

借：应收股利　　　　　　　　　　　　　　　　　500 000

　　贷：投资收益　　　　　　　　　　　　　　　　　500 000

3）长期股权投资的处置

【会计工作3】2016年10月15日，嘉陵公司将长期投资持有的成达股份公司的5 000 000股股票，以每股9元的价格卖出，支付相关税费30 000元，取得价款45 000 000元，款项已由银行收妥。该长期股权投资账面价值为39 520 000元，假定未计提减值准备。

【会计凭证】银行进账单（收账通知）、证券机构取得的交割单

【工作指导】处置长期股权投资时,应按实际收到的价款与长期股权投资账面价值的差额确认为投资收益,同时结转已计提的长期股权投资减值准备。

①计算投资收益:

股票转让取得价款 44 970 000 元

减:投资账面余额 39 520 000 元

投资收益 = 44 970 000 - 39 520 000 = 5 450 000(元)

②出售股票时的会计处理:

借:银行存款　　　　　　　　　　　　　　　　44 970 000

　　贷:长期股权投资　　　　　　　　　　　　　　39 520 000

　　　　投资收益　　　　　　　　　　　　　　　　5 450 000

任务3　核算长期股权投资的权益法

6.3.1　相关知识

1)权益法的概念及其适用范围

权益法,是指长期股权投资的账面价值要随着被投资企业的所有者权益变动而相应变动,大体上反映在被投资企业所有者权益中占有的份额。

投资企业对被投资单位具有共同控制或重大影响的长期股权投资,应当采用权益法核算。在这种情况下,投资企业不编制合并财务报表。但由于在被投资企业中占有较大的份额,按照重要性原则,应对长期股权投资的账面价值进行调整,以客观地反映投资状况。

2)采用权益法核算长期股权投资的账务处理

采用权益法,应当在"长期股权投资"总账下设置"成本""损益调整""其他权益变动"三个明细账户进行明细核算。

(1)取得长期股权投资

①长期股权投资的初始投资成本大于投资时应享有被投资单位可辨认净资产公允价值份额的差额,不调整已确认的初始投资成本,借记"长期股权投资——成本"科目,贷记"银行存款"等科目。

②长期股权投资的初始投资成本小于投资时应享有被投资企业可辨认净资产公允价值份额的差额,可以看作是被投资单位的股东给予投资企业的让步,或是出于其他方面的考虑,被投资单位的原有股东无偿赠与投资企业的价值,因而应当确认为当期收益,同时调整长期股权投资的成本,借记"长期股权投资——成本"科目,按其差额,贷记"营业外收入"科目。

(2)持有长期股权投资期间被投资单位实现净利润或发生净亏损

投资企业取得长期股权投资后,应当按照应享有或应分担被投资单位实现净利润或发生净亏损的份额(法规或章程规定不属于投资企业的净损益除外),调整长期股权投资的账面价值,并确认为当期投资损益。

按被投资单位实现的净利润计算应享有的份额,借记"长期股权投资——损益调整"科目,贷记"投资收益"科目。被投资单位发生净亏损作相反的会计分录,但以本科目的账面价值减记至零为限,也就意味着"对××单位投资"的这三个明细科目合计为零为限。发生时,借记"投资收益"科目,贷记"长期股权投资——损益调整"科目。

被投资单位以后宣告发放现金股利或利润时,企业计算应分得的部分,借记"应收股利"科目,贷记"长期股权投资——损益调整"科目。收到被投资单位宣告发放的股票股利,不进行账务处理,而是在备查账簿中登记。

（3）持有长期股权投资期间被投资单位所有者权益的其他变动

在持股比例不变的情况下,被投资单位除净损益外所有者权益的其他变动,企业按持股比例计算应享有的份额,相应调整长期股权投资的账面价值,同时增加或减少资本公积,借记或贷记"长期股权投资——其他权益变动"科目,贷记或借记"资本公积——其他资本公积"科目。

（4）长期股权投资的处置

处置长期股权投资时,按实际取得的价款与长期股权投资账面价值的差额确认为投资损益,并应同时结转已计提的长期股权投资减值准备。

会计处理:处置长期股权投资时,按实际收到的金额,借记"银行存款"科目;按原已计提的长期股权投资减值准备,借记"长期股权投资减值准备"科目;按该长期股权投资的账面余额,贷记"长期股权投资"科目;按尚未领取的现金股利或利润,贷记"应收股利"科目;按其差额,贷记或借记"投资收益"科目。

与此同时,还应结转原计入资本公积的相关金额,借记或贷记"资本公积——其他资本公积"科目。

6.3.2 工作过程

1）取得长期股权投资

【会计工作4】乙企业于2016年1月1日取得甲股份有限公司发行的股票5 000 000股,准备长期持有,占甲股份有限公司30%的股权。每股买入价为5.46元,另购买股票时发生相关税费200 000元,款项已由银行存款支付。2015年12月31日,甲股份有限公司所有者权益的账面价值(与其公允价值不存在差异)90 000 000元。

【会计凭证】汇款委托书(回单)、证券机构取得的交割单

【工作指导】

①计算初始投资成本:

股票成交金额 = 5 000 000 × 5.46 = 27 300 000(元)

加:相关税费200 000元

初始投资成本 = 27 300 000 + 200 000 = 27 500 000(元)

乙企业长期股权投资的初始成本27 500 000元大于投资时应享有甲公司可辨认净资产公允价值份额27 000 000(90 000 000 × 30%)元,其差额500 000元不调整已确认的初始投

资成本。

②乙企业股票入账应进行的账务处理为：

借:长期股权投资——成本　　　　　　　　　　　27 500 000

　　贷:银行存款　　　　　　　　　　　　　　　　　27 500 000

假定取得投资时点上的甲公司净资产公允价值为 95 000 000 元,乙企业按持股比例 30% 计算确定应享有 28 500 000 元,则初始投资成本与应享有甲公司净资产公允价值份额之间的差额 1 000 000 元应计入取得投资当期的损益。

借:长期股权投资——甲公司——成本　　　　　　28 500 000

　　贷:银行存款　　　　　　　　　　　　　　　　　27 500 000

　　　营业外收入　　　　　　　　　　　　　　　　　1 000 000

2）持有长期股权投资期间被投资单位实现净利润或发生净亏损

【会计工作5】2016 年,甲股份有限公司实现净利润 10 000 000 元,乙企业按照持股比例确认投资收益 3 000 000 元。2016 年 5 月 20 日,甲股份有限公司已宣告发放现金股利,每 10 股派 1 元,乙企业可分派到 1 000 000 元。2016 年 6 月 20 日,乙企业收到甲股份有限公司分派的现金股利。

【会计凭证】证券机构取得的交割单、分红公告、进账单(收账通知)

【工作指导】

①确认从甲股份有限公司实现的投资收益时:

借:长期股权投资——损益调整　　　　　　　　　3 000 000

　　贷:投资收益　　　　　　　　　　　　　　　　　3 000 000

②甲股份有限公司宣告发放现金股利时:

借:应收股利　　　　　　　　　　　　　　　　　　1 000 000

　　贷:长期股权投资——损益调整　　　　　　　　　1 000 000

③收到甲股份有限公司宣告发放的现金股利时:

借:银行存款　　　　　　　　　　　　　　　　　　1 000 000

　　贷:应收股利　　　　　　　　　　　　　　　　　1 000 000

3）持有长期股权投资期间被投资单位所有者权益的其他变动

【会计工作6】2016 年,甲股份有限公司可供出售金融资产的公允价值增加了 3 000 000 元。乙企业按照持股比例确认相应的资本公积 900 000 元。

【会计凭证】报表(公告)

【工作指导】

乙企业的会计处理为:

借:长期股权投资——其他权益变动　　　　　　　900 000

　　贷:资本公积——其他资本公积　　　　　　　　　900 000

4）长期股权投资的处置

【会计工作7】承【会计工作5】和【会计工作6】2017 年 1 月 20 日,乙企业出售所持甲股份

有限公司股票 5 000 000 股,每股出售价为 6.50 元,另支付相关税费 150 000 元,款项已收回

【会计凭证】证券机构取得的交割单、进账单(收账通知)

【工作指导】

股票转让实际取得价款 = 5 000 000 × 6.50 – 150 000 = 32 350 000(元)

减:长期股权投资账面余额 30 400 000 元

投资收益 1 950 000 元

乙企业的会计处理为:

借:银行存款 32 350 000

  贷:长期股权投资——成本 27 500 000

      ——损益调整 2 000 000

      ——其他权益变动 900 000

    投资收益 1 950 000

同时:

借:资本公积——其他资本公积 900 000

  贷:投资收益 900 000

6.3.3 知识拓展

【拓展1】

成本法转换为权益法

1.投资企业对被投资企业由控制转为共同控制或重大影响

投资企业因减少投资等原因对被投资企业不再具有控制权,但仍存在共同控制或重大影响的,应当改按权益法进行核算,并以成本法下长期股权投资的账面价值作为按照权益法核算的初始投资成本,再按照权益法对投资成本进行后续计量。

2.投资企业对被投资企业由无重大影响转为共同控制或重大影响

投资企业因追加投资等原因能够对被投资企业实施共同控制或重大影响但不构成控制的,也应当改按权益法进行核算,并以成本法下长期股权投资的账面价值作为按照权益法核算的初始投资成本,再按照权益法对投资成本进行后续计量。

【拓展2】

权益法转换为成本法

1.投资企业对被投资企业由共同控制或重大影响转为无重大影响

投资企业因减少投资等原因对被投资企业不再具有共同控制或重大影响,应当改按成本法核算,并以权益法下长期股权投资的账面价值作为按照成本法核算的初始投资成本。

2.投资企业对被投资企业由共同控制或重大影响转为控制

投资企业因追加投资等原因能够对被投资企业实施控制,也应当改按成本法进行核算。

任务4　长期股权投资减值

6.4.1　相关知识

1）长期股权投资减值金额的确定

（1）企业对子公司、合营企业及联营企业的长期股权投资

企业对子公司、合营企业及联营企业的长期股权投资在资产负债表日存在可能发生减值的迹象时，其可收回金额低于账面价值的，应当将该长期股权投资的账面价值减记至可收回金额。减记的金额确认为减值损失，计入当期损益，同时计提相应的资产减值准备。

可收回金额是指资产的公允价值减去处置费用后的净额与资产预计未来现金流量的现值两者之中较高者。

长期股权投资是否发生减值一般根据以下迹象判断：

①市价持续低于账面价值一年以上；

②被投资单位当年发生严重亏损；

③被投资单位持续亏损两年以上；

④被投资单位进行清理整顿、清算或出现其他不能持续经营的迹象。

（2）企业对被投资单位不具有控制、共同控制或重大影响，且在活跃市场中没有报价、公允价值不能可靠计量的长期股权投资

企业对被投资单位不具有控制、共同控制或重大影响，且在活跃市场中没有报价、公允价值不能可靠计量的长期股权投资，应当将该长期股权投资在资产负债表日的账面价值，与按照类似金融资产当时市场收益率对未来现金流量折现确定的现值之间的差额，确认为减值损失，计入当期损益。

2）长期股权投资减值的账务处理

企业计提长期股权投资减值准备，应当设置"长期股权投资减值准备"账户核算。企业按应减记的金额，借记"资产减值损失——计提的长期股权投资减值准备"科目，贷记"长期股权投资减值准备"科目。

长期股权投资减值损失一经确认，在以后会计期间不得转回。

6.4.2　工作过程

【会计工作8】甲公司对乙公司进行长期股权投资，采用成本法核算，假如2015年乙公司发生巨额亏损，2015年末甲公司对乙公司的投资按当时的市场收益率对未来现金流量折现确定的现值为14 000 000元，长期股权投资的账面价值为15 000 000元。

【会计凭证】报表（公告）

【工作指导】甲公司需计提1 000 000元（15 000 000 – 14 000 000）减值准备，会计处理为：

借：资产减值损失——计提的长期股权投资减值准备　1 000 000
　　贷：长期股权投资减值准备　　　　　　　　　　　　1 000 000

【课后习题】

一、单项选择题

1. 甲、乙两家公司同属丙公司的子公司。甲公司于20×1年3月1日以发行股票方式从乙公司的股东手中取得乙公司60%的股份。甲公司发行1 500万股普通股股票，该股票每股面值为1元。乙公司在20×1年3月1日所有者权益为2 000万，甲公司在20×1年3月1日资本公积为180万元，盈余公积为100万元，未分配利润为200万元。甲公司该项长期股权投资的成本为（　　）万元。

　　A. 1 200　　　　B. 1 500　　　　C. 1 820　　　　D. 480

2. 甲公司出资1 000万元，取得了乙公司80%的控股权，假如购买股权时乙公司的账面净资产价值为1 500万元，甲、乙公司合并前后同受一方控制。则甲公司确认的长期股权投资成本为（　　）万元。

　　A. 1 000　　　　B. 1 500　　　　C. 800　　　　D. 1 200

3. A，B两家公司属于非同一控制下的独立公司。A公司于20×1年7月1日以本企业的固定资产对B公司投资，取得B公司60%的股份。该固定资产原值1 500万元，已计提折旧400万元，已提取减值准备50万元，7月1日该固定资产公允价值为1 250万元。B公司20×1年7月1日所有者权益为2 000万元。甲公司该项长期股权投资的成本为（　　）万元。

　　A. 1 500　　　　B. 1 050　　　　C. 1 200　　　　D. 1 250

4. 甲公司出资1 000万元，取得了乙公司80%的控股权，假如购买股权时乙公司的账面净资产价值为1 500万元，甲、乙公司合并前后不受同一方控制。则甲公司确认的长期股权投资成本为（　　）万元。

　　A. 1000　　　　B. 1500　　　　C. 800　　　　D. 1200

5. A，B两家公司属于非同一控制下的独立公司。A公司于20×1年7月1日以本企业的固定资产对B公司投资，取得B公司60%的股份。该固定资产原值为1 500万元，已计提折旧400万元，已提取减值准备50万元，7月1日该固定资产公允价值为1 300万元。B公司20×1年7月1日所有者权益为2 000万元。甲公司该项长期股权投资的成本为（　　）万元。

　　A. 1 500　　　　B. 1 050　　　　C. 1 300　　　　D. 1 200

6. 非企业合并，且以支付现金取得的长期股权投资，应当按照（　　）作为初始投资成本。

　　A. 实际支付的购买价款
　　B. 被投资企业所有者权益账面价值的份额

C.被投资企业所有者权益公允价值的份额

D.被投资企业所有者权益

7.非企业合并,且以发行权益性证券取得的长期股权投资,应当按照发行权益性证券的( )作为初始投资成本。

  A.账面价值   B.公允价值

  C.支付的相关税费   D.市场价格

8.投资者投入的长期股权投资,如果合同或协议约定价值是公允的,应当按照( )作为初始投资成本。

  A.投资合同或协议约定的价值   B.账面价值

  C.公允价值   D.市场价值

9.甲公司出资 600 万元,取得了乙公司 60%的控股权,甲公司对该项长期股权投资应采用( )核算。

  A.权益法   B.成本法

  C.市价法   D.成本与市价孰低法

10.根据《企业会计准则第 2 号——长期股权投资》的规定,长期股权投资采用权益法核算时,初始投资成本大于应享有被投资单位可辨认资产公允价值份额之间的差额,正确的会计处理是( )。

  A.计入投资收益   B.冲减资本公积

  C.计入营业外支出   D.不调整初始投资成本

11.根据《企业会计准则第 2 号——长期股权投资》的规定,长期股权投资采用权益法核算时,下列各项不会引起长期股权投资账面价值减少的是( )。

  A.被投资单位对外捐赠   B.被投资单位发生净亏损

  C.被投资单位计提盈余公积   D.被投资单位宣告发放现金股利

12.A 公司 2013 年初按投资份额出资 180 万元对 B 公司进行长期股权投资,占 B 公司股权比例的 40%。当年 B 公司亏损 100 万元;2014 年 B 公司亏损 400 万元;2015 年 B 公司实现净利润 30 万元。2015 年 A 公司计入投资收益的金额为( )万元。

  A.12   B.10   C.8   D.0

13.A 公司以 2 200 万元取得 B 公司 30%的股权,取得投资时被投资单位可辨认净资产的公允价值为 8 000 万元。如 A 公司能够对 B 公司施加重大影响,则 A 公司计入长期股权投资的金额为( )万元。

  A.2 200   B.2 400   C.8 000   D.5 800

14.投资企业因减少投资等原因对长期股权投资由权益法改为成本法时,下列各项中可作为成本法下长期股权投资的初始投资成本的是( )。

  A.股权投资的公允价值

  B.原权益法下股权投资的账面价值

  C.在被投资单位所有者权益中所占份额

  D.被投资方的所有者权益

15. 甲公司 2016 年 6 月 1 日购入乙公司股票进行长期投资,取得乙公司 30% 的股权,2016 年 12 月 31 日,该长期股权投资的账面价值为 850 万元,其明细科目的情况如下:成本为 600 万元,损益调整(借方余额)为 200 万元,其他权益变动为 50 万元,假设 2016 年 12 月 31 日该股权投资的可收回金额为 820 万元,2016 年 12 月 31 日下面有关计提该项长期股权投资减值准备的账务处理正确的是(　　)。

    A. 借:投资收益　　　　　　　　　　　　　　　　30

        贷:长期股权投资减值准备　　　　　　　　　　　　　30

    B. 借:资产减值损失　　　　　　　　　　　　　　　30

        贷:长期投资减值准备　　　　　　　　　　　　　　30

    C. 借:长期股权投资减值准备　　　　　　　　　　30

        贷:投资收益　　　　　　　　　　　　　　　　　30

    D. 借:资产减值损失　　　　　　　　　　　　　　　30

        贷:长期股权投资减值准备　　　　　　　　　　　　30

16. 2015 年初甲公司购入乙公司 30% 的股权,成本为 60 万元,2015 年末长期股权投资的可收回金额为 50 万元,故计提了长期股权投资减值准备 10 万元,2016 年末该项长期股权投资的可收回金额为 70 万元,则 2016 年末甲公司应恢复长期股权投资减值准备(　　)万元。

    A. 10　　　　　　　　B. 20　　　　　　　　C. 30　　　　　　　　D. 0

二、多项选择题

1. 在同一控制下的企业合并中,合并方取得的净资产账面价值与支付的合并对价账面价值(或发行股份面值总额)的差额,可能调整(　　)。

    A. 盈余公积　　　　B. 资本公积　　　　　C. 营业外收入　　　　D. 未分配利润

2. 下列各项中,应作为长期股权投资取得时初始成本入账的有(　　)。

    A. 投资时支付的不含应收股利的价款

    B. 为取得长期股权投资而发生的评估、审计、咨询费

    C. 投资时支付的税金、手续费

    D. 投资时支付款项中所含的已宣告而尚未领取的现金股利

3. 长期股权投资的成本法的适用范围是(　　)。

    A. 投资企业能够对被投资企业实施控制的长期股权投资

    B. 投资企业对被投资企业不具有共同控制或重大影响,并且在活跃市场中没有报价、公允价值不能可靠计量的长期股权投资

    C. 投资企业对被投资企业具有共同控制的长期股权投资

    D. 投资企业对被投资企业具有重大影响的长期股权投资

4. 根据《企业会计准则第 2 号——长期股权投资》的规定,长期股权投资采用成本法核算时,下列各项会引起长期股权投资账面价值变动的有(　　)。

    A. 追加投资　　　　　　　　　　　　　B. 减少投资

C.被投资企业实现净利润　　　　　　　D.被投资企业宣告发放现金股利

5.长期股权投资的权益法的适用范围是(　　)。

A.投资企业能够对被投资企业实施控制的长期股权投资

B.投资企业对被投资企业不具有共同控制或重大影响,并且在活跃市场中没有报价、公允价值不能可靠计量的长期股权投资

C.投资企业对被投资企业具有共同控制的长期股权投资

D.投资企业对被投资企业具有重大影响的长期股权投资

6.对长期股权投资采用权益法核算时,被投资企业发生的下列事项中,投资企业应该调整长期股权投资账面价值的有(　　)。

A.被投资企业实现净利润　　　　　　B.被投资企业宣告分配现金股利

C.被投资企业购买固定资产　　　　　D.被投资企业计提盈余公积

7.在具体实务中,确定股权购买日应包括的条件有(　　)。

A.在购买协议已获股东大会通过,并已获相关部门批准(如果需要有关政府部门批准)

B.购买企业已经支付价款(以现金和银行存款支付的价款)的大部分(一般应该超过50%)

C.购买企业和被购买企业已经办理必要的财产交接手续

D.购买企业实际上已经控制被购买企业的财务和经营政策,被购买企业不能再从其所持有的股权中获得利益和承担风险

8.企业处置长期股权投资时,正确的处理方法有(　　)。

A.处置长期股权投资,其账面价值与实际取得价款的差额,应当计入投资收益

B.处置长期股权投资,其账面价值与实际取得价款的差额,应当计入营业外收入

C.采用权益法核算的长期股权投资,因被投资单位除净损益以外所有者权益的其他变动而计入所有者权益的,处置该项投资时应当将原计入所有者权益的部分按相应比例转入投资收益

D.采用权益法核算的长期股权投资,因被投资单位除净损益以外所有者权益的其他变动而计入所有者权益的,处置该项投资时应当将原计入所有者权益的部分按相应比例转入营业外收入

三、判断题

1.A 公司于 20×5 年 3 月以 3 000 万元取得 B 公司 30% 的股权,因能够派人参与 B 公司的生产经营决策,对所取得的长期股权投资按照权益法核算,并于 20×5 年确认对 B 公司的投资收益 150 万元(该项投资的初始投资成本与投资时应享有被投资单位可辨认净资产公允价值的份额相等)。20×6 年 4 月,A 公司又斥资 4 000 万元取得 B 公司另外 30% 的股权。假定 A 公司在取得对 B 公司的长期股权投资以后,B 公司并未宣告发放现金股利或利润;A 公司按净利润的 10% 计提盈余公积,则 A 公司的合并成本为 7 000 万元。　　　(　　)

2.A 公司购入 B 公司 5% 的股份,买价 322 000 元,其中含有已宣告发放、但尚未领取的

现金股利 8000 元。那么 A 公司取得长期股权投资的成本为 322 000 元。 （　　）

3. 长期股权投资采用成本法核算的，应按被投资单位宣告发放的现金股利或利润中属于本企业的部分，借记"应收股利"科目，贷记"投资收益"科目；属于被投资单位在本企业取得投资前实现净利润的分配额，应该借记"应收股利"科目，贷记"资本公积"科目。 （　　）

4. 采用权益法核算的长期股权投资的初始投资成本大于投资时应享有被投资单位可辨认净资产公允价值份额的，其差额计入长期股权投资（股权投资差额）中。 （　　）

5. 某投资企业于 20×6 年 1 月 1 日取得联营企业 30% 的股权，取得投资时被投资单位的固定资产公允价值为 1000 万元，账面价值为 500 万元，固定资产的预计使用年限为 10 年，净残值为零，按照直线法计提折旧。被投资单位 20×6 年度利润表中净利润为 500 万元。被投资单位当期利润表中已按其账面价值计算扣除的固定资产折旧费用为 50 万元，按照取得投资时点上固定资产的公允价值计算确定的折旧费用为 100 万元，假定不考虑所得税影响，那么 20×6 年末投资方应确认投资收益 150 万元。 （　　）

6. 长期股权投资核算从权益法改为成本法后，被投资单位宣告分派的现金股利，属于已记入投资账面价值的，不应确认为投资收益。 （　　）

7. 长期股权投资自权益法转按成本法核算的，除构成企业合并的以外，应按中止采用权益法时长期股权投资的账面价值作为成本法核算的初始投资成本。 （　　）

8. 处置长期股权投资时，应按实际收到的金额，借记"银行存款"等科目，按其账面余额，贷记本科目，按尚未领取的现金股利或利润，贷记"应收股利"科目，按其差额，贷记或借记"投资收益"科目。已计提减值准备的，还应同时结转减值准备。除上述规定外，还应结转原记入资本公积的相关金额，借记或贷记"资本公积——其他资本公积"科目，贷记或借记"投资收益"科目。 （　　）

四、计算题

1. 20×7 年 1 月 1 日，A 公司以银行存款 500 万元取得 B 公司 80% 的股份。该项投资属于非同一控制下的企业合并。乙公司所有者权益的账面价值为 700 万元。20×7 年 5 月 2 日，B 公司宣告分配 20×6 年度现金股利 100 万元，20×7 年度 B 公司实现利润 200 万元。20×8 年 5 月 2 日，B 公司宣告分配现金股利 300 万元，20×8 年度 B 公司实现利润 300 万元。20×9 年 5 月 2 日，B 公司宣告分配现金股利 200 万元。

要求：作出 A 公司上述股权投资的会计处理。

2. A 股份有限公司 20×7 年 1 月 1 日以银行存款购入 B 公司 10% 的股份,并准备长期持有,实际投资成本为 220 000 元。B 公司于 20×7 年 5 月 2 日宣告分配 20×6 年度的现金股利 200 000 元。如果 B 公司 20×7 年 1 月 1 日股东权益合计 2 400 000 元,其中股本 2 000 000 元,未分配利润 400 000 元;20×7 年实现净利润 800 000 元,20×8 年 5 月 1 日宣告分配现金股利 600 000 元。20×8 年 B 公司实现净利润 1 000 000 元,20×9 年 4 月 20 日宣告分配现金股利 1 100 000 元。

要求:对 A 公司该项投资进行会计处理。

3. 甲股份有限公司(以下简称甲公司)20×7 年至 20×9 年投资业务有关的资料如下:

(1)20×7 年 1 月 1 日,甲公司以银行存款 1 000 万元,购入乙股份有限公司(以下简称乙公司)股票,占乙公司有表决权股份的 30%,对乙公司的财务和经营政策具有重大影响。不考虑相关费用。20×7 年 1 月 1 日,乙公司所有者权益总额为 3 000 万元。

(2)20×7 年 5 月 2 日,乙公司宣告发放 20×6 年度的现金股利 200 万元,并于 20×7 年 5 月 26 日实际发放。

(3)20×7 年度,乙公司实现净利润 1 200 万元。

(4)20×8 年 5 月 2 日,乙公司宣告发放 20×7 年度的现金股利 300 万元,并于 20×8 年 5 月 20 日实际发放。

(5)20×8 年度,乙公司发生净亏损 600 万元。

(6)20×8 年 12 月 31 日,甲公司预计对乙公司长期股权投资的可收回金额为 900 万元。

(7)20×9 年 6 月,乙公司获得债权人豁免其债务并进行会计处理后,增加资本公积 200 万元。

(8)20×9 年 9 月 3 日,甲公司与丙股份有限公司(以下简称丙公司)签订协议,将其所持有乙公司的 30% 的股权全部转让给丙公司。股权转让协议如下:①股权转让协议在经甲公司和丙公司的临时股东大会批准后生效;②股权转让价款总额为 1 100 万元,协议生效日丙公司支付股权转让价款总额的 80%,股权过户手续办理完成时支付股权转让价款总额的 20%。

20×9 年 10 月 31 日,甲公司和丙公司分别召开临时股东大会批准了上述股权转让协议。当日,甲公司收到丙公司支付的股权转让价款总额的80%。截至20×9年12月31日,上述股权转让的过户手续尚未办理完毕。

(9)20×9年度,乙公司实现净利润400万元,其中1月至10月份实现净利润300万元。

假定除上述交易或事项外,乙公司未发生导致其所有者权益发生变动的其他交易或事项。

要求:编制甲公司20×7年至20×9年投资业务相关的会计分录。("长期股权投资"科目要求写出明细科目;答案中的金额单位用万元表示。)

4.20×7年1月1日,甲上市公司以其库存商品对乙企业投资,投出商品的成本为180万元,公允价值和计税价格均为200万元,增值税率为17%(不考虑其他税费)。甲上市公司对乙企业的投资占乙企业注册资本的20%,甲上市公司采用权益法核算该项长期股权投资。20×7年1月1日,乙企业所有者权益总额为1 000万元(假定为公允价值)。乙企业20×7年实现净利润600万元。20×8年乙企业发生亏损2 200万元。假定甲企业账上有应收乙企业长期应收款80万元。20×9年乙企业实现净利润1 000万元。

要求:根据上述资料,编制甲上市公司对乙企业投资及确认投资收益的会计分录。(金额单位为万元)

5. 甲公司 20×1 年 1 月 2 日以银行存款 2 700 万元对乙公司投资,占乙公司注册资本的 20%。乙公司的其他股份分别由 A,B,C,D,E 企业平均持有。20×1 年 1 月 2 日乙公司可辨认净资产公允价值为 14 500 万元。甲公司按权益法核算对乙公司的投资。20×1 年乙公司实现净利润 800 万元,20×2 年 4 月乙公司宣告分配 20×1 年现金股利 300 万元,20×2 年乙公司发生净亏损 100 万元。20×3 年 1 月 1 日,乙公司的股东 A 企业收购了除甲公司以外的其他投资者 B,C,D,E 企业对乙公司的投资股份,同时以 1 800 万元收购了甲公司对乙公司投资的 50%。自此,A 企业持有乙公司 90% 的股份,并控制乙公司。甲公司持有乙公司 10% 的股份,并失去影响力。为此,甲公司改按成本法核算。20×3 年乙公司实现净利润 500 万元。20×3 年 3 月 1 日,乙公司宣告分配 20×2 年度的现金股利 450 万元。20×4 年 4 月,乙公司宣告分派 20×3 年度的现金股利 200 万元。假定不考虑各种税费。

要求:编制甲公司的会计分录(单位为万元)。

6. A 公司 20×7 年 1 月 1 日以 950 万元(含支付的相关费用 10 万元)购入 B 公司股票 400 万股,每股面值 1 元,占 B 公司发行在外股份的 20%,A 公司采用权益法核算该项投资。

20×7 年 12 月 31 日 B 公司股东权益的公允价值总额为 4 000 万元。

20×7 年 B 公司实现净利润 600 万元,提取盈余公积 120 万元。

20×8 年 B 公司实现净利润 800 万元,提取盈余公积 160 万元,宣告发放现金股利 100 万元,A 公司已经收到。

20×8 年 B 公司由于可供出售金融资产公允价值变动增加资本公积 200 万元。

20×8 年末该项股权投资的可收回金额为 1 200 万元。

20×9 年 1 月 5 日 A 公司转让对 B 公司的全部投资,实得价款 1 300 万元。

要求:根据上述资料编制 A 公司上述有关投资业务的会计分录(金额单位以万元表示)。

项目7 固定资产的核算

任务1 固定资产的初始计量

7.1.1 相关知识

1）固定资产的概念及特点

作为企业生产经营过程中重要的劳动资料,固定资产能够在若干个生产经营周期中发挥作用,是企业赖以生存的物质基础,更是企业产生经营效益的源泉。固定资产具有以下特点:

(1)固定资产是企业为生产商品、提供劳务、出租或经营管理而持有的

这是企业持有固定资产的目的,说明企业持有固定资产不是直接用于销售,而是为企业生产商品提供劳动工具或手段,并最终通过商品销售等形式使经济利益流入企业。这一点是区别固定资产与存货的主要标志,同时也是固定资产最基本的特征。

(2)固定资产使用寿命超过一个会计年度

固定资产的使用寿命有不同的表现形式,通常情况下,是指企业使用固定资产的预计期间,如房屋建筑物的使用寿命按使用年限表示;或者是指该固定资产所能生产产品或提供劳务的数量,如某些机器设备或运输设备的使用寿命按所生产产品或提供劳务的数量来表示。固定资产使用寿命超过一个会计年度,说明固定资产属于长期资产。这一点是区别固定资产与流动资产的主要标志。

(3)固定资产是有形资产

固定资产具有具体的实物特征,看得见、摸得着,能够在若干个生产经营周期中发挥作用,并且保持其原有的实物形态。这一点是区分固定资产与无形资产的主要标志。

需要注意的是,企业在生产经营过程中,并不是将所有的劳动资料全部列为固定资产。一般来说,生产经营用的劳动资料,如果使用年限在一年以上,单位价值较高,就应该确认为固定资产;否则,应该确认为存货。

2）固定资产的分类

为了正确进行固定资产核算,应按不同标准对固定资产进行分类。

(1)按固定资产的经济用途进行分类

按这一标准,固定资产可以分为生产经营用固定资产和非生产经营用固定资产。

生产经营用固定资产是指直接服务于生产经营过程或者直接参加生产经营过程的各种

固定资产,如生产经营用的各种房屋建筑物、机器设备、运输设备、工具器具等。

非生产经营用固定资产是指为非生产经营部门使用和服务的各种固定资产,如企业的职工食堂、宿舍、理发室、澡堂等生活福利部门使用的房屋、设备、器具等。

(2)按固定资产的使用情况进行分类

按这一标准,固定资产可以分为使用中固定资产、未使用固定资产和不需用固定资产。

使用中固定资产是指企业正在使用中的各种固定资产,包括生产经营用和非生产经营用的固定资产。要注意的是:由于季节性经营或大修理等原因暂停使用的固定资产、企业经营性出租给其他单位使用的固定资产以及内部替换使用的固定资产都属于使用中固定资产。

未使用固定资产是指企业尚未投入正式使用的新增固定资产或因改扩建等原因暂停使用的各种固定资产。

不需用固定资产是指不适合本企业需要的或多余的各种固定资产。

(3)按固定资产的所有权进行分类

按这一标准,固定资产可以分为自有固定资产和租入固定资产。

自有固定资产是指企业拥有所有权的各种固定资产。企业对这类固定资产可以任意支配、使用以及处置。

租入固定资产是指企业采用支付租金的方式从外单位租入的各种固定资产。租入固定资产又分为经营租入固定资产和融资租入固定资产两类。按照租赁合同,企业对租入固定资产具有使用权但是没有处置权,租期结束就该归还给出租单位。

(4)按固定资产的经济用途和使用情况综合分类

按这一标准,固定资产可以分为七大类:

①生产经营用固定资产。

②非生产经营用固定资产。

③租出固定资产。

④不需用固定资产。

⑤未使用固定资产。

⑥土地,指过去已经估价单独入账的土地。

⑦融资租入的固定资产。

3)固定资产的确认条件

固定资产要同时满足以下条件,才能予以确认:

①符合固定资产的定义。

②与该项固定资产有关的经济利益很可能流入企业。

③该固定资产的成本能够可靠地计量。

4)固定资产的初始计量及账务处理

固定资产的初始计量,是指确定固定资产的取得成本。固定资产应当按照成本进行初始计量。固定资产的成本是指企业为构建某项固定资产达到预定可使用状态前所发生的一切合理的必要支出。由于固定资产取得的来源渠道不同，其价值构成的具体内容也有所不同，账务处理也有所区别。

为了总括反映固定资产的增减变动，企业应设置以下账户：

"固定资产"账户。该账户总括反映固定资产原值的增减变动和结存情况。该账户的借方登记增加固定资产的原值，贷方登记减少固定资产的原值，期末借方余额表示企业实有固定资产的原值。该账户可按固定资产类别和项目进行明细核算。

"累计折旧"账户。该账户贷方登记计提的固定资产折旧，借方登记减少的旧固定资产的已提折旧，期末贷方余额表示企业全部固定资产已提折旧的累计数。

"工程物资"账户。该账户反映为在建工程准备的各种工程物资实际成本的增减变动和结存情况，借方登记验收入库的工程物资的实际成本，贷方登记领用的工程物资的实际成本，期末借方余额表示企业库存的工程物资的实际成本。该账户可按工程物资的品种进行明细核算。

"在建工程"账户。该账户反映企业各项工程的实际成本，借方登记各项工程发生的实际成本，贷方登记已完工程的实际成本，期末借方余额表示企业未完工程的实际成本。该账户可按工程项目进行明细核算。

（1）外购固定资产的账务处理

企业外购固定资产的成本，包括购买价款、相关税费、使固定资产达到预定可使用状态前所发生的可归属于该项固定资产的运输费、装卸费、安装费和专业人员服务费等。

①购入不需要安装的固定资产。

企业购入不需要安装的固定资产，应按购入时实际支付的买价、不予抵扣的增值税、运杂费、包装费以及其他相关税费，借记"固定资产"账户，贷记"银行存款"等账户。

②购入需要安装的固定资产。

企业购入需要安装的固定资产，必须安装调试后才能交付使用，因此，应当通过"在建工程"账户核算其购入成本和安装成本。购入时按发生的成本，借记"在建工程"账户，贷记"银行存款"等账户；安装过程中发生安装工程成本时，借记"在建工程"账户，贷记"银行存款""原材料""应付职工薪酬"等账户；待其达到预定可使用状态交付使用时，根据其全部成本，借记"固定资产"账户，贷记"在建工程"账户。

（2）自行建造的固定资产

企业自行建造的固定资产是指企业利用自己的力量自营建造以及出包给他人建造的固定资产，可分为自营建造和出包建造两种方式。无论采用哪种方式，所建工程都应当按照实际发生的支出来确定其工程成本。

①自营方式建造的固定资产。

自营建造固定资产的成本应当按照建造该项固定资产达到预定可使用状态前所发生的必要支出确定，包括直接材料、直接人工以及其他与自营建造固定资产相关的支出。所建造的固定资产已达到可使用状态，但尚未办理竣工决算的，应当自达到预定可使用状态之日起，按工程预算、造价或工程实际成本等估计的价值转入固定资产，并按计提固定资产折旧的规定，计提固定资产折旧。待办理了竣工决算手续后再作调整。

A. 企业购入为自营工程准备的材料物资时,应根据实际支付的全部价款,借记"工程物资"账户,贷记"银行存款"等账户。

B. 企业自营工程领用材料物资时,应根据实际成本,借记"在建工程"账户,贷记"工程物资"账户。

C. 企业自营工程领用企业库存原材料时,应根据原材料的实际成本与不予抵扣的增值税进项税额计入工程成本,借记"在建工程"账户,贷记"原材料""应交税费——应交增值税(进项税额转出)"账户。值得注意的是,如果按计税价格确认企业自营工程领用本企业自产的产品时,则应将该产品的实际成本和增值税销项税额计入自营工程成本,借记"在建工程"账户,贷记"库存商品""应交税费——应交增值税(销项税额)"账户。

D. 企业的辅助生产车间为自营工程提供水、电、运输、设备安装等劳务支出的,应根据实际成本,借记"在建工程"账户,贷记"生产成本——辅助生产成本"等账户。

E. 企业自营工程应负担的工程人员工资和其他薪酬等,应借记"在建工程"账户,贷记"应付职工薪酬"等账户。

F. 企业自营工程确认应负担的长期借款利息费用,按应予以资本化的贷款费用,借记"在建工程"账户或按予以费用化的借款费用,借记"财务费用"账户,贷记"应付利息"账户。

G. 企业自营工程发生的其他支出,应借记"在建工程"账户,贷记"银行存款"等账户。

H. 企业自营建造的固定资产达到预定可使用状态交付使用时,应根据工程的实际成本,借记"固定资产"账户,贷记"在建工程"账户。

I. 企业自营工程完工后如有剩余工程物资,退回库房时,按材料实际成本及应抵扣的增值税进项税额,借记"原材料""应交税费——应交增值税(进项税额)"等账户,贷记"工程物资"账户。

②出包方式建造的固定资产。

出包建造的固定资产成本由建造固定资产达到预定可使用状态前所发生的必要支出构成,包括发生的建筑工程支出、安装工程支出、需分摊计入各固定资产的待摊支出。

企业预付工程价款时,应借记"在建工程"账户,贷记"银行存款"等账户;工程完工补付工程价款时,也应借记"在建工程"账户,贷记"银行存款""应付账款"等账户;出包工程完工交付使用时,根据工程实际成本,借记"固定资产"账户,贷记"在建工程"账户。

(3)接受投资取得的固定资产的账务处理

企业接受投资取得的固定资产的成本,在办理了固定资产移交手续之后,应当按照投资合同或协议约定的价值确定,但合同或协议约定的价值不公允的除外。

企业在接受固定资产投资时,应按双方协商确认的价值加上应支付的相关税费借记"固定资产"账户;按投资方在企业注册资本或股本中占有的份额,贷记"实收资本"或"股本"账户;按其差额,贷记"资本公积——资本溢价(股本溢价)"账户;按支出的相关税费,贷记"银行存款""应交税费"等账户。

(4)接受捐赠的固定资产

企业接受捐赠的固定资产,应按固定资产的发票价格或市场价格,借记"固定资产"账户,贷记"营业外收入"账户。

7.1.2 工作过程

1）外购固定资产的处理

【会计工作1】某企业购入一台不需安装的管理用设备,取得增值税专用发票上注明的价款为70 000元,增值税额为11 900元,购入时发生运杂费共计3 000元。款项均以银行存款支付,设备交付使用。

【会计凭证】增值税专用发票、转账支票存根、固定资产入库单

【工作指导】企业应作如下会计处理:

借:固定资产   84 900
　　贷:银行存款   84 900

【会计工作2】某企业购入一台需安装生产用设备,取得增值税专用发票上注明的价款为80 000元,增值税额为13 600元,发生运杂费6 000元,款项均以存款支付。该设备购入后当即投入安装,安装过程中,发生安装费8 000元,已用存款支付,另发生安装工人工资5 000元。安装完毕,达到预定可使用状态。

【会计凭证】增值税专用发票、转账支票存根、固定资产入库单

【工作指导】

①购入需安装设备时:

借:在建工程   86 000
　　应交税费——应交增值税(进项税额)   13 600
　　贷:银行存款   99 600

②支付安装费时:

借:在建工程   8 000
　　贷:银行存款   8 000

③计算安装工人工资时:

借:在建工程   5 000
　　贷:应付职工薪酬   5 000

④安装完毕,设备交付使用时:

固定资产入账价值 = 86 000 + 8 000 + 5 000 = 99 000(元)

借:固定资产   99 000
　　贷:在建工程   99 000

2）自行建造固定资产的处理

【会计工作3】某企业自建厂房一幢,购入为工程准备的各种物资500 000元,支付的增值税税额为85 000元,全部用于工程建设。领用本企业生产的水泥一批,实际成本为80 000元,计税价格为100 000元,增值税税率为17%。工程人员应计工资10 000元,支付的其他费用30 000元。工程完工并达到预定可使用状态。

【会计凭证】增值税专用发票、转账支票存根、出库单、固定资产入库单、收款收据

【工作指导】

①购入工程物资时：

借：工程物资 585 000

　　贷：银行存款 585 000

②工程领用工程物资时：

借：在建工程 585 000

　　贷：工程物资 585 000

③工程领用本企业生产的水泥,确定应计入在建工程成本的金额为：

80 000 + 100 000 × 17% = 97 000(元)

借：在建工程 97 000

　　贷：库存商品 80 000

　　　　应交税费——应交增值税(销项税额) 17 000

④分配工程人员工资时：

借：在建工程 10 000

　　贷：应付职工薪酬 10 000

⑤支付工程发生的其他费用时：

借：在建工程 30 000

　　贷：银行存款 30 000

⑥工程完工转入固定资产的成本为：

585 000 + 97 000 + 10 000 + 30 000 = 722 000(元)

借：固定资产 722 000

　　贷：在建工程 722 000

【会计工作4】甲公司将一幢厂房的建造工程出包给丙公司承建,按合理估计的发包工程进度和合同规定向丙公司结算进度款 600 000 元。工程完工后,收到丙公司有关工程结算单据,补付工程款 400 000 元。工程完工并达到预定可使用状态。

【会计凭证】收款收据、转账支票存根、固定资产入库单

【工作指导】

①按合理估计的发包工程进度及合同规定向丙公司结算进度款时：

借：在建工程 600 000

　　贷：银行存款 600 000

②补付工程款时：

借：在建工程 400 000

　　贷：银行存款 400 000

③工程完工并达到预定可使用状态时：

借：固定资产 1 000 000

　　贷：在建工程 1 000 000

3）接受投资取得固定资产的处理

【会计工作5】某企业收到 A 公司投入的固定资产一台。A 公司记录的该台固定资产的账面原价为 600 000 元，已提折旧 60 000 元。企业接受投资时，合同约定的价值为 500 000元。假定双方合同约定的价值为公允价值，该公允价值与其注册资本中所占份额相等。

【会计凭证】固定资产投资协议书、固定资产入库单

【工作指导】企业应作如下会计处理：

借：固定资产　　　　　　　　　　　　　　　　　　500 000
　　贷：实收资本　　　　　　　　　　　　　　　　　500 000

4）接受捐赠固定资产的处理

【会计工作6】某企业接受外商捐赠的一台设备，无原始发票，市场同类设备价值为50 000元。

【会计凭证】固定资产捐赠协议书、固定资产入库单

【工作指导】

借：固定资产　　　　　　　　　　　　　　　　　　50 000
　　贷：营业外收入　　　　　　　　　　　　　　　　50 000

7.1.3　知识拓展

融资租入的固定资产的入账价值

《企业会计准则第21号——租赁》规定，融资租入的固定资产，在租赁开始日，承租人应当将租赁资产公允价值与最低租赁付款额现值中较低者作为租入资产的入账价值，将最低租赁付款额作为长期应付款的入账价值，其差额作为未确认融资费用。承租人在租赁谈判和签订租赁合同过程中发生的、可归属于租赁项目的手续费、律师费、差旅费、印花税等初始直接费用应当计入租入资产价值。《企业所得税法实施条例》规定，融资租入的固定资产，以租赁合同约定的付款总额和承租人在签订租赁合同过程中所发生的相关费用为计税基础；租赁合同未约定付款总额的，以该资产的公允价值和承租人在签订租赁合同过程中发生的相关费用为计税基础。

任务2　固定资产的后续计量

7.2.1　相关知识

1）固定资产折旧的概念及性质

前面我们谈到，固定资产是企业进行生产活动的主要劳动资料，是企业生产经营的基础。在长期使用过程中，固定资产将不断被磨损，并将其价值逐渐转入所生产产品的成本或构成相关费用。固定资产由于损耗而减少的那部分价值就称为固定资产折旧。

固定资产折旧计入成本费用的过程是随着固定资产价值的转移，以折旧形式在相应的

收入中得到补偿,并转化为货币资金的过程。

固定资产折旧本质上是一种费用,只不过这一费用是在前期支出的,而不是在计提期间付出的。因为前期这种支出的收益在固定资产投入使用后的有效使用期内才能实现,所以为了保证企业将来有能力重置固定资产,依照权责发生制原则和配比原则,必须对固定资产在其有效使用年限内计提折旧。

2）影响固定资产折旧的因素

企业在进行固定资产折旧的计提时,通常都会受到以下三个因素的影响:

(1)固定资产原值

固定资产原值是指取得固定资产时的原始成本。它是计提折旧的基础,是计提固定折旧的最大数额。它的计量是否正确,将直接影响到固定资产在有效使用年限内折旧的总额。

要注意的是,如果不考虑固定资产报废时的净残值,则计提的固定资产折旧总额就等于固定资产原值。

(2)预计净残值

一般来讲,固定资产在报废清理时都会发生清理费用,也会取得残值收入。这部分清理费用是使用固定资产的必要支出,在计提折旧时应予以考虑。而取得的残值收入是固定资产尚未转移的价值,不需要通过计提折旧方式予以补偿,应从原值中扣除。预计残值收入减去预计清理费用后的余额就是预计净残值。某项固定资产的原值减去净残值后的余额,就是该项固定资产的应计提折旧总额。

在我国,预计净残值一般根据固定资产原值乘以预计净残值率计算。各类固定资产预计净残值率的上下限由国家统一规定。各企业可在这个范围内自行确定本企业固定资产的预计净残值率。

(3)固定资产减值准备

企业的固定资产在使用过程中,如果发现某项固定资产发生价值减损,应计提固定资产减值准备。固定资产减值准备就是指固定资产已计提的固定资产减值准备累计金额。如果企业已经对某项固定资产计提了减值准备,那么在确定该固定资产应计折旧额时,还应当扣除已计提的固定资产减值准备累计金额。

(4)固定资产使用寿命

固定资产使用寿命是指固定资产预计可以使用的期限,是计算折旧的时间基础。它的长短直接影响到折旧的速度和各项应计提的折旧额。它可以用使用年限表示,也可以用工作总量来表示。

企业在确定固定资产使用寿命时,应当考虑以下因素:

①预计生产能力或实物产量。

②预计有形损耗和无形损耗。如设备使用中发生的磨损、房屋建筑物受到自然侵蚀或者因新技术的出现而使现有的资产技术水平相对陈旧等。

③法律或者类似规定对资产使用的限制。

固定资产使用寿命需要各企业在考虑多方面因素的基础上通过经验合理确定。

以上三个影响固定资产折旧的因素中,固定资产的预计净残值和使用寿命一经确定,不得随意变更。至少于每年年底终了时，企业应对固定资产的使用寿命、预计净残值和折旧方法进行复核。如果这三个因素发生了改变，则都应作为会计估计变更。企业应在当年的会计报表附注中予以说明。

3）计提折旧的固定资产范围

（1）现行会计制度的规定

企业应当对所有的固定资产计提折旧，但除下列固定资产外：

①已提足折旧而仍在使用的固定资产；

②单独计价入账的土地。

（2）特殊事项的规定

企业在确定计提折旧的范围时，需要注意三点：

①固定资产应当按月计提折旧。以月初应提折旧的固定资产的账面原价为依据，当月增加的固定资产，当月不提折旧，从下月起计提折旧；当月减少的固定资产，当月仍提折旧，从下月起停止计提折旧。

②已达到预定可使用状态但尚未办理竣工决算的固定资产，应当按照估计价值确定其成本，并开始计提折旧；待办理竣工决算后，再按实际成本调整原暂估价值，但不需要调整原已计提的折旧额。

③固定资产提足折旧后，不论能否继续使用，均不再计提折旧；提前报废的固定资产，也不再补提折旧。

4）固定资产的折旧方法

企业应当根据与固定资产有关的经济利益的预期实现方式，合理地选择折旧方法。固定资产折旧方法一经确定，不得随意变更。企业可选用的折旧方法包括年限平均法、工作量法和加速折旧法等。

（1）年限平均法

年限平均法又叫直线法，是指按照固定资产的预计使用年限平均计提折旧的方法。其计算公式为：

年折旧率 =（1 − 预计净残值率）/预计使用寿命 × 100%

月折旧率 = 年折旧率 ÷ 12

月折旧额 = 固定资产原值 × 月折旧率

或：年折旧额 = ［固定资产原值 × （1 − 预计净残值率）］ ÷ 预计使用寿命

月折旧额 = 年折旧额 ÷ 12

采用平均年限法计提折旧，其具体折旧方式可分为个别折旧和分类折旧两种方式。

个别折旧是指按照各项固定资产分别计提折旧的方式。某项固定资产在一定期间的折旧额根据该项固定资产原值乘以该项固定资产个别折旧率计算。

分类折旧是指按照固定资产类别计提折旧的方式。采用这种方法，应先把性质、结构和使用寿命接近的固定资产归为一类。如将房屋建筑物归为一类，将机器设备归为一类。某类固定资产的折旧额根据该类固定资产原值乘以该类固定资产平均分类折旧率计算。

平均年限法的特点是,将固定资产的应计折旧额均衡地分摊到各期,每期分摊的折旧额是相等的。这种方法最大的优点是简单明了,易于掌握。但是平均年限法没考虑固定资产的利用程度和使用强度,利用这种方法计提折旧缺少一定的科学性。

(2)工作量法

工作量法是指按照固定资产预计完成的工作总量平均计提折旧的方法。采用这种方法,应首先根据固定资产应计提折旧总额和预计完成的工作总量,确定单位工作量折旧额;然后根据单位工作量折旧额和某期实际完成的工作量,就可以计算出该期应计提折旧额。其计算公式如下:

某项固定资产单位工作量折旧额 = [固定资产原值 × (1 - 预计净残值率)] ÷ 预计工作总量

某项固定资产月折旧额 = 该项固定资产当月实际工作量 × 单位工作量折旧额

不同的固定资产,其工作量有不同的表现形式:对于机器设备来说,其工作量用机器工时和机器台班表示;对于运输设备来说,其工作量用运输里程表示。

工作量法一般适用于价值较高的大型精密机床以及运输设备等固定资产的折旧计算。由于这些固定资产每个月的工作量一般不均衡,因此采用工作量法计算月折旧额更科学、更合理。

(3)加速折旧法

加速折旧法是指固定资产在使用年限内所计提的折旧额呈递减趋势的一种折旧方法。这种方法的特点是在固定资产有效使用年限的前期多提折旧,后期则少提折旧,从而相对加快折旧的速度,以使固定资产的成本在有效使用年限中加快得到补偿。

较常用的加速折旧法有双倍余额递减法和年数总和法两种。

①双倍余额递减法。

双倍余额递减法是指在不考虑固定资产预计净残值的情况下,按每期期初固定资产净值和双倍直线法折旧率计提折旧的方法。其计算公式如下:

年折旧率 = 2 ÷ 预计使用年限 × 100%

月折旧率 = 年折旧率 ÷ 12

月折旧额 = 每月月初固定资产账面净值 × 月折旧率

这种方法的折旧率是固定的,固定资产的账面净值是逐年递减的,从而使各期的折旧额逐渐递减。需要注意的是:采用双倍余额递减法计提固定资产折旧,如果固定资产存在净残值,则应当在固定资产使用寿命到期前两年内,将双倍余额递减法改为年限平均法,将固定资产账面净值扣除预计净残值后的净额平均摊销。

②年数总和法。

年数总和法是指按固定资产应计提折旧总额和某年尚可使用年数占各年尚可使用年数总和的比重(即年折旧率)计算折旧的方法。其计算公式如下:

年折旧率 = 该年尚可使用年数 ÷ 各年尚可使用年数总和 × 100%

或者

= (预计使用年限 - 已使用年限) ÷ [预计使用年限 × (预计使用年限 + 1) ÷ 2] × 100%

月折旧率 = 年折旧率 ÷ 12

月折旧额 =（固定资产原值 − 预计净残值）× 月折旧率

或者 = 固定资产应计提折旧总额 × 月折旧率

这种方法一开始就要考虑固定资产净残值，然后按不变的折旧基数（即原值减去净残值）乘以逐年递减的折旧率来计算各期折旧额。

与前面的年限平均法和工作量法相比较，加速折旧法是比较合理和系统的一种计提折旧的方法。因为这种方法前期计提的折旧费较多而维修费较少，后期计提的折旧费较少而维修费较多，从而保持了各个会计期间负担的固定资产使用成本的均衡性；另外，这种方法由于前期计提的折旧费较多，能够使固定资产的成本在前期较多地收回，可减少或降低企业拥有这种固定资产可能承担的各种风险。除此之外，在税法允许将各种方法计提的折旧费作为税前费用扣除的前提下，还能够减少前期的所得税额。

企业在计提折旧时，应该根据具体情况，选择不同的折旧方法。但是，某种折旧方法一经选定，不应随意改变。如果企业根据具体情况的变化需要改变折旧的方法，应该将变更理由及折旧方法改变后对损益的影响在会计报表辅助中予以揭示。

5）固定资产折旧的账务处理

在会计实务中，企业一般按月计提折旧。本月计提的折旧额是以上月所计提的折旧额为基础，对上月固定资产的增减情况进行调整后计算而得的。其计算公式如下：

本月固定资产应计提的折旧额 = 上月固定资产计提的折旧额 + 上月增加固定资产应计提的折旧额 − 上月减少固定资产应计提的折旧额

企业按月计提的折旧应当计入"累计折旧"账户，并根据固定资产的使用部门或用途计入相关成本或者当期损益。"累计折旧"是固定资产的备抵调整账户，其借方登记因出售、报废、盘亏等原因减少固定资产而相应转销其所提折旧额；贷方登记计提固定资产的折旧额和由于增加固定资产而相应增加其已提折旧额；期末余额在贷方，反映企业现有固定资产的累计折旧额。

在会计实务中，企业计提折旧一般是在月末通过编制"固定资产折旧计算分配表"来完成的，并据此进行账务处理。企业基本生产车间使用的固定资产，其计提的折旧应计入"制造费用"；管理部门使用的固定资产，其计提的折旧应计入"管理费用"；销售部门使用的固定资产，其计提的折旧应计入"销售费用"；企业自行建造固定资产过程中使用的固定资产，其计提的折旧应计入"在建工程"；经营租出的固定资产，其计提的折旧应计入"其他业务成本"。企业计提固定资产折旧时，借记"制造费用""管理费用""销售费用""在建工程"等账户，贷记"累计折旧"账户。

7.2.2 工作过程

1）固定资产折旧平均年限法的计算

【会计工作7】东方公司购入一台机器，原价为 3 000 000 元，预计可使用 10 年，预计该机器报废时的净残值率为 4%。采用平均年限法计提折旧。

【会计凭证】固定资产折旧计算表

【工作指导】

年折旧率 = (1 - 4%) ÷ 10 = 9.6%

月折旧率 = 9.6% ÷ 12 = 0.8%

月折旧额 = 3 000 000 × 0.8% = 24 000(元)

或:年折旧额 = 3 000 000 × (1 - 4%) ÷ 10 = 288 000(元)

月折旧额 = 288 000 ÷ 12 = 24 000(元)

2) 固定资产折旧工作量法的计算

【会计工作8】东方公司有运输卡车一辆,原价50万元,预计行驶50万千米,预计净残值率为5%,本月行驶10 000千米。采用工作量法计提折旧。

【会计凭证】固定资产折旧计算表

【工作指导】

单位里程应计折旧额 = 50万 × (1 - 5%) ÷ 50万 = 0.95(元/千米)

本月折旧额 = 10 000 × 0.95 = 9 500(元)

3) 固定资产折旧双倍余额递减法的计算

【会计工作9】东方公司有一项固定资产的原价为200 000元,预计使用年限5年,预计到期残值为20 000元,预计清理费用为10 000元。采用双倍余额递减法计提折旧。

【会计凭证】固定资产折旧计算表

【工作指导】

①该固定资产的原值为200 000元,预计净残值 = 20 000 - 10 000 = 10 000(元)

②年折旧率 = 2/5 × 100% = 40%

③第一年应计提折旧额 = 200 000 × 40% = 80 000(元)

④第二年应计提折旧额 = (200 000 - 80 000) × 40% = 48 000(元)

⑤第三年应计提折旧额 = (120 000 - 48 000) × 40% = 28 800(元)

⑥从第四年起改用年限平均法计提折旧:

第四年、第五年各年折旧额 = (72 000 - 28 800 - 10 000) ÷ 2 = 16 600(元)

或:第四年、第五年各年折旧额 = (200 000 - 10 000 - 80 000 - 48 000 - 28 800) ÷ 2 = 16 600(元)

每年各月折旧额等于每年折旧额除以12计算。

4) 固定资产折旧年数总和法的计算

【会计工作10】东方公司购入管理用设备一台,买价200 000元,增值税34 000元,另发生运杂费1 000元,款项用银行存款付清。该设备当日投入使用。预计使用期限为5年,估计残值收入12 000元,估计清理费用2 000元。采用年数总和法计提折旧。

【会计凭证】固定资产折旧计算表

【工作指导】

①该设备的入账原值 = 200 000 + 34 000 + 1 000 = 235 000(元)

预计净残值 = 12 000 – 2 000 = 10 000（元）

②第一年折旧额 = (235 000 – 10 000) × 5/15 = 75 000（元）

③第二年折旧额 = (235 000 – 10 000) × 4/15 = 60 000（元）

④第三年折旧额 = (235 000 – 10 000) × 3/15 = 45 000（元）

⑤第四年折旧额 = (235 000 – 10 000) × 2/15 = 30 000（元）

⑥第五年折旧额 = (235 000 – 10 000) × 1/15 = 15 000（元）

每年各月折旧额等于每年折旧额除以 12 计算。

5）固定资产折旧的处理

【会计工作11】某企业 2015 年 10 月末编制固定资产折旧计算表如表 7.1 所示，据此进行账务处理。

表 7.1　固定资产折旧计算表

生产车间	110 000
行政管理部门	51 000
销售部门	10 000
对外出租	6 600
合计	177 600

【会计凭证】固定资产折旧计算表

【工作指导】企业应作如下会计处理：

借：制造费用　　　　　　　　　　　　　110 000

　　管理费用　　　　　　　　　　　　　51 000

　　销售费用　　　　　　　　　　　　　10 000

　　其他业务成本　　　　　　　　　　　6 600

　贷：累计折旧　　　　　　　　　　　　　　177 600

7.2.3　知识拓展

《企业会计准则》和《企业所得税法》对固定资产折旧提取的不同规定

固定资产提取的折旧额大小受计提折旧基数、净残值、折旧年限、折旧方法等因素的影响。《企业会计准则》（简称准则）和《中华人民共和国企业所得税法》及其实施条例（简称税法）分别对固定资产折旧的提取作了相应规定。只有把握固定资产计提折旧的因素，才能保证计提的折旧额正确，纳税不受影响。现就影响固定资产折旧额的各因素分别从准则、税法作以比较。

一、计提折旧的固定资产范围

准则规定：企业应当对所有固定资产计提折旧。但是，已提足折旧仍继续使用的固定资产和单独计价入账的土地除外。

税法规定:下列固定资产不得计算折旧扣除:房屋、建筑物以外未投入使用的固定资产;以经营租赁方式租入的固定资产;以融资租赁方式租出的固定资产;已足额提取折旧仍继续使用的固定资产;与经营活动无关的固定资产;单独估价作为固定资产入账的土地;其他不得计算折旧扣除的固定资产。准则规定计提折旧的固定资产范围远比税法规定的范围宽。

二、计提折旧基数

企业的固定资产有不同的来源,有的是外购,有的是自建,现从不同来源的资产说明其计提折旧的基数。

1. 外购的固定资产

准则规定:外购的固定资产成本包括购买价款、相关税费、使固定资产达到预定可使用状态前所发生的可归属于该项资产的运输费、装卸费、安装费和专业人员服务费等。

税法则以购买价款和支付的相关税费以及直接归属于使该资产达到预定用途发生的其他支出为计税基础。

2. 自行建造的固定资产

准则规定:自行建造固定资产的成本,由建造该项资产达到预定可使用状态前所发生的必要支出构成。

税法则以竣工结算前发生的支出为计税基础。

3. 融资租入的固定资产

准则规定:在租赁期开始日,承租人应当将租赁开始日租赁资产公允价值与最低租赁付款额现值两者中较低者作为租入资产的入账价值。承租人在租赁谈判和签订租赁合同过程中发生的,可归属于租赁项目的手续费、律师费、差旅费、印花税等初始直接费用,应当计入租入资产价值。

税法规定:以租赁合同约定的付款总额和承租人在签订租赁合同过程中发生的相关费用为计税基础,租赁合同未约定付款总额的,以该资产的公允价值和承租人在签订租赁合同过程中发生的相关费用为计税基础。

4. 投资取得的固定资产

准则规定:按照投资合同或协议约定的价值加上应支付的相关税费作为入账价值,但合同或协议约定价值不公允的除外。

税法则以该资产的公允价值和支付的相关税费为计税基础。

5. 非货币性资产交换取得的固定资产

准则规定:企业在按照换出资产的账面价值和应支付的相关税费作为换入资产成本的情况下,发生补价的,应当分别下列情况处理:支付补价的,应当以换出资产的账面价值,加上支付的补价和应支付的相关税费,作为换入资产的成本,不确认损益;收到补价的,应当以换出资产的账面价值,减去收到的补价并加上应支付的相关税费,作为换入资产的成本,不确认损益。

税法则以该资产的公允价值和支付的相关税费为计税基础。

6. 债务重组取得的固定资产

准则、税法均以资产的公允价值和支付的相关税费为计提折旧基数。

7. 改建的固定资产

准则规定：固定资产的更新改造等后续支出，满足"与该固定资产有关的经济利益很可能流入企业以及该固定资产的成本能够可靠地计量"两个条件的，应当计入固定资产成本，如有被替换的部分，应扣除其账面价值。

税法规定：除已足额提取折旧的固定资产的改建支出和租入固定资产的改建支出外，以改建过程中发生的改建支出增加计税基础。

8. 盘盈的固定资产

准则规定：固定资产盘盈应作为前期差错处理。盘盈时，首先确定盘盈固定资产的原值、累计折旧和固定资产净值，所以盘盈的固定资产根据取得时应确认的价值作为计提折旧基数。

税法则以同类固定资产的重置完全价值为计税基础。

从以上各来源的固定资产看，外购的、自行建造的、投资取得的、债务重组取得的固定资产，准则、税法规定的其折旧基数是基本一致的。

三、折旧方法

准则规定：企业应当根据与固定资产有关的经济利益的预期实现方式，合理选择固定资产折旧方法。可选用的折旧方法包括年限平均法、工作量法、双倍余额递减法和年数总和法等。固定资产的折旧方法一经确定，不得随意变更。但是，企业至少应当于每年年度终了，对固定资产的折旧方法进行复核。与固定资产有关的经济利益预期实现方式有重大改变的，应当改变固定资产折旧方法。

税法规定：按照直线法计算的折旧才准予扣除。但是，税法也规定，"由于技术进步，产品更新换代较快的；常年处于强震动、高腐蚀状态的"确需加速折旧的，可以缩短折旧年限或者采取加速折旧的方法。企业确需对固定资产采取缩短折旧年限或者加速折旧方法的，应在取得该固定资产后一个月内，向其企业所得税主管税务机关报送资料备案。

会计对于折旧方法的选择，给予了企业较宽的职业判断权，而税法限制允许加速折旧的范围。

四、净残值、折旧年限

准则规定：企业应当根据固定资产的性质和使用情况，合理确定固定资产的使用寿命和预计净残值。固定资产的使用寿命、预计净残值一经确定，不得随意变更。但是，企业至少应当于每年年度终了，对固定资产的使用寿命、预计净残值和折旧方法进行复核。使用寿命预计数与原先估计数有差异的，应当调整固定资产使用寿命；预计净残值预计数与原先估计数有差异的，应当调整预计净残值。

税法规定：企业应当根据固定资产的性质和使用情况，合理确定固定资产的预计净残值。固定资产的预计净残值一经确定，不得变更。

除国务院财政、税务主管部门另有规定外，固定资产计算折旧的最低年限如下：(1)房屋、建筑物，为20年；(2)飞机、火车、轮船、机器、机械和其他生产设备，为10年；(3)与生产经营活动有关的器具、工具、家具等，为5年；(4)飞机、火车、轮船以外的运输工具，为4年；(5)电子设备，为3年。但是允许企业采取缩短折旧年限方法的，对其购置的新固定资产，最低折旧年限不得低于规定的最低折旧年限的 60%；若为购置已使用过的固定资产，其最低折旧年限不得低于规定的最低折旧年限减去已使用年限后剩余年限的 60%。最低折旧年限一经确定，一般不得变更。

对于预计净残值，准则与税法都给予了企业较大的职业判断权。但准则规定预计净残值是可以调整的，而税法规定预计净残值一经确定不得变更。

企业选择超过税法规定最低年限，只要符合合理性原则，不涉及纳税调整；企业选择低于税法规定最低年限，则需要进行相应的纳税调整。

任务 3　固定资产的后续支出

7.3.1　相关知识

1）固定资产后续支出的概述

（1）固定资产后续支出的含义

固定资产后续支出是指固定资产在使用过程中发生的更新改造支出和修理费用等。

企业的固定资产在投入使用后，为了适应新技术发展的需要，或者为维护或提高固定资产的使用效能，往往需要对现有固定资产进行维护、改建、扩建或者改良。这些都是固定资产的后续支出。

（2）固定资产后续支出的处理原则

固定资产发生的后续支出符合固定资产确认条件的，即与该项固定资产有关的经济利益很可能流入企业、该资产的成本能够可靠地计量的，应当将其资本化，计入固定资产成本，同时扣除被替换部分的账面价值；若不符合固定资产确认条件的，应当将其费用化，计入当期损益。

2）固定资产后续支出的账务处理

（1）资本化固定资产后续支出的账务处理

为了提高固定资产的质量或提高固定资产的生产能力，企业会对固定资产进行改扩建。在进行固定资产的改扩建期间，由于停止使用，工期又比较长，因而应转销原固定资产的账面价值，将其转入在建工程，借记"在建工程""累计折旧"等账户，贷记"固定资产"账户；固定资产发生的改良支出，通过"在建工程"账户核算，借记"在建工程"账户，贷记"银行存款"等账户；拆除部分的固定资产账面价值，应冲减"在建工程"账户，借记"银行存款"等账户，贷记"在建工程"账户。

要注意的是：原固定资产在改良期间因已转入在建工程而停止计提的折旧，待转入固定资产后要重新确定入账价值，重新估计使用寿命及净残值，再重新计算以后各期的折旧额。

（2）费用化固定资产后续支出的账务处理

固定资产在长期使用过程中，由于自然损耗或使用磨损等原因，往往发生部分零部件的损坏。为了保证固定资产的正常运转及使用，企业需要经常对固定资产进行必要的修理。

与固定资产有关的修理费用等后续支出，一般不符合固定资产确认条件，属于收益性支出。因此发生时应当根据不同情况分别计入当期管理费用或销售费用，借记"管理费用"或"销售费用"等账户，贷记"银行存款"等账户。

7.3.2　工作过程

1）资本化固定资产后续支出的处理

【会计工作12】某企业于2016年3月3日采用出包方式对一条生产流水线进行改良。该生产流水线原值为6 000 000元，预计使用寿命10年，预计净残值率4%，累计已提折旧1 200 000元。按照合同规定，企业于3月3日支付工程款800 000元。该项改良工程将于5月20日完工并交付使用。另外，在改良过程中企业取得变价收入100 000元。工程改良竣工后，该生产流水线预计可使用寿命为8年，预计净残值率仍为4%。采用年限平均法计提折旧。

【会计凭证】转账支票存根、银行进账单、收款收据、固定资产入库单

【工作指导】

① 2016年3月3日，将生产流水线转入改良工程时：

借：在建工程——生产流水线改良工程　　　　　　4 800 000
　　累计折旧　　　　　　　　　　　　　　　　　1 200 000
　　　贷：银行存款　　　　　　　　　　　　　　　　　6 000 000

②3月3日，支付工程款时：

借：在建工程——生产流水线改良工程　　　　　　800 000
　　　贷：银行存款　　　　　　　　　　　　　　　　　800 000

③取得变价收入时：

借：银行存款　　　　　　　　　　　　　　　　　100 000
　　　贷：在建工程——生产流水线改良工程　　　　　　100 000

④5月20日，工程完工交付使用时：

借：固定资产　　　　　　　　　　　　　　　　　5 500 000
　　　贷：在建工程——生产流水线改良工程　　　　　　5 500 000

⑤自6月份起，改良后的生产流水线每月计提折旧时：

年折旧额 = 5 500 000 × (1 − 4%) ÷ 8 = 660 000(元)

月折旧额 = 660 000 ÷ 12 = 55 000(元)

借：制造费用　　　　　　　　　　　　　　　　　55 000
　　　贷：累计折旧　　　　　　　　　　　　　　　　　55 000

2）费用化固定资产后续支出的处理

【会计工作13】2016年9月，某企业对现有的一台管理用设备进行日常维修。修理过程中用银行存款支付了修理费用10 000元，另发生维修人员工资5 000元。

【会计凭证】转账支票存根职工薪酬计算分配表

【工作指导】企业应作如下会计处理：

借：管理费用   15 000

  贷：银行存款   10 000

    应付职工薪酬——工资   5 000

任务4 固定资产的清查

7.4.1 相关知识

1）固定资产清查概述

  企业的固定资产由于种类多，用途各异，如果管理不严密就可能造成账实不符，甚至被损坏。因此，为了保证固定资产的安全完整，做到账实相符，也为了掌握固定资产的有效利用情况，一般来说，每年至少应在编制财务报告之前对固定资产进行一次全面清查，平时可进行日常清查。此外，企业在清产核资、固定资产保管人员调动、企业组织形式改变时，也需要对固定资产进行临时清查。

  固定资产清查一般采用实地盘点法，即以实地盘点的固定资产实有数量与固定资产卡片进行核算，检查是否账实相符。对清查过程中发现的盘盈、盘亏等固定资产，应及时查明原因，并编制"固定资产盘盈盘亏报告表"，经会计部门审核汇总后，作为调整固定资产账簿的依据，并按照规定程序报批处理。

  盘亏或毁损的固定资产，应通过"待处理财产损溢"账户进行核算；盘盈的固定资产应通过"以前年度损益调整"账户进行核算。企业的固定资产损溢，应查明原因，在期末结账前处理完毕，处理后"待处理财产损溢"账户应无余额。

2）固定资产盘盈、盘亏的账务处理

  （1）固定资产盘盈的账务处理

  在固定资产清查过程中发现的盘盈固定资产，经查明确属企业所有，应按以下规定重新确定其入账价值：如果同类或类似固定资产存在活跃市场的，按同类或类似固定资产的市场价格，减去按该项资产的新旧程度估计的价值损耗后的净额，作为入账价值；如果同类或类似固定资产不存在活跃市场的，按该项固定资产的预计未来现金流量的现值，作为入账价值。

  企业盘盈的固定资产，一般是以前年度发生的会计差错，作为前期差错，在按管理权限报经批准处理前应根据其确定的入账价值，借记"固定资产"账户，贷记"以前年度损益调整"账户。

  "以前年度损益调整"是损益类收入性质账户，核算企业本年度发生的、调整以前年度损益的事项以及本年度发现的重要前期差错更正涉及调整以前年度损益的事项。

  （2）固定资产盘亏的账务处理

  ①在固定资产清查过程中发现的盘亏固定资产，应根据账面价值，借记"待处理财产损溢"账户。

②根据已提折旧,借记"累计折旧"账户;根据该项目固定资产已计提的减值准备,借记"固定资产减值准备"账户。

③根据盘亏固定资产的原值,贷记"固定资产"账户。

④报经有关部门批准转销时,应按可收回的过失人赔偿款或保险赔偿款,借记"其他应收款"账户;按盘亏净损失,借记"营业外支出——盘亏毁损损失",贷记"待处理财产损溢"账户。

7.4.2 工作过程

1）固定资产盘盈的处理

【会计工作14】企业于2015年10月末,在对固定资产清查过程中,发现一台机器设备尚未入账,重置成本估计为86 000元。根据规定,该盘盈固定资产作为前期差错进行处理。假定企业适用的所得税税率为25%,按净利润的10%计提法定盈余公积,不考虑相关税费及其他因素的影响。

【会计凭证】固定资产盘点报告表、固定资产入库单

【工作指导】

①盘盈固定资产时:

借:固定资产	86 000	
贷:以前年度损益调整		86 000

②确定应交所得税时:

借:以前年度损益调整	21 500	
贷:应交税费——应交所得税		21 500

③结转为留存收益时:

借:以前年度损益调整	64 500	
贷:盈余公积——法定盈余公积		6 450
利润分配——未分配利润		58 050

2）固定资产盘亏的处理

【会计工作15】某企业进行财产清查时发现盘亏一台设备,其账面原价为20 000元,已提折旧12 000元。经批准,该盘亏设备作为营业外支出处理。

【会计凭证】固定资产盘点报告表

【工作指导】

①盘亏固定资产时:

借:待处理财产损溢	8 000	
累计折旧	12 000	
贷:固定资产		20 000

②报经批准转销时:

借:营业外支出	8 000	
贷:待处理财产损溢		8 000

任务 5　固定资产减值

7.5.1　相关知识

1）固定资产减值的含义

固定资产由于发生损坏、技术陈旧或者其他经济原因,导致其可收回金额低于其账面价值,这种情况就称为固定资产减值。

在使用过程中,企业的固定资产由于存在机械损耗、自然磨损或技术陈旧以及其他经济原因,发生资产减值是必然的。企业在每年年末,应对存在减值迹象的固定资产进行减值测试。如果发现某项固定资产价值减损,为了不虚增资产价值,则应计提固定资产减值准备。

2）固定资产可收回金额的确定

在每年会计期末,企业应当对固定资产进行逐项检查。如果出现下列情况之一的,应当进行减值测试,对其可收回金额进行估计:

①固定资产的市价大幅度下跌,其跌幅明显高于因时间的推移或者正常使用而预计的下跌。

②企业经营所处的经济、技术或者法律等环境以及固定资产所处的市场在当期或者将在近期发生重大变化,从而对企业产生不利影响。

③市场利率或者其他市场投资报酬率在当期已经提高,从而影响企业计算固定资产预计未来现金流量现值的折现率,导致资产可回收金额大幅度降低。

④有证据表明固定资产已经陈旧过时或者其实体已经损坏。

⑤固定资产已经或者将被闲置,终止使用或者计划提前处置。

⑥企业内部有确凿的证据表明固定资产的经济绩效已经低于或者将低于预期,如固定资产所创造的净现金流量或者实现的营业利润(或者亏损)远远低于(或者高于)预计金额等。

⑦其他表明固定资产可能已经发生减值的迹象。

固定资产可收回金额应当根据固定资产的公允价值减去处置费用后的净额与固定资产预计未来现金流量的现值两者之间较高者确定。

需注意的是:

A.固定资产的公允价值应当根据公平交易中销售协议价格确定,不存在销售协议但存在资产活跃市场的,应当按照其市场价格确定。

B.处置费用包括与固定资产处置有关的法律费用、相关税费、搬运费以及为使固定资产达到可使用状态所发生的各项费用。

C.固定资产预计未来现金流量的现值,应当按照资产在持续使用过程中和最终处置时所产生的预计未来现金流量,选择恰当的折现率对其进行折现后的金额加以确定。

3）固定资产减值的判断及账务处理

如果固定资产可收回金额低于其账面价值,就表明固定资产发生了减值,企业就应当确认减值损失,将固定资产的账面价值减记至可收回金额,并按可收回金额低于账面价值的差额计提固定资产减值准备,借记"资产减值损失"账户,贷记"固定资产减值准备"账户。

固定资产减值准备一经确认,在以后会计期间不允许转回。

在进行账务处理时,需注意两点:

①固定资产减值准备确认后,减值固定资产的折旧费用应当在未来期间作相应调整,以使该固定资产在剩余使用寿命内,系统地分摊调整后的固定资产账面价值。

②企业处置已计提减值准备的固定资产时,应当同时结转相应的减值准备。

7.5.2 工作过程

【会计工作16】某企业于2014年购入一台设备。到2015年12月31日,该设备存在可能发生减值的迹象。经计算,该设备预计可收回金额为730 000元,账面价值为850 000元,以前年度未对该设备计提过减值准备。

【会计凭证】设备预计可收回金额计算表

【工作指导】由于该设备可收回金额为730 000元,账面价值为850 000元。可收回金额低于账面价值,应按两者之间的差额120 000元(850 000 – 730 000)计提固定资产减值准备。

借:资产减值损失　　　　　　　　　　　　　　　　120 000

　　贷:固定资产减值准备　　　　　　　　　　　　　　120 000

任务6　固定资产的处置

7.6.1　相关知识

1)固定资产处置的内容

企业在生产经营过程中,对那些不适用或不需用的固定资产,可以出售转让;对那些由于使用而不断磨损以致最终报废,或者由于技术进步等原因提前报废,或由于遭受自然灾害等非常损失发生毁损的固定资产,应及时进行清理。因对外投资、抵债、调拨、非货币性资产交换、债务重组等原因减少的固定资产,也属于固定资产的处置。

2)固定资产终止确认的条件

固定资产满足下列条件之一的,应当予以终止确认:

①该固定资产处于处置状态;

②该固定资产预期通过使用或处置不能产生经济效益。

3)固定资产处置的账务处理

企业因出售、报废、毁损等原因减少的固定资产,应通过"固定资产清理"账户核算。

"固定资产清理"账户的借方登记清理过程中发生的各项费用,包括转入清理过程的固定资产账面价值、清理过程中发生的清理费用以及销售不动产等应缴纳的税金。贷方登记清理过程中发生的各项收入,包括清理固定资产取得的变价收入、残料收入以及应向保险公司或者有关责任人收取的赔款等。

该账户贷方发生额大于借方发生额的差额,为清理过程中发生的净收益,应作为营业外收入或管理费用从该账户借方转出;反之,则为清理过程中发生的净损失,应作为营业外支出或管理费用从该账户的贷方转出。经过上述结转后,该账户应无余额。

固定资产清理的账务处理一般包括以下几个步骤:

(1)固定资产转入清理

企业出售、报废和毁损的固定资产转入清理时,应按固定资产账面价值,借记"固定资产清理"账户;按已提折旧额,借记"累计折旧"账户;按已计提的减值准备,借记"固定资产减值准备"账户;按固定资产原值,贷记"固定资产"账户。

要注意的是,固定资产的账面价值是指固定资产成本扣减累计折旧和固定资产减值准备后的金额。

(2)发生清理费用

固定资产清理过程中发生清理费用时,应借记"固定资产清理"账户,贷记"银行存款"等账户。

(3)取得出售收入和残料时

企业收回出售固定资产的价款、报废固定资产取得残料价值和变价收入等时应冲减清理支出,借记"银行存款""原材料"等账户,贷记"固定资产清理"账户。

(4)获得保险赔偿

企业获得的应由保险公司或过失人赔偿的损失时,应冲减清理支出,借记"银行存款""其他应收款"账户,贷记"固定资产清理"账户。

(5)清理净损益的处理

固定资产清理完毕后的净收益,如果是属于生产经营期间的,借记"固定资产清理"账户,贷记"营业外收入"账户;如果是属于筹建期间的,借记"固定资产清理"账户,贷记"管理费用"账户。固定资产清理完毕后的净损失,如果是属于生产经营期间的,借记"营业外支出"账户,贷记"固定资产清理"账户;如果是属于筹建期间的,借记"管理费用"账户,贷记"固定资产清理"账户。

7.6.2 工作过程

1)出售固定资产的处理

【会计工作17】2016年度12月,某企业出售房屋一栋,原价为3 000 000元,已提折旧1 300 000元。出售过程中支付各种清理费用共计20 000元,房屋出售取得价款收入为2 000 000元,款项收到已存入银行。假定该企业以前没有对该房屋计提过减值准备。

【会计凭证】固定资产出售调拨单、收款收据、银行进账单(收款通知)、转账支票存根、营业税计算表

【工作指导】

①将固定资产转入清理时:

借：固定资产清理 1 700 000
累计折旧 1 300 000
贷：固定资产 3 000 000

②支付清理费用时：

借：固定资产清理 20 000
贷：银行存款 20 000

③收到出售价款时：

借：银行存款 2 000 000
贷：固定资产清理 2 000 000

④计算结转应交营业税时：

应交营业税 =2 000 000×5% =100 000（元）

借：固定资产清理 100 000
贷：应交税费——应交营业税 100 000

⑤结转固定资产清理净损益时：

固定资产清理净损益

=2 000 000 – （1 700 000 + 20 000 + 100 000）= 180 000（元）

借：固定资产清理 180 000
贷：营业外收入——处置非流动资产利得 180 000

2）固定资产报废的处理

【会计工作18】某企业经批准报废一台生产用设备。其原价为900 000元，已计提折旧600 000元，已计提减值准备120 000元。在清理过程中，以银行存款支付清理费用15 000元，取得残料变价收入50 000元，款已存入银行。

【会计凭证】设备报废申请单、收款收据、转账支票存根、银行进账单（收款通知）

【工作指导】

①将固定资产转入清理时：

借：固定资产清理 180 000
累计折旧 600 000
固定资产减值准备 120 000
贷：固定资产 900 000

②支付清理费用时：

借：固定资产清理 15 000
贷：银行存款 15 000

③取得变价收入时：

借：银行存款 50 000
贷：固定资产清理 50 000

④结转固定资产清理净损益时：

固定资产清理净损益 = 50 000 – （180 000 + 15 000）= – 145 000（元）

借:营业外支出——处置非流动资产损失　　　　　　　　145 000
　　贷:固定资产清理　　　　　　　　　　　　　　　　　　　145 000

【课后习题】

一、单项选择题

1. M 公司为增值税一般纳税人,采用自营方式建造一条生产线,实际领用工程物资 234 万元。另外领用本公司所生产的应税消费品一批,账面价值为 200 万元,该产品适用的增值税税率为 17% ,消费税税率为 10% ,公允价值是 220 万元,计税价格为 210 万元;发生的在建工程人员工资和应付福利费分别为 100 万元和 14 万元。假定该生产线已达到预定可使用状态;不考虑除增值税、消费税以外的其他相关税费。该生产线的入账价值为(　　　)万元。

　　A.607.4　　　　　　B.604.7　　　　　　C.602　　　　　　D.587.7

2. 采用出包方式建造固定资产时,对于按合同规定预付的工程价款应借记的会计科目是(　　　)。

　　A.在建工程　　　B.固定资产　　　C.工程物资　　　D.预付账款

3. 企业接受投资者投入的一项固定资产,应按(　　　)作为入账价值。

　　A.公允价值

　　B.投资方的账面原值

　　C.投资合同或协议约定的价值(但合同或协议约定的价值不公允的除外)

　　D.投资方的账面价值

4. 某企业接受投资者投入设备一台,该设备需要安装。双方在协议中约定的价值为 500 000 元(目前没有可靠证据证明这个价格是公允的),设备的公允价值为 450 000 元。安装过程中领用生产用材料一批,实际成本为 4 000 元;领用自产的产成品一批,实际成本为 10 000 元,售价为 24 000 元,该产品为应税消费品,消费税税率为 10% 。本企业为一般纳税人,适用的增值税税率为 17% 。在不考虑所得税的情况下,安装完毕投入生产使用的该设备入账成本为(　　　)元。

　　A.471 160　　　　　B.521 160　　　　　C.545 160　　　　　D.495 160

5. A 公司从 B 公司融资租入一条生产线,其原账面价值为 430 万元,租赁开始日公允价值为 410 万元,按出租人的内含利率折现的最低租赁付款额的现值为 420 万元,最低租赁付款额为 500 万元,发生的初始直接费用为 10 万元。则在租赁开始日,A 公司租赁资产的入账价值、未确认融资费用分别是(　　　)。

　　A.420 万元和 80 万元　　　　　　　　B.410 万元和 100 万元

　　C.420 万元和 90 万元　　　　　　　　D.430 万元和 80 万元

6. 下列固定资产中,不应计提折旧的固定资产有(　　　)。

　　A.大修理的固定资产

　　B.当月减少的固定资产

    C. 正处于改良期间的经营租入固定资产

    D. 融资租入的固定资产

7. 下列固定资产中,应计提折旧的固定资产有(　　)。

    A. 经营租赁方式租入的固定资产　　　　B. 季节性停用的固定资产

    C. 正在改扩建的固定资产　　　　　　　D. 融资租出的固定资产

8. 东风公司 20×4 年 9 月初增加小轿车一辆,该项设备原值 88 000 元,预计可使用 8 年,净残值为 8 000 元,采用直线法计提折旧。至 20×6 年末,对该项设备进行检查后,估计其可收回金额为 59 750 元,减值测试后,该固定资产的折旧方法、年限和净残值等均不变。则 20×7 年应计提的固定资产折旧额为(　　)元。

    A. 10000　　　　　B. 8250　　　　　C. 11391.3　　　　　D. 9000

9. 企业盘盈的固定资产,应在报告批准后,转入(　　)科目。

    A. 其他业务收入　　　　　　　　　　　B. 以前年度损益调整

    C. 资本公积　　　　　　　　　　　　　D. 营业外收入

10. Y 企业 20×5 年 9 月 9 日自行建造设备一台,购入工程物资价款 500 万元,进项税额 85 万元;领用生产用原材料成本 3 万元,原进项税额 0.51 万元;领用自产产品成本 5 万元,计税价格 6 万元,增值税税率 17%;支付的相关人员工资为 5.47 万元。20×5 年 10 月 28 日完工投入使用,预计使用年限为 5 年,预计残值为 20 万元。在采用双倍余额递减法计提折旧的情况下,该项设备 20×6 年应计提折旧为(　　)万元。

    A. 144　　　　　　B. 134.4　　　　　C. 240　　　　　　D. 224

11. 某项固定资产的原始价值 600 000 元,预计可使用年限为 5 年,预计残值为 50 000 元。企业对该项固定资产采用双倍余额递减法计提折旧,则第 4 年对该项固定资产计提的折旧额为(　　)元。

    A. 39 800　　　　　B. 51 840　　　　　C. 20 800　　　　　D. 10 400

12. 锦秋公司一台设备的账面原值为 200 000 元,预计净残值率为 5%,预计使用年限为 5 年,采用双倍余额递减法按年计提折旧。该设备在使用 3 年 6 个月后提前报废,报废时发生清理费用 2 000 元,取得残值收入 5 000 元。则该设备报废对企业当期税前利润的影响额为减少(　　)元。

    A. 40 200　　　　　B. 31 900　　　　　C. 31 560　　　　　D. 38 700

13. 某企业 20×0 年 2 月 1 日购入待安装的生产设备一台,价款 1 500 万元,增值税款 255 万元均尚未支付。为安装此设备购入价值 50 万元的专用物资一批,增值税款 8.5 万元,签发商业承兑汇票一张,结算该物资款,不带息,期限 6 个月。安装工程于 3 月 1 日开工,领用所购入的全部专用物资。另外还领用企业生产用的原材料一批,实际成本为 10 万元,适用的增值税税率为 17%;分配工程人员工资 20 万元,企业辅助生产车间为工程提供有关劳务支出 5 万元,安装工程到 20×0 年 9 月 20 日完成并交付使用。原先领用的工程物资尚有部分剩余,价值 2.34 万元,可作为本企业库存材料使用,该材料适用的增值税税率为 17%。该设备估计可使用 10 年,估计净残值 11.86 万元,该企业采用双倍余额递减法计提固定资产折旧。该项固定资产业务将增加该企业 20×1 年度折旧费用金额为(　　)元。

A. 3 511 580　　　　B. 3 515 380　　　　C. 2956 576　　　　D. 3 510 934

14. W 企业购进设备一台,设备的入账价值为 172 万元,预计净残值为 16 万元,预计使用年限为 5 年。在采用年数总和法计提折旧的情况下,该项设备第二年应提折旧额为(　　)万元。

　　A. 40　　　　　B. 41.6　　　　　C. 30　　　　　D. 45.87

15. 甲企业 20×5 年 6 月 20 日自行建造的一条生产线投入使用,该生产线建造成本为 740 万元,预计使用年限为 5 年,预计净残值为 20 万元。在采用年数总和法计提折旧的情况下,20×5 年该设备应计提的折旧额为(　　)万元。

　　A. 240　　　　　B. 140　　　　　C. 120　　　　　D. 148

16. 某企业 20×7 年 1 月 1 日购入一台设备交付使用,价值 630 000 元,采用年数总和法计提折旧,预计使用 4 年,预计净残值 30 000 元。该台设备 20×7 年应计提折旧(　　)元。

　　A. 240 000　　　　B. 220 000　　　　C. 180 000　　　　D. 65 000

17. 某企业 20×5 年 11 月 1 日购入一项固定资产。该固定资产原价为 498 万元,预计使用年限为 5 年,预计净残值为 30 万元,按年数总和法计提折旧。该固定资产 20×6 年应计提的折旧额是(　　)万元。

　　A. 148.6　　　　B. 153.4　　　　C. 145.2　　　　D. 192.56

18. 2015 年 1 月 1 日,乙公司采取融资租赁方式租入一栋办公楼,租赁期为 15 年。该办公楼尚可使用年限为 20 年。2015 年 1 月 16 日,乙公司开始对该办公楼进行装修,至 6 月 30 日装修工程完工并投入使用,共发生可资本化支出 100 万元;预计下次装修时间为 2022 年 6 月 30 日。乙公司对装修该办公楼形成的固定资产计提折旧的年限是(　　)。

　　A. 7 年　　　　B. 14.5 年　　　　C. 15 年　　　　D. 20 年

19. 20×6 年 9 月 9 日,甲公司对经营租入的某固定资产进行改良。20×6 年 9 月 28 日,改良工程达到预定可使用状态,发生资本化支出 280 万元,可收回金额为 310 万元;假设不考虑其他事项,发生的支出在两年内摊销,20×6 年度,甲公司长期待摊费用的余额和计入到损益的金额分别为(　　)万元。

　　A. 245、46.7　　B. 245、35　　C. 310、38.75　　D. 310、77.5

20. 下列各项中所发生的固定资产后续支出中,不能资本化的支出是(　　)。

　　A. 资产生产的产品质量提高

　　B. 资产的生产能力增大

　　C. 恢复或保持资产的原有性能标准,以确保未来经济效益的实现

　　D. 资产的估计使用年限延长

21. 某企业为延长甲设备的使用寿命,20×6 年 6 月份对其进行改良并于当月完工,改良时发生相关支出共计 20 万元,估计能使甲设备延长使用寿命 2 年。根据 20×6 年 6 月末的账面记录,甲设备的账面原价为 120 万元,已提折旧为 57 万元,未计提减值准备。若确定甲设备改良完工后的可收回金额为 78 万元,则该企业 20×6 年 6 月份可以予以资本化的甲设备后续支出为(　　)万元。

　　A. 0　　　　　B. 15　　　　　C. 18　　　　　D. 20

22. 下列说法正确的有（　　　）。

　　A. 固定资产改良支出，应当计入固定资产账面价值，其增计后的金额不应超过该固定资产的可收回金额；超过部分直接计入当期管理费用

　　B. 固定资产修理费用，应当计入在建工程中

　　C. 与固定资产有关的后续支出，如果不可能使流入企业的经济利益超过原先的估计，则应在发生时确认为费用

　　D. 经营租赁方式租入的固定资产视同自有资产处理，并按照一定的方法计提折旧

23. 在筹建期间，在建工程由于自然灾害等原因造成的单项或单位工程报废或毁损，扣除残料价值和过失人或保险公司等赔款后的净损失，报经批准后计入（　　　）。

　　A. 管理费用　　　　　　　　　　　　B. 在建工程的成本

　　C. 长期待摊费用　　　　　　　　　　D. 营业外支出

24. 新华公司20×5年3月初向欣欣公司购入设备一台，实际支付买价50万元，增值税8.5万元，支付运杂费1.5万元，途中保险费5万元。该设备预计可使用4年，无残值。该企业固定资产折旧采用年数总和法计提。由于操作不当，该设备于20×5年年末报废，责成有关人员赔偿3万元，收回变价收入2万元，则该设备的报废净损失（　　　）万元。

　　A. 36　　　　　　　B. 40.5　　　　　　C. 39　　　　　　D. 42.5

二、多项选择题

1. 以下属于固定资产特征的有（　　　）。

　　A. 为生产商品、提供劳务而持有的资产　　B. 单位价值在2 000元以上的设备

　　C. 为出租或经营管理而持有的资产　　　　D. 使用寿命超过一个会计年度

2. 下列不能在"固定资产"账户核算的有（　　　）。

　　A. 购入正在安装的设备　　　　　　　　B. 经营性租入的设备

　　C. 融资租入的不需安装的设备　　　　　D. 购入的不需安装的设备

3. 下列各项中，引起固定资产账面价值发生增减变化的有（　　　）。

　　A. 购买固定资产时所支付的有关契税、耕地占用税

　　B. 发生固定资产修理支出

　　C. 发生固定资产改良支出

　　D. 对固定资产计提折旧

4. 下列各项中，应计入固定资产成本的有（　　　）。

　　A. 固定资产进行日常修理发生的人工费用

　　B. 固定资产安装过程中领用原材料所负担的增值税

　　C. 固定资产达到预定可使用状态后发生的专门借款利息

　　D. 固定资产达到预定可使用状态前发生的工程物资盘亏净损失

5. 下列税金中，应该计入到固定资产入账价值的有（　　　）。

　　A. 一般纳税企业购入固定资产所支付的增值税

　　B. 契税

C. 耕地占用税

D. 车辆购置税

6. 下列各项,应通过"固定资产清理"科目核算的有(　　)。

A. 盘亏的固定资产　　　　　　　　B. 出售的固定资产

C. 报废的固定资产　　　　　　　　D. 毁损的固定资产

7. 下列有关固定资产的说法中正确的有(　　)。

A. 固定资产的各组成部分具有不同使用寿命或者以不同方式为企业提供经济利益,适用不同折旧率或折旧方法的,应当分别将各组成部分确认为单项固定资产

B. 与固定资产有关的后续支出均应当在发生时计入当期损益

C. 购买固定资产的价款超过正常信用条件延期支付,实质上具有融资性质的,固定资产的成本以购买价款的现值为基础确定

D. 自行建造固定资产的成本,由建造该项资产办理竣工决算手续前所发生的必要支出构成

8. 采用自营方式建造固定资产的情况下,下列项目中应计入固定资产取得成本的有(　　)。

A. 工程领用本企业商品生产的实际成本

B. 生产车间为工程提供水电等费用

C. 工程在达到预定可使用状态后进行试运转时发生的支出

D. 工程耗用原材料购进时发生的增值税

9. 下列说法中,正确的是(　　)。

A. 购置的不需要安装的固定资产,按实际支付的买价、运输费、包装费、安装成本等,作为入账价值,不包括所支付的增值税

B. 投资者投入的固定资产,投资合同或协议约定的价值作为入账价值(但合同或协议约定的价值不公允的除外)

C. 企业接受捐赠的非现金资产应该先计入待转资产价值科目中,期末再根据企业的具体情况纳税

D. 无偿调入的固定资产按调出单位的账面价值加上新的安装成本、包装费、运杂费等,作为调入固定资产的入账价值

10. 下列各项中,可能构成融资租赁固定资产入账价值的有(　　)。

A. 租赁期开始日租赁资产的公允价值

B. 最低租赁付款额

C. 最低租赁付款额的现值

D. 租赁资产的原账面价值

11. 下列项目中应计入当期损益的有(　　)。

A. 计提固定资产减值准备

B. 融资租赁固定资产未确认融资费用的摊销

C. 不超过固定资产可收回金额的改良支出

    D. 生产车间所计提的固定资产折旧

12. 下列有关固定资产成本的确定,说法正确的有( )。

    A. 投资者投入固定资产的成本,应当按照投资合同或协议约定的价值确定,但合同或协议约定价值不公允的除外

    B. 融资租入的固定资产,承租人应当将租赁开始日租赁资产原账面价值与最低租赁付款额现值两者中较低者作为租入资产的入账价值

    C. 核电站核设施企业固定资产预计的弃置费用现值应计入固定资产的成本

    D. 企业以经营租赁方式租入的固定资产发生的改良支出,应予资本化

13. 下列项目中,应计入固定资产入账价值的是( )。

    A. 固定资产达到预定可使用状态前发生的借款手续费用

    B. 固定资产安装过程中领用的生产用原材料负担的增值税

    C. 固定资产达到预定可使用状态并交付使用后至办理竣工决算手续前发生的借款利息

    D. 固定资产改良过程中领用的自产产品负担的消费税

14. 下列有关税金应该计入固定资产入账价值的有( )。

    A. 支付的增值税   B. 支付的耕地占用税

    C. 进口设备的关税   D. 支付的契税

15. 下列需要计提折旧的固定资产有( )。

    A. 已提足折旧仍然使用的固定资产

    B. 经营租出的固定资产

    C. 未提足折旧,提前报废的设备

    D. 达到预定可使用状态的在建工程转入固定资产后的第二月

16. 下列项目中,应计提折旧的固定资产有( )。

    A. 因季节性或大修理等原因而暂停使用的固定资产

    B. 尚未投入使用的固定资产

    C. 企业临时性出租给其他企业使用的固定资产

    D. 处置当月的固定资产

17. 企业在确定固定资产的使用寿命时,应当考虑的因素有( )。

    A. 预计有形损耗和无形损耗   B. 预计清理净损益

    C. 预计生产能力或实物产量   D. 法律或者类似规定对资产使用的限制

18. 融资租入的固定资产发生的装修费用,符合有关规定可予以资本化的,应在( )三者中较短期间内单独计提折旧。

    A. 两次装修期间   B. 整个租赁期

    C. 剩余租赁期   D. 尚可使用年限

19. 当存在下列( )情况之一时,应当按照该项固定资产的账面价值全额计提固定资产减值准备。

    A. 长期闲置不用,在可预见的未来不会再使用,且已无转让价值的固定资产

B. 由于技术进步等原因,已不可使用的固定资产

C. 虽然固定资产尚可使用,但使用后产生大量不合格品的固定资产

D. 已遭毁损,以至于不再具有使用价值和转让价值的固定资产

20. 下列各项中,会引起固定资产账面价值发生变化的有(　　)。

A. 计提固定资产减值准备　　　　　　B. 计提固定资产折旧

C. 固定资产改扩建　　　　　　　　　D. 固定资产大修理

21. 下列固定资产的相关损失项目,应计入营业外支出的是(　　)。

A. 建造过程中的在建工程项目发生某一单项工程毁损损失

B. 筹建期间出售固定资产发生的净损失

C. 出售固定资产的净损失

D. 经批准结转的固定资产盘亏损失

三、判断题

1. 固定资产的各组成部分具有不同使用寿命或者以不同方式为企业提供经济利益,适用不同折旧率或折旧方法的,此时仍然应该将该资产作为一个整体考虑的。　　　　(　　)

2. 以一笔款项购入多项没有单独标价的固定资产,应当按照各项固定资产的账面价值比例对总成本进行分配,分别确定各项固定资产的成本。　　　　(　　)

3. 在建工程项目达到预定可使用状态前,试生产产品对外出售取得的收入应冲减工程成本。　　　　(　　)

4. 采用出包方式自行建造固定资产工程时,预付承包单位的工程价款应通过"预付账款"科目核算。　　　　(　　)

5. 已达到预定可使用状态但在年度内尚未办理竣工决算手续的固定资产,应按估计价值暂估入账,并计提折旧,办理竣工决算手续后,如果与原暂估入账的金额不等,需要调整固定资产科目的金额,同时调整已经计提的累计折旧金额。　　　　(　　)

6. 企业接受投资者投入的固定资产按照双方确认的价值作为入账价值。　　　　(　　)

7. 按照企业会计制度规定,对于融资租入的固定资产,能够合理确定租赁期满时将会取得租赁资产所有权的,应当按照固定资产预计可使用年限计提折旧,其发生的修理费用,也应比照自有固定资产的修理费用处理。　　　　(　　)

8. 对于固定资产借款发生的利息支出,在竣工决算前发生的,应予资本化,将其计入固定资产的建造成本;在竣工决算后发生的,则应作为当期费用处理。　　　　(　　)

9. 企业对经营租入的固定资产和融资租入的固定资产均应按照自有资产对其计提折旧。　　　　(　　)

10. 固定资产提足折旧后,不论能否继续使用,均不再计提折旧;提前报废的固定资产,也不再补提折旧。　　　　(　　)

11. 企业应当对所有固定资产计提折旧。　　　　(　　)

12. 工作量法计提折旧的特点是每年提取的折旧额相等。　　　　(　　)

13. 固定资产折旧方法一经确定不得变更。　　　　(　　)

14. 企业一般应当按月提取折旧，当月增加的固定资产，当月计提折旧；当月减少的固定资产，当月不提折旧。   （   ）

15. 企业固定资产一经入账，其入账价值均不得作任何变动。   （   ）

16. 固定资产的大修理费用和日常修理费用，应当采用预提或待摊方式处理。   （   ）

17. 按照新准则的规定，对于计提的固定资产减值准备，在以后期间价值恢复时，不转回任何原已计提的减值准备金额。   （   ）

18. 正常报废和非正常报废的固定资产均应通过"固定资产清理"科目予以核算。
                                                                        （   ）

19. 对于涉及弃置费用的企业，期末可以不披露该项费用，仅仅披露其预计处置的时间即可。   （   ）

四、计算题

1. 甲公司为一家制造企业。2016 年 1 月 1 日向乙公司购进三套不同型号且具有不同生产能力的设备 A，B，C。共支付货款 7 800 000 元，增值税额 1 326 000 元，包装费 42 000 元。全部以银行存款支付。假定 A，B，C 均满足固定资产的定义和确认条件，公允价值分别为 2 926 000 元，3 594 800 元，1 839 200 元；不考虑其他相关税费。

要求：

(1)确定固定资产 A，B，C 的入账价值；

(2)作出购入固定资产的会计分录。

2. 甲公司有生产线一条，原价为 1 400 000 元，预计使用年限为 6 年，预计净残值为 0，采用直线法计提折旧。该生产线已使用 3 年，已提折旧为 700 000 元。2015 年 12 月对该生产线进行更新改造，以银行存款支付改良支出 240 000 元。改造后的生产线预计还可使用 4 年，预计净残值为 0。根据上述资料，编制甲公司有关会计分录。

3.Y 公司为一家上市公司,其 20×3 年到 20×7 年与固定资产有关的业务资料如下:

(1)20×3 年 12 月 12 日,丙公司购进一台不需要安装的设备,取得的增值税专用发票上注明的设备价款为 500 万元,增值税为 85 万元,另发生运输费 20 万元,款项以银行存款支付;没有发生其他相关税费。该设备于当日投入使用,预计使用年限为 10 年,预计净残值为 5 万元,采用直线法计提折旧。

(2)20×4 年 12 月 31 日,丙公司对该设备进行检查时发现其已经发生减值,预计可收回金额为 500 万元;计提减值准备后,该设备原预计使用年限、预计净残值、折旧方法保持不变。

(3)20×5 年 12 月 31 日,丙公司因生产经营方向调整,决定采用出包方式对该设备进行改良,改良工程验收合格后支付工程价款。该设备于当日停止使用,开始进行改良。

(4)20×6 年 3 月 12 日,改良工程完工并验收合格,丙公司以银行存款支付工程总价款 30 万元。当日,改良后的设备投入使用,预计尚可使用年限 8 年,采用直线法计提折旧,预计净残值为 11 万元。20×6 年 12 月 31 日,该设备未发生减值。

(5)20×7 年 12 月 31 日,该设备因遭受自然灾害发生严重毁损,丙公司决定进行处置,取得残料变价收入 45 万元、保险公司赔偿款 28.5 万元,发生清理费用 5 万元;款项均以银行存款收付,不考虑其他相关税费。

要求:

(1)编制 20×3 年 12 月 12 日取得该设备的会计分录。

(2)计算 20×4 年度该设备计提的折旧额。

(3)计算 20×4 年 12 月 31 日该设备计提的固定资产减值准备,并编制相应的会计分录。

(4)计算 20×5 年度该设备计提的折旧额。

(5)编制 20×5 年 12 月 31 日该设备转入改良时的会计分录。

(6)编制 20×6 年 3 月 12 日支付该设备改良价款、结转改良后设备成本的会计分录。

(7)计算 20×6 年度该设备计提的折旧额。

(8)计算 20×7 年 12 月 31 日处置该设备实现的净损益。

(9)编制 20×7 年 12 月 31 日处置该设备的会计分录。

4.丙股份有限公司（以下简称丙公司）为注册地在北京市的一家上市公司，其2010年到2014年与固定资产有关的业务资料如下：

（1）2010年12月12日，丙公司购进一台不需要安装的设备，取得的增值税专用发票上注明的设备价款为350万元，增值税为59.5万元，另发生运输费1.5万元，款项以银行存款支付；没有发生其他相关税费。该设备于当日投入使用，预计使用年限为10年，预计净残值为15万元，采用直线法计提折旧。

（2）2011年12月31日，丙公司对该设备进行检查时发现其已经发生减值，预计可收回金额为321万元；计提减值准备后，该设备原预计使用年限、预计净残值、折旧方法保持不变。

（3）2012年12月31日，丙公司因生产经营方向调整，决定采用出包方式对该设备进行改良，改良工程验收合格后支付工程价款。该设备于当日停止使用，开始进行改良。

（4）2013年3月12日，改良工程完工并验收合格，丙公司以银行存款支付工程总价款25万元。当日，改良后的设备投入使用，预计尚可使用年限8年，采用直线法计提折旧，预计净残值为16万元。2013年12月31日，该设备未发生减值。

（5）2014年12月31日，该设备因遭受自然灾害发生严重毁损，丙公司决定进行处置，取得残料变价收入10万元、保险公司赔偿款30万元，发生清理费用3万元；款项均以银行存款收付，不考虑其他相关税费。

要求：

（1）编制2010年12月12日取得该设备的会计分录；

（2）计算2011年度该设备计提的折旧额；

（3）计算2011年12月31日该设备计提的固定资产减值准备，并编制相应的会计分录；

（4）计算2012年度该设备计提的折旧额；

（5）编制2012年12月31日该设备转入改良时的会计分录；

（6）编制2013年3月12日支付该设备改良价款、结转改良后设备成本的会计分录；

（7）计算2014年度该设备计提的折旧额；

（8）计算2014年12月31日处置该设备实现的净损益；

（9）编制2014年12月31日处置该设备的会计分录。

项目 8　无形资产及其他资产的核算

任务 1　认知无形资产

8.1.1 相关知识

1）无形资产的概念

无形资产是指企业拥有或者控制的没有实物形态,且为企业带来多少经济利益具有较大不确定性的可辨认非货币资产。一般来说,只有同时具有以下特征的非货币资产才能确认为无形资产:

(1)没有实物形态

无形资产没有实物形态,这是确认无形资产的先决条件,也是无形资产区别于其他资产的显著特征。无形资产通常表现为某种权利、某项技术或是某种获取超额利润的综合能力,它们不具有实物形态,看不见、摸不着。但是,需要注意的是:并不是所有没有实物形态的都是无形资产,如应收账款、对外投资等。

(2)不确定性

无形资产能为企业带来多少未来的经济利益具有较大的不确定性。科学技术的迅猛发展、市场供求的变化等因素的影响,使得许多无形资产的经济寿命难以准确地预计,因而也使得无形资产能为企业带来多少未来的经济利益难以准确地预计。因此,在会计核算中应谨慎对待。

(3)可辨认性

无形资产能够从企业中分离或者划分出来,并能单独用于出售或转让等,而不需要同时处置在同一获利活动中的其他资产,则说明无形资产可以辨认。某些情况下,无形资产可能需要与有关的合同一起用于出售转让等,也视为可辨认无形资产。这一特征,主要是与商誉等不可辨认资产相对而言的。

(4)独占性

无形资产具有排他专用性,由法律和合同所赋予,因此受法律保护,其他任何企业不得侵占。

无形资产的上述特征表明了企业的资产只有在满足了下列基本条件时,才能作为无形资产确认入账:

①该资产为企业获得的经济利益很可能流入企业;

②该资产的成本能够可靠地计量。

2）无形资产的分类

无形资产按照不同的标准，可以分为不同的类别。

（1）按经济内容分类

无形资产按其反映的经济内容，可以分为专利权、非专利技术、商标权、著作权、土地使用权和特许权等。

①专利权。专利权属于常见知识产权中的一种。它是指经国家专利管理机关审定并授予发明者在法定期限内对其成果的制造、使用和出售的专门权利。专利权一般包括发明专利权、实用新型专利权和外观设计专利权等。专利权受法律保护。在某项专利权的有效期间内，其他任何人未经持有者同意，不得利用该项专利进行生产或出售使用该项专利制造的产品，否则就视为侵犯了专利权。

②非专利技术。非专利技术也称专有技术，是指不为外界所知、在生产经营活动中已采用了的、不享有法律保护的、可以带来经济效益的各种技术和诀窍。它包括先进的生产经验、先进的技术设计资料以及先进的原料配方等。非专利技术不需要到有关管理机关注册登记，只靠少数技术持有者采用保密方式维持其独占性。只要非专利技术不泄露于外界，就可以由其持有者长期享用，因而非专利技术没有固定的有效期。

③商标权。商标是指商品名称或商品符号，是用来辨认特定商品和劳务的标记。它综合表现了企业的信誉和形象。商标权是指企业拥有的在某类指定的商品上使用特定名称或图案的权利，属于一种知识产权。商标经商标管理机关核准后，成为注册商标，受法律保护。商标持有人在注册范围内独家使用该商标。

④著作权。著作权也称为版权，属于知识产权的一种。它是指著作者或文艺作品创作者以及出版商依法享有的在一定年限内发表、制作、出版和发行其作品的专有权利。著作权包括发表权、署名权、修改权、保护作品完整权，还包括发行权、展览权、信息网络传播权等。著作权受法律保护，未经著作权所有者许可或转让，他人不得占有和行使。

⑤土地使用权。土地使用权是指企业经国家土地管理机关批准享有的在一定期间内对国有土地开发、利用和经营的权利。根据我国《土地管理法》的规定，我国土地实行公有制，任何单位或个人只能拥有土地使用权，没有土地所有权。企业可以通过行政划拨、外购以及投资者投资等方式取得土地使用权。

⑥特许权。特许权又称专营权，是指企业在某一地区享有经营或销售某种特定商品的权利，或是依照双方签订的协议一家企业授予另一家企业使用其商标、商号、技术秘密等的权利。特许权有两种：一是政府授予企业或个人的特权，如在某一地区的水、电、气、邮电通信等的专营权；二是企业之间的特许权，如连锁商店等。

（2）按取得方式分类

无形资产按其取得方式，可以分为外来无形资产和自创无形资产。

①外来无形资产是指企业用货币资金或可以变现的资产从其他企业或个人购进的无形资产以及接受投资或接受捐赠形成的无形资产。

②自创无形资产是指企业自行开发、研制的无形资产。

（3）按有无固定使用寿命分类

无形资产按有无固定使用寿命，可以分为有固定使用寿命的无形资产和无固定使用寿命的无形资产。

①有固定使用寿命的无形资产是指在有关法律中规定有最长有效期限的无形资产，如专利权、商标权、著作权、土地使用权和特许权等。这些无形资产，在法律规定的有效期限内受法律保护；有效期满时，如果企业未继续办理有关手续，将不再受法律保护。

②无固定使用寿命的无形资产是指没有相应法律规定其有效期限，其经济寿命难以预先准确估计的无形资产，如非专利技术。这些无形资产的经济寿命取决于技术进步的快慢以及技术保密工作的好坏等因素。当新的可替代技术成果出现时，旧的非专利技术自然贬值，甚至无价值可言。

8.1.2　知识拓展

无形资产新旧准则的变化与比较

财政部于 2006 年 2 月发布了《企业会计准则第 6 号——无形资产》。与旧准则相比，新准则主要在以下六个方面发生了变化。

1. 无形资产的适用范围

新准则中的"无形资产"是指企业拥有或控制的没有实物形态的可辨认非货币性资产。与旧准则相比，新准则强调了无形资产的"可辨认性"特征，这样就把企业自创的商誉以及企业内部产生的品牌、报刊名等排除在无形资产之外了。这样就使得我国无形资产的会计确定、计量和报告同国际上的通例具有了可比性。

2. 研究开发费用的费用化和资本化会计处理的修订

新准则对研究开发费用的费用化进行了修订，研究费用依然是费用化处理，进入开发程序后，对开发过程中的费用如果符合相关条件可以资本化。这就要求企业能正确划分研究与开发两个阶段，才能正确确定费用化与资本化的支出。企业内部研究开发项目的研究阶段，其最大的特点在于探索性，已进行的研究项目将来是否会转入开发，开发后会否形成无形资产等，均具有较大的不确定性，该阶段的支出不能资本化自然是合理的。而开发费用的资本化，可以减轻管理者在开发阶段的利润指标压力，从而提高企业在开发投入上的热情，促使企业开发新产品、新工艺和新技术，增强技术创新能力。

3. 增加了不确定使用寿命的无形资产

新准则增加了不确定使用寿命的无形资产。根据可获得的相关信息判断，如果无法合理估计某项无形资产的使用寿命，应将其作为使用寿命不确定的无形资产进行核算，并对其进行了规定："使用寿命不确定的无形资产是指该无形资产无法预见其为企业带来的经济利益，对于使用寿命不确定的无形资产，在持有期间内不需要进行摊销，但应当在每个会计期间进行减值测试"。这样做有可能改变企业的资产和损益情况。

4. 无形资产摊销的变化

新准则规定，企业摊销无形资产，应当自无形资产可供使用时起至不再作为无形资产确认时止，按照反映与该项无形资产有关的经济利益的预期实现方式进行摊销。无法可靠确定预期实现方式的,应当采用直线法摊销。新准则还增加了每年年末对使用寿命有限的无形资产的使用寿命以及摊销方法进行复核的规定,以及在每个会计期间对使用寿命不确定的无形资产的使用寿命进行复核的规定。一旦发现无形资产的使用寿命及摊销方法与以前估计不同,可以及时调整,使会计处理更加符合当前的经济实质,比较客观地反映无形资产的摊销额及账面价值。

5. 无形资产初始计量的变化

新准则对不同渠道取得的无形资产的初始计量均作出了规定。

(1)外购的无形资产。新准则规定更全面:首先,规定了外购无形资产的成本应包括的内容,即购买价款、进口关税和其他税费以及直接归属于使该项资产达到预定用途所发生的其他支出。其次,新准则又进一步规定,对于购入无形资产超过正常信用条件延期支付价款,实质上具有融资性质的,无形资产的初始成本以购买价款的现值为基础确定,实际支付的价款与购买价款的现值之间的差额,除按照《企业会计准则第 17 号——借款费用》应予资本化的以外,应当在信用期间内采用实际利率法进行摊销,计入当期损益。

(2)自行开发的无形资产。根据新准则,自行开发的无形资产的成本包括自满足无形资产确认的三个条件和追加的确认条件后至达到预定用途前所发生的支出总额。

(3)投资者投入的无形资产。新准则规定,投资者投入的无形资产应按照投资合同或协议约定的价值作为成本,但合同或协议约定的价值不公允的除外。

(4)非货币性资产交换、债务重组、政府补助和企业合并取得的无形资产的成本,应当分别按照相关准则确定。

6. 无形资产的披露

新准则要求披露使用寿命有限的无形资产,其使用寿命的估计情况;使用寿命不确定的无形资产,使用寿命不确定的判断依据;无形资产的期初和期末账面余额;累计减值损失金额;无形资产摊销方法、累计摊销额;作为抵押的无形资产账面价值、当期摊销额等情况。

任务 2　无形资产的核算

8.2.1　相关知识

1)无形资产取得的账务处理

企业取得的无形资产,只有在其产生的经济利益很可能流入企业且其成本能够可靠地计量的情况下,才能加以确认。无形资产通常是按实际成本计量,即以取得无形资产并使之达到预定用途而发生的全部支出作为无形资产的成本。不同来源取得的无形资产,其成本的构成也不尽相同。

为了反映无形资产的实际成本,应设置"无形资产"账户进行核算。该账户属资产类账户,借方登记取得无形资产的实际成本,贷方登记转出的无形资产原始价值,期末余额在借方,表示企业现有的无形资产的原始价值。该账户应按无形资产的类别设置明细账户进行明细分类核算。

企业取得的无形资产,主要有以下几种形式:

(1) 外购的无形资产

企业外购无形资产的实际成本,包括购买价款、相关税费以及直接归属于使该项资产达到预定使用状态所发生的其他各项支出,如咨询费、律师费、鉴定费、公证费、注册登记费等。企业购入无形资产时,应根据外购无形资产的实际成本,借记"无形资产"账户,贷记"银行存款"等账户。

(2) 接受投资者投入的无形资产

企业接受投资者投入的无形资产时,应按双方协商确认的价值计价,借记"无形资产"账户;按该项投资在企业注册资本中应享有的份额,贷记"实收资本"账户。如果无形资产的协商确认价值大于投资方在企业注册资本中占有的份额,其差额应贷记"资本公积"账户。

(3) 接受捐赠的无形资产

企业接受捐赠的无形资产,应按下列情况分别进行计价:

①如果捐赠者提供了有关凭据,应按凭据中的金额加上应支付的相关税费计价。

②如果捐赠者没有提供有关凭据,则应按下列顺序计价:

A. 同类或类似无形资产存在活跃的市场,应参照同类或类似无形资产的市场价格估计的金额加上应支付的相关税费计价。

B. 同类或类似无形资产不存在活跃的市场,应按其预计未来现金流量的现值计价。

企业接受无形资产捐赠时,应根据确定的价值,借记"无形资产"账户,贷记"营业外收入"账户。

(4) 自行研究开发的无形资产

企业自行研究开发项目的支出,应当区分研究阶段支出与开发阶段支出。研究和开发阶段的支出应设置"研发支出"账户进行费用归集。

研究阶段是指为获取新的科学或技术知识而进行的有计划的独创性调查。研究阶段建立在有计划的市场调查基础上,特点在于其属于探索性的过程,是为进一步的开发活动进行资料及相关方面的准备。在这一阶段不会形成阶段性成果。从已经进行的研究活动看,将来是否能够转入开发、开发后是否会形成无形资产等具有较大的不确定性,企业也无法证明其研究活动一定能够形成带来未来经济利益的无形资产。为此,企业研究阶段发生的支出,应予以费用化,在发生时计入当期损益。企业应根据自行研究开发项目在研究阶段发生的支出,借记"研发支出——费用化支出"账户,贷记有关账户;期末应根据发生的全部研究支出,借记"管理费用"账户,贷记"研发支出——费用化支出"账户。

开发阶段是指在进行商业性生产或使用前,将研究成果或其他知识应用于某项计划或设计,以生产出新的或具有实质性改进的材料、装置、产品等。开发阶段相对研究阶段而言,应当是完成了研究阶段的工作,在很大程度上形成一项新产品或新技术的基本条件已经具备。此时,如果企业能够证明其满足无形资产的定义及相关确认条件,则所发生的开发支出可资本化,确认为无形资产的成本。

企业开发阶段发生的应予以资本化的支出,应借记"研发支出——资本化支出"账户,贷记有关账户;在确认无形资产时,应根据发生的全部开发支出,借记"无形资产"账户,贷记

"研发支出——资本化支出"账户。

企业取得的仍处于研究阶段的无形资产,在取得后发生的支出也应当按照上述规定处理。无法区分研究阶段支出和开发阶段支出的,应当将其所发生的研发支出全部费用化。

2）无形资产摊销的账务处理

无形资产属于企业的非流动资产,其成本应在预计有效使用寿命内合理摊销,计入各期损益。无形资产摊销的关键是合理估计其使用寿命。只有使用寿命有限的无形资产才需要采用合理方法进行摊销,对于使用寿命不确定的无形资产则不摊销。

（1）无形资产的摊销期限

企业应当于取得无形资产时分析判断其使用寿命。如果无形资产的使用寿命是有限的,则应估计该使用寿命的年限或者构成使用寿命的产量等类似计量单位数量。

使用寿命有限的无形资产,其应摊销金额应当在使用寿命内系统地合理摊销。无形资产的摊销期自其可供使用时（即其达到预定用途）开始至终止确认时止。如果预计使用寿命超过了相关合同规定的受益年限或法律规定的有效年限,无形资产的摊销期限,一般按下列原则确定:

①合同规定了受益年限但法律没有规定有效年限的,摊销年限不应超过合同规定的受益年限。

②合同没有规定受益年限但法律规定了有效年限的,摊销年限不应超过法律规定的有效年限。

③合同规定了受益年限,法律也规定了有效年限的,摊销年限不应超过受益年限和有效年限两者之中较短者。

有确凿证据表明无法预见为企业带来经济利益期限的无形资产,才能作为使用寿命不确定的无形资产。对于使用寿命不确定的无形资产,在持有期间内不需要摊销。

（2）无形资产的摊销方法

在无形资产的使用寿命内系统地分摊其应摊销金额,存在多种方法。无形资产的摊销方法,应当反映与该项无形资产有关的经济利益的预期实现方式,可以采用直线法、生产总量法等。无法可靠确定预期实现方式的,应当采用直线法摊销。

无形资产的应摊销金额是指无形资产的成本扣除预计残值后的金额。

使用寿命有限的无形资产,其残值一般为零。除非有第三方承诺在无形资产使用寿命结束时愿意以一定价格购买该无形资产;或可以根据活跃市场得到预计残值信息,并且该市场在无形资产使用寿命结束时很可能存在,则可以预计其残值。已计提减值准备的无形资产,还应扣除已计提的无形资产减值准备累计金额。

为了分别反映无形资产的原始价值和累计摊销额,应设置"累计摊销"这一备抵账户。该账户属于资产类账户,核算企业对使用寿命有限的无形资产计提的累计摊销。企业按月摊销无形资产价值时,应借记"管理费用"账户,贷记"累计摊销"账户。处置无形资产时还应同时结转累计摊销。该账户期末余额在贷方,反映无形资产的累计摊销额。

3）无形资产减值的账务处理

（1）无形资产的可收回金额

按规定，企业应定期对无形资产的账面价值进行检查，至少于每年年末检查一次。如果出现减值迹象，应对无形资产的可收回金额进行估计，并将该无形资产的可收回金额低于其账面价值的部分确认为减值准备。可收回金额应当根据无形资产的公允价值减去处置费用后的净额与无形资产预计未来现金流量的现值两者之间较高者确定。

（2）无形资产计提减值准备的账务处理

为了核算无形资产计提的减值准备，企业应当设置"无形资产减值准备"账户。该账户属于资产类账户，是无形资产账户的备抵调整账户。其借方登记因处置等原因所注销的无形资产减值准备，贷方登记计提的无形资产减值准备，期末贷方余额表示企业已提取的无形资产减值准备。

无形资产可收回金额的计量结果表明其低于其账面价值的，应当将无形资产的账面价值减记至可收回金额，借记"资产减值损失"账户，贷记"无形资产减值准备"账户。

无形资产减值损失确认后，减值无形资产的摊销费用应当在未来期间作相应调整，以使该无形资产在剩余使用寿命内，系统地分摊调整后的无形资产账面价值。

无形资产减值损失一经确认，在以后会计期间不得转回。

4）无形资产处置的账务处理

无形资产的处置包括无形资产的对外出租、出售和报废等。

（1）无形资产出租的处理

无形资产的出租，是指将无形资产的使用权转让给他人，企业仍保留对无形资产的所有权，所以不能注销无形资产的账面价值。在满足收入准则规定的确认标准的情况下，应确认其相关的收入及成本。

企业出租无形资产所取得的转让收入应记入"其他业务收入"账户。取得该项收入时，应借记"银行存款"等账户，贷记"其他业务收入"账户。企业取得无形资产出租收入以后，还应缴纳营业税、城市维护建设税和教育费附加等相关税费。按照配比原则，这些税费应由取得的收入来补偿。结转应缴纳的相关税费时，应借记"营业税金及附加"账户，贷记"应交税费"账户。企业在出租无形资产的过程中，还可能支付律师费、咨询费等费用。这些费用，也应由取得的收入来补偿。支付费用时，应借记"其他业务成本"账户，贷记"银行存款"等账户。

企业出租无形资产以后，无形资产价值的摊销，一般有以下几种方法：

①全部计入其他业务成本，由取得的收入来补偿。如果企业在出租无形资产以后，自己不再使用该项无形资产，则其摊销价值应全部计入其他业务成本，而不应再计入管理费用。摊销时，应借记"其他业务成本"账户，贷记"累计摊销"账户。

②全部计入管理费用。如果企业出租无形资产取得的收入所占比例不大，也可以将无形资产的摊销价值全部计入管理费用。摊销时，应借记"管理费用"账户，贷记"累计摊销"账户。

③一部分计入其他业务成本，由取得的收入来补偿；另一部分计入管理费用。如果企业

在出租无形资产以后,自己仍在使用该项无形资产,则其摊销价值应按照一定标准进行分配,一部分计入其他业务成本,由出租收入来补偿;另一部分计入管理费用。摊销时,应借记"其他业务成本""管理费用"账户,贷记"累计摊销"账户。

（2）无形资产出售的处理

无形资产的出售是指将无形资产的所有权转让给他人。即在出售以后,企业放弃无形资产的所有权,不再对该项无形资产拥有占有、使用、收益、处置的权利。

企业出售无形资产时,应将出售所取得的价款扣除相关税费和该项无形资产账面价值后的差额,确认为当期损益。企业应按出售无形资产实际收到的价款,借记"银行存款"等账户;按已摊销的累计摊销额,借记"累计摊销"账户;按原已计提的减值准备,借记"无形资产减值准备"账户;按应缴纳的税费,贷记"应交税费"等账户;按无形资产的原始价值,贷记"无形资产"账户;并按其差额,贷记"营业外收入"（出售盈利）或借记"营业外支出"（出售亏损）账户。

（3）无形资产报废的处理

无形资产报废是指无形资产由于已被其他新技术所代替或不再受法律保护等原因,预期不能为企业带来经济利益而进行的处置。无形资产报废时,应按照已摊销的累计摊销额,借记"累计摊销"账户;按照原已计提的减值准备,借记"无形资产减值准备"账户;按照原始价值,贷记"无形资产"账户;按照其差额,借记"营业外支出"账户。

8.2.2 工作过程

1）外购无形资产

【会计工作1】某企业从海尔集团购入一项专利技术,双方协商确认的价值为960 000元,以银行存款支付。

【会计凭证】购买合同发票、转账支票

【工作指导】企业应作如下会计处理:

借:无形资产——专利权　　　　　　　　　　　　960 000
　　贷:银行存款　　　　　　　　　　　　　　　　　　960 000

2）接受投资者投入无形资产

【会计工作2】某企业接受投资者以土地使用权作价投资。经资产评估机构评估,土地使用权作价650 000元。

【会计凭证】无形资产投资合同、验资报告、公证书、接受清单

【工作指导】企业应作如下会计处理:

借:无形资产——土地使用权　　　　　　　　　　650 000
　　贷:实收资本　　　　　　　　　　　　　　　　　　650 000

【会计工作3】某公司接受一项专利权投资,投资双方协议的价值为1 200 000元。该项投资在公司注册资本中所占份额为10%。公司接受该项投资后的所有者权益总额为10 000 000元。

【会计凭证】投资合同、验资报告、公证书、接受清单

【工作指导】企业应作如下会计处理：

借:无形资产——专利权   1 200 000

 贷:实收资本   1 000 000

  资本公积   200 000

3）接受捐赠的无形资产

【会计工作4】某企业接受一项商标权捐赠。捐赠者提供的有关凭据表明该项商标权的价值为 300 000 元。

【会计凭证】捐赠合同、验资报告、公证书、接受清单

【工作指导】企业应作如下会计处理：

借:无形资产——商标权   300 000

 贷:营业外收入   300 000

4）自行研究开发无形资产

【会计工作5】某企业自行研究开发某项专利技术。研究阶段发生的相关支出共计 450 000 元，开发阶段共发生各项支出 730 000 元。现该项专利技术研制成功并依法取得专利权，今发生注册费用 10 700 元，以银行存款支付。

【会计凭证】有关发票、转账支票、材料领用单、职工薪酬费用分配表

【工作指导】

①将研究阶段发生的支出计入当期损益时：

借:管理费用   450 000

 贷:研发支出——费用化支出   450 000

②开发阶段发生各项支出时：

借:研发支出——资本化支出   730 000

 贷:银行存款(或原材料、应付职工薪酬等) 730 000

③登记注册后，将相关费用确认为无形资产成本时：

借:无形资产——专利权   740 700

 贷:研发支出——资本化支出   730 000

  银行存款   10 700

5）无形资产摊销的处理

【会计工作6】某企业有一项专利权，价值 960 000 元，法律规定的有效年限为 40 年，合同规定的受益年限为 20 年，采用直线法摊销，不考虑残值的因素。

【会计凭证】无形资产摊销计算表

【工作指导】

年摊销额 = 960 000/20 = 48 000(元)

月摊销额 = 48 000/12 = 4 000(元)

借:管理费用   4 000

 贷:累计摊销   4 000

6）无形资产减值的处理

【会计工作7】某企业2014年1月3日购入一项管理用的专利权，实际支付价款600 000元，预计使用年限为10年。2017年12月31日，该项专利权发生减值，预计未来现金流量的现值为320 000元，无公允价值。该项专利权发生减值以后，预计剩余使用年限为5年。

【会计凭证】无形资产摊销计算表

【工作指导】

①计算该项专利权在计提减值准备前的账面余额：

账面余额 = 600 000 - 600 000/10 × 4 = 360 000（元）

②计提减值准备：

应计提的减值准备 = 360 000 - 320 000 = 40 000（元）

借：资产减值损失	40 000	
贷：无形资产减值准备		40 000

③计算剩余使用年限内年摊销额：

剩余使用年限内年摊销额 = 320 000/5 = 64 000（元）

借：管理费用	64 000	
贷：累计摊销		64 000

7）无形资产出租的处理

【会计工作8】某企业出租其所拥有的一项商标权。该商标权账面余额为160 000元，摊销期限为10年。当年取得转让收入55 000元已存入银行，按转让收入的5%计算应交的营业税。

【会计凭证】银行进账单（收账通知）、无形资产摊销计算表、营业税计算表

【工作指导】

①取得转让收入时：

借：银行存款	55 000	
贷：其他业务收入		55 000

②每年摊销时：

借：其他业务成本	16 000	
贷：累计摊销		16 000

③计算营业税时：

借：营业税金及附加	2 750	
贷：应交税金——应交营业税		2 750

8）无形资产出售的处理

【会计工作9】某企业出售一项无形资产，收取价款210 000元，应交营业税8 100元，应交城市维护建设税560元，应交教育费附加230元。该项无形资产的原始价值为220 000元，累计摊销额为47 000元，计提减值准备20 000元。

【会计凭证】银行进账单（收账通知）、营业税计算表、城市维护建设税及教育费附加计算表、无形资产摊销计算表、出售合同

【工作指导】

借:银行存款	210 000	
无形资产减值准备	20 000	
累计摊销	47 000	
贷:应交税费——应交营业税		8 100
——应交城市维护建设税		560
——应交教育费附加		230
无形资产		220 000
营业外收入		48 110

9）无形资产报废的处理

【会计工作 10】某企业的一项专利技术,其原始价值为 680 000 元,摊销期限为 10 年,采用直线法进行摊销,已摊销了 6 年,假定不考虑残值,已计提的减值准备为 170 500 元,2016 年起用其生产的产品已没有市场,应予转销。

【会计凭证】无形资产摊销计算表

【工作指导】

借:累计摊销	408 000	
无形资产减值准备	170 500	
营业外支出	101 500	
贷:无形资产——专利权		680 000

任务 3　其他资产的核算

8.3.1　相关知识

1）长期待摊费用的核算

其他资产是除货币资金、交易性金融资产、应收及预付款项、存货、长期股权投资、固定资产、无形资产等以外的资产,如长期待摊费用等。

长期待摊费用是企业已经发生但应由本期和以后各期负担的分摊期限在一年以上的各项费用,如开办费、以经营租赁方式租入的固定资产发生的改良支出和股票发行费等。

长期待摊费用与无形资产不同。长期待摊费用虽然也没有实物形态,也是一项长期资产,但其本身没有交换价值,不可转让。长期待摊费用是一种预付费用,一经发生,其消费过程就已经结束,只是尚未计入产品成本和期间费用。因此,长期待摊费用不具有抵偿债务的价值,更不具有转让价值。

（1）开办费

开办费是指企业在筹建期间发生的一切必需支出,包括筹建期间发生的注册登记费、人员工资、差旅费、职工培训费、水电费、办公费以及不计入固定资产和无形资产成本的汇兑损益和利息支出等。

企业在筹建期间发生的有些费用并不能列入开办费，如应由投资者个人负担的费用、为取得各项资产发生的应计入该资产成本的支出等。

开办费的入账价值是按照筹建期间实际发生的支出确定的。筹建期是从企业被批准筹建之日起至开始投入生产经营（包括试生产、试营业）之日止的期间。开办费待企业开始生产经营起一次计入开始生产经营当期的损益。

企业发生各项开办费时，应借记"长期待摊费用"账户，贷记有关账户；企业开始生产经营一次计入当期损益时，借记"管理费用"等账户，贷记"长期待摊费用"账户。

（2）固定资产大修理支出

企业以经营租赁方式租入的固定资产，如按租约规定，承租企业在租约期间可对租入的固定资产加以改良，则这些改良支出称为租入固定资产的改良支出，应在一定的期限内将改良支出予以摊销。摊销期限应按改良装置本身的耐用期限和租约期限孰短为原则。需要注意的是，只有那些与租入固定资产连成一体的不可分离的改良装置支出及其相关费用，才可列入改良支出。发生大修理支出时，应借记"长期待摊费用"账户，贷记有关账户；分期摊销时，应借记"制造费用""管理费用"等科目，贷记"长期待摊费用"账户。

（3）股票发行费

股票发行费是指股份有限公司发生的与股票发行直接相关的支出，主要包括股票承销费、注册会计师费（包括审计、验资、盈利预测等支出）、评估费、律师费、公关及广告费、印刷费及其他直接支出等。

股份有限公司委托其他单位发行股票支付的手续费或佣金等相关费用，减去股票发行冻结期间的利息收入后的余额，从发行股票的溢价中不够抵消的，或者无溢价的，如果数额不大，一般直接计入当期损益；如果数额较大，则应确认为长期待摊费用，在不超过两年的期限内平均摊销，计入损益。

2）其他长期资产

企业的其他长期资产是指除流动资产、长期投资、固定资产、无形资产和长期待摊费用以外的各项资产，主要包括国家批准储备的特种储备物资、银行冻结存款及物资（即法院依照法律规定强制冻结的存款和物资）和涉及诉讼中的财产（即涉及诉讼而被查封、扣押、冻结的各项资产）等。

其他长期资产的账务处理比较简单。若企业发生此类业务时，可根据具体情况自行设置相应的账户进行核算，如"特准储备物资""特准储备资金"账户等。

8.3.2 工作过程

【会计工作11】某企业在筹建期间以银行存款支付有关人员工资17 000元，注册登记费2 000元，其他开支6 000元，合计25 000元。

【会计凭证】长期待摊费用计算表、转账支票、发票

【工作指导】

借：长期待摊费用　　　　　　　　　　　　　　　25 000

　　贷:银行存款　　　　　　　　　　　　　　　　　　　　　　　　25 000
　　假如企业已正式投入营业,上述开办费一次计入当期损益:
　　借:管理费用——开办费　　　　　　　　　　　　　　　　　　　25 000
　　　　贷:长期待摊费用　　　　　　　　　　　　　　　　　　　　25 000

【课后习题】

一、单项选择题

　　1.按照现行规定,下列各项中,股份有限公司应作为无形资产入账的是(　　)。
　　　　A.开办费
　　　　B.商誉
　　　　C.为获得土地使用权支付的土地出让金
　　　　D.开发新技术过程中发生的研究开发费

　　2.购买无形资产的价款超过正常信用条件延期支付,实质上具有融资性质的,无形资产的成本以(　　)为基础确定。
　　　　A.全部购买价款　　　　　　　　　B.全部购买价款的现值
　　　　C.对方提供的凭据上标明的金额　　　D.市价

　　3.A公司为甲、乙两个股东共同投资设立的股份有限公司。经营一年后,甲、乙股东之外的另一个投资者丙要求加入A公司。经协商,甲、乙同意丙以一项非专利技术投入,三方确认该非专利技术的价值是100万元。该项非专利技术在丙公司的账面余额为120万元,市价为100万元,那么该项非专利技术在A公司的入账价值为(　　)万元。
　　　　A.100　　　　　　B.120　　　　　　C.0　　　　　　D.150

　　4.由投资者投资转入无形资产,应按合同或协议约定的价值(假定该价值是公允的),借记"无形资产"科目,按其在注册资本中所占的份额,贷记"实收资本"科目,按其差额计入下列科目的是(　　)。
　　　　A.资本公积——资本(或股本)溢价　　　B.营业外收入
　　　　C.资本公积——股权投资准备　　　　　D.最低租赁付款额

　　5.A公司2016年3月1日开始自行开发成本管理软件,在研究阶段发生材料费用10万元,开发阶段发生开发人员工资100万元,福利费20万元,支付租金30万元。开发阶段的支出满足资本化条件。2016年3月16日,A公司自行开发成功该成本管理软件,并依法申请了专利,支付注册费1万元,律师费2.5万元,A公司2016年3月20日为向社会展示其成本管理软件,特举办了大型宣传活动,支付费用50万元,则A公司无形资产的入账价值应为(　　)万元。
　　　　A.213.5　　　　　B.3.5　　　　　　C.153.5　　　　　D.163.5

　　6.企业在研发阶段发生的无形资产支出应先计入(　　)科目。
　　　　A.无形资产　　　B.管理费用　　　C.研发支出　　　D.累计摊销

7. 企业购入或支付土地出让金取得的土地使用权,在已经开发或建造自用项目的,通常作为( )科目核算。

    A. 固定资产   B. 在建工程   C. 无形资产   D. 长期待摊费用

8. 下列属于无形资产后续支出的是( )。

    A. 相关宣传活动支出   B. 无形资产研究费用

    C. 无形资产开发支出   D. 无形资产购买价款

9. 无形资产的期末借方余额,反映企业无形资产的( )。

    A. 成本   B. 摊余价值   C. 账面价值   D. 可收回金额

10. A 公司于 2014 年 1 月 5 日购入专利权支付价款 225 万元。该无形资产预计使用年限为 7 年,法律规定年限为 5 年。2015 年 12 月 31 日,由于与该无形资产相关的经济因素发生不利变化,致使其发生减值,A 公司估计可收回金额为 90 万元。假定无形资产按照直线法进行摊销。则至 2016 年年底,无形资产的累计摊销额为( )万元。

    A. 30   B. 45   C. 135   D. 120

11. 企业摊销自用的、使用寿命确定的无形资产时,借记"管理费用"科目,贷记( )科目。

    A. 无形资产   B. 累计摊销

    C. 累计折旧   D. 无形资产减值准备

12. 在会计期末,股份有限公司所持有的无形资产的账面价值高于其可收回金额的差额,应当计入( )科目。

    A. 管理费用   B. 资产减值损失   C. 其他业务成本   D. 营业外支出

13. 甲公司以 250 万元的价格对外转让一项专利权。该项专利权系甲公司以 500 万元的价格购入,购入时该专利权预计使用年限为 10 年,法律规定的有效使用年限为 12 年。转让时该专利权已使用 5 年。转让该专利权应交的营业税为 12 万元,该无形资产按直线法摊销。假定不考虑其他相关税费。该专利权在第 5 年年末计提减值准备 10 万元。甲公司转让该专利权所获得的净收益为( )万元。

    A. 0   B. 10   C. -2   D. 22

14. 2016 年 1 月 1 日,乙公司将某专利权的使用权转让给丙公司,每年收取租金 10 万元,适用的营业税税率为 5%。转让期间乙公司不使用该项专利。该专利权系乙公司 2015 年 1 月 1 日购入的,初始入账价值为 10 万元,预计使用年限为 5 年。该无形资产按直线法摊销。假定不考虑其他因素,乙公司 2016 年度因该专利权形成的其他业务利润为( )万元。

    A. -2   B. 7.5   C. 8   D. 9.5

15. 甲公司出售所拥有的无形资产一项,取得收入 300 万元,营业税税率 5%。该无形资产取得时实际成本为 400 万元,已摊销 120 万元,已计提减值准备 50 万元。甲公司出售该项无形资产应计入当期损益的金额为( )万元。

    A. -100   B. -20   C. 300   D. 55

16. 甲公司以 200 万元的价格对外转让一项无形资产。该项无形资产系甲公司以 360

万元的价格购入,购入时该无形资产预计使用年限为 10 年,法律规定的有效使用年限为 12 年。转让时该无形资产已使用 5 年,转让该无形资产应交的营业税税率为 5%,假定不考虑其他相关税费,该无形资产已计提减值准备 20 万元。该无形资产按直线法摊销。甲公司转让该无形资产所获得的净收益为(　　　)万元。

　　A. 10　　　　　　　　B. 20　　　　　　　　C. 30　　　　　　　　D. 40

17. 某股份有限公司于 2015 年 7 月 1 日,以 50 万元的价格转让一项无形资产,同时发生相关税费 3 万元。该无形资产系 2012 年 7 月 1 日购入并投入使用,其入账价值为 300 万元,预计使用年限为 5 年,法律规定的有效年限为 6 年。该无形资产按直线法摊销。转让该无形资产发生的净损失为(　　　)万元。(假定不考虑相关税费)

　　A. 70　　　　　　　　B. 73　　　　　　　　C. 100　　　　　　　　D. 103

18. 甲公司研制一项新技术,该企业在此项研究过程中发生的研究费用 60 000 元,在开发过程中发生的开发费用 40 000 元,研究成功后申请获得该项专利权,在申请过程中发生的专利登记费为 20 000 元,律师费 6 000 元,该项专利权的入账价值为(　　　)元。

　　A. 86 000　　　　　　B. 26 000　　　　　　C. 6 000　　　　　　　D. 66 000

二、多项选择题

1. 下列可以确认为无形资产的有(　　　)。

　　A. 计算机公司购入的为客户开发的软件

　　B. 高级专业技术人才

　　C. 企业通过行政划拨无偿取得的土地使用权

　　D. 有偿取得一项为期 15 年的高速公路收费权

　　E. 购买的商标权

2. 外购无形资产的成本,包括(　　　)。

　　A. 购买价款

　　B. 进口关税

　　C. 其他相关税费

　　D. 直接归属于使该项资产达到预定用途所发生的其他支出

3. 投资者投入无形资产的成本,应当按照(　　　)确定,但该金额不公允的除外。

　　A. 投资合同约定的价值　　　　　　　　B. 公允价值

　　C. 投资方无形资产的账面价值　　　　　D. 协议约定的价值

4. 下列属于研究活动的是(　　　)。

　　A. 意于获取知识而进行的活动

　　B. 研究成果或其他知识的应用研究、评价和最终选择

　　C. 材料、设备、产品、工序、系统或服务替代品的研究

　　D. 新的或经改进的材料、设备、产品、工序、系统或服务的可能替代品的配制、设计、评价和最终选择

5. 企业内部研究开发项目开发阶段的支出,同时满足下列(　　　)条件的,才能确认为无

形资产。

A.完成该无形资产以使其能够使用或出售在技术上具有可行性

B.具有完成该无形资产并使用或出售的意图

C.无形资产产生经济利益的方式,包括能够证明运用该无形资产生产的产品存在市场或无形资产自身存在市场,无形资产将在内部使用的,应当证明其有用性

D.有足够的技术、财务资源和其他资源支持,以完成该无形资产的开发,并有能力使用或出售该无形资产

E.归属于该无形资产开发阶段的支出能够可靠地计量

6.下列有关土地使用权的会计处理,正确的是( )。

A.企业取得的土地使用权通常应确认为无形资产

B.土地使用权用于自行开发建造厂房等地上建筑物时,土地使用权与地上建筑物一般应当分别进行摊销和提取折旧

C.企业外购的房屋建筑物支付的价款无法在地上建筑物与土地使用权之间分配的,应当按照《企业会计准则第4号——固定资产》规定,确认为固定资产原价

D.企业改变土地使用权的用途,将其作为用于出租或增值目的时,应将其账面价值转为投资性房地产

E.房地产开发企业取得土地用于建造对外出售的房屋建筑物,相关的土地使用权应当计入所建造的房屋建筑物成本

7.下列有关无形资产会计处理的表述中,正确的有( )。

A.无形资产后续支出应该在发生时计入当期损益

B.企业自用的、使用寿命确定的无形资产的摊销金额,应该全部计入当期管理费用

C.不能为企业带来经济利益的无形资产的摊余价值,应该全部转入当期的管理费用

D.使用寿命有限的无形资产应当在取得当月起开始摊销

8.一般情况下,有使用寿命的无形资产应当在其预计使用年限内摊销。但是,如果预计使用年限超过了相关合同规定的受益年限或法律规定的有效年限,应按以下原则确定摊销年限的是( )。

A.合同规定受益年限,法律没有规定有效年限的,摊销年限不应该超过受益年限

B.合同没有规定受益年限,法律规定有效年限的,摊销年限不应该超过有效年限

C.合同规定受益年限,法律也规定了有效年限的,摊销年限选择二者中较短者

D.如果无法预计无形资产带来经济利益的年限,应当确定为寿命不确定的无形资产

9.企业确定无形资产的使用寿命通常应当考虑的因素有( )。

A.该资产通常的产品寿命周期、可获得的类似资产使用寿命的信息

B.技术、工艺等方面的现阶段情况及对未来发展趋势的估计

C.以该资产生产的产品(或服务)的市场需求情况

D.现在或潜在的竞争者预期采取的行动

10.无形资产的可收回金额是以下( )两者中的较大者。

A.无形资产的公允价值(不考虑处置费用)

B.无形资产的净值

C.无形资产的原值

D.无形资产的预计未来现金流量的现值

11.下列有关无形资产的会计处理中,不正确的是( )。

A.转让无形资产使用权所取得的收入应计入营业外收入

B.使用寿命不确定的无形资产,不应摊销

C.转让无形资产所有权所发生的支出应计入其他业务成本

D.购入但尚未投入使用的、使用寿命确定的无形资产的价值不应进行摊销

12.下列有关无形资产的后续计量中,说法不正确的是( )。

A.使用寿命不确定的无形资产,其应摊销的金额应该按照10年进行摊销

B.无形资产的摊销方法必须采用直线法进行摊销

C.使用寿命不确定的无形资产应该按照系统合理的方法摊销

D.企业无形资产的摊销方法应当反映与该项无形资产有关的经济利益的预期实现方式

三、判断题

1.无形资产是指企业为生产商品、提供劳务、出租给他人或为管理目的而持有的、没有实物形态的非货币性长期资产。　　　　　　　　　　　　　　　　( )

2.某企业以50万元外购一项专利权,同时还发生相关费用6万元外购无形资产的成本,包括购买价款、进口关税和其他税费以及直接归属于使该项资产达到预定用途所发生的其他支出。那么该外购专利权的入账价值为56万元。　　　　　　　　　( )

3.企业为首次发行股票和为非首次发行股票而接受投资者投入的无形资产,均应按投资合同或协议约定的价值作为实际成本,但合同或协议约定价值不公允的除外。　( )

4.对自行开发并按法律程序申请取得的无形资产, 按在研究与开发过程中发生的材料费用、直接参与开发人员的工资及福利费、开发过程中发生的租金、借款费用,以及注册费、聘请律师费等费用作为无形资产的实际成本。　　　　　　　　　　　　( )

5.已计入各期费用的研究费用,在该项无形资产获得成功并依法申请专利时,再将原已计入费用的研究费用予以资本化。　　　　　　　　　　　　　　　　　( )

6.工业企业为建造生产车间而购入的土地使用权在生产车间正式动工建造之前应作为工程物资核算。　　　　　　　　　　　　　　　　　　　　　　　　( )

7.无形资产的后续支出应判断是否可以资本化,符合资本化条件的应予以资本化,计入无形资产成本。不符合资本化条件的应直接计入当期费用。　　　　　　　　( )

8.使用寿命确定的无形资产的摊销应计入管理费用。　　　　　　　　　( )

9.无形资产摊销时,应该冲减无形资产的成本。　　　　　　　　　　　( )

10.“无形资产”科目的期末借方余额,反映企业无形资产的账面价值。　　( )

11.企业应根据期末无形资产公允价值的一定比例计提减值准备。　　　　( )

12.无形资产预期不能为企业带来经济利益的,应将无形资产的账面价值转入“管理费

用"科目。　　　　　　　　　　　　　　　　　　　　　　　（　　）

13. 由于出售无形资产属于企业的日常活动,因此出售无形资产所取得的收入应通过"其他业务收入"科目核算。　　　　　　　　　　　　　　　　（　　）

14. 无形资产是企业拥有或者控制的没有实物形态的非货币性资产,分为可辨认和不可辨认的无形资产。　　　　　　　　　　　　　　　　　　（　　）

15. 土地使用权均作为企业的无形资产进行核算。　　　　　　　　（　　）

16. 无法区分研究阶段支出和开发阶段支出,应当将其所发生的研发支出全部资本化,计入无形资产成本。　　　　　　　　　　　　　　　　　　　（　　）

17. 企业的无形资产均应按照直线法进行摊销。　　　　　　　　　（　　）

18. 无形资产的残值都为零。　　　　　　　　　　　　　　　　　（　　）

19. 无形资产的残值一经确定,不得更正。　　　　　　　　　　　（　　）

20. 使用寿命不确定的无形资产不用进行摊销,也不用进行减值测试计提减值准备。
　　　　　　　　　　　　　　　　　　　　　　　　　　　　　（　　）

四、计算题

1. 某公司正在研究和开发一项新工艺,2015 年 1 至 10 月发生的各项研究、调查、试验等费用 100 万元,2015 年 10 月至 12 月发生材料人工等各项支出 60 万元,在 2015 年 9 月末,该公司已经可以证实该项新工艺必然开发成功,并满足无形资产确认标准。2016 年 1—6 月又发生材料费用、直接参与开发人员的工资、场地设备等租金和注册费等支出 240 万元。2016 年 6 月末该项新工艺完成,达到了预定可使用状态。要求作出相关的会计处理。(答案以万元为单位)

2015 年 10 月 1 日以前发生研发支出时,编制会计分录如下:

2. 某电子有限公司 2012 年 1 月 1 日以银行存款 300 万元购入一项专利权。该项无形资产的预计使用年限为 10 年,2015 年末预计该项无形资产的可收回金额为 100 万元,尚可使用年限为 5 年。另外,该公司 2013 年 1 月内部研发成功并可供使用非专利技术的无形资产账面价值 150 万元,无法预见这一非专利技术为企业带来未来经济利益期限,2015 年末预计其可收回金额为 130 万元,预计该非专利技术可以继续使用 4 年。该企业按直线法摊销无形资产,计算 2015 年计提无形资产减值准备和 2016 年的摊销金额,并编制会计分录。

3. 甲股份有限公司 2013 年至 2016 年无形资产业务有关的资料如下:

(1)2013 年 12 月 1 日,以银行存款 300 万元购入一项无形资产(不考虑相关税费)。该无形资产的预计使用年限为 10 年,其他采用直线法摊销该无形资产。

(2)2015 年 12 月 31 日对该无形资产进行减值测试时,该无形资产的预计未来现金流量现值是 190 万元,公允价值减去处置费用后的金额为 180 万元。减值测试后该资产的使用年限不变。

(3)2016 年 4 月 1 日,将该无形资产对外出售,取得价款 260 万元并收存银行(不考虑相关税费)。

要求:

(1)编制购入该无形资产的会计分录;

(2)计算 2013 年 12 月 31 日无形资产的摊销金额;

(3)编制 2013 年 12 月 31 日摊销无形资产的会计分录;

(4)计算 2014 年 12 月 31 日该无形资产的账面价值;

(5)计算该无形资产 2015 年年底计提的减值准备金额并编制会计分录;

(6)计算该无形资产出售形成的净损益;

(7)编制该无形资产出售的会计分录。(答案中的金额单位用万元表示)

项目 9 投资性房地产的核算

任务 1 认知投资性房地产

9.1.1 相关知识

1）投资性房地产的定义

投资性房地产，是指为赚取租金或资本增值，或两者兼有而持有的房地产。投资性房地产应当能够单独计量和出售。

房地产是土地和房屋及其权属的总称。随着我国社会主义市场经济的发展和完善，房地产市场日益活跃。企业持有的房地产除了用作自身管理、生产经营活动场所和对外销售之外，出现了将房地产用于赚取租金或增值收益的活动，甚至是个别企业的主营业务。用于出租或增值的房地产就是投资性房地产。

在我国，土地归国家或集体所有，企业只能取得土地使用权。因此，房地产中的土地是指土地使用权。房屋是指土地上的房屋等建筑物及构筑物。

2）投资性房地产的性质

（1）投资性房地产是一种经营性活动

投资性房地产的主要形式是出租建筑物、出租土地使用权，这实质上属于一种让渡资产使用权行为。房地产租金就是让渡资产使用权取得的使用费收入，是企业为完成其经营目标所从事的经营性活动以及与之相关的其他活动形成的经济利益总流入。投资性房地产的另一种形式是持有并准备增值后转让的土地使用权。尽管其增值收益通常与市场供求、经济发展等因素有关，但目的是为了增值后转让以赚取增值收益，也是企业为完成其经营目标所从事的经营性活动以及与之相关的其他活动形成的经济利益总流入。

根据税法规定，企业出租房地产、转让土地使用权均被视为一种经营活动。其取得的租金收入或土地使用权转让收益应当缴纳营业税。如果土地使用权转让增值额达到法定标准的，还应当缴纳土地增值税。

就某些企业而言，投资性房地产属于日常经营性活动，形成的租金收入或转让增值收益确认为企业的主营业务收入。但对于大部分企业而言，属于与经营性活动相关的其他经营活动，形成的租金收入或转让增值收益构成企业的其他业务收入。

（2）投资性房地产为企业带来经济利益流入的方式与自用房地产明显不同

企业持有的房地产既可能用作自身管理、生产经营的场所，也可能作为投资性房地产用于赚取租金或获取增值收益。投资性房地产为企业带来经济利益流入的方式主要是通过获取租金收益和处置收益来实现,与自用房地产明显不同,因此应当作为一项单独资产进行核算和反映。企业在日常核算过程中,应该对相关资产进行重新分类。符合投资性房地产定义和确认条件的建筑物和土地使用权,应当划分为投资性房地产。

(3)投资性房地产的后续计量有两种模式

投资性房地产的后续计量有成本计量和和公允价值计量两种模式。一般情况下,投资性房地产采用成本计量模式,在满足特定条件下可以采用公允价值计量模式。而企业的固定资产和无形资产一般采用成本计量模式。

3)投资性房地产的范围

投资性房地产的范围包括:已出租的土地使用权、持有并准备增值后转让的土地使用权及已出租的建筑物。

(1)已出租的土地使用权

已出租的土地使用权,是指企业通过出让或转让方式取得的、以经营租赁方式出租的土地使用权。企业取得的土地使用权通常包括在一级市场上以交纳土地出让金的方式取得的土地使用权,也包括在二级市场上接受其他单位转让的土地使用权。

企业计划用于出租但尚未出租的土地使用权,不属于投资性房地产。计划用于出租的土地使用权自租赁协议约定的租赁期开始日起方能确认为投资性房地产。

例如:2014 年 5 月 10 日,甲公司与乙公司签署了土地使用权租赁协议,将其原有一块堆放材料的土地租赁给乙公司使用,协议约定租赁期自 2014 年 6 月 1 日起至 2016 年 5 月 31 日止。甲公司在 2014 年 6 月 1 日方可确认该土地使用权为投资性房地产。

对于以经营租赁方式租入土地使用权再转租给其他单位的,不能确认为投资性房地产。

例如:2014 年 5 月 10 日,甲公司与乙公司签署了土地使用权租赁协议,将其原有一块堆放材料的土地租赁给乙公司使用,协议约定租赁期自 2014 年 6 月 1 日起至 2016 年 5 月 31 日止。2015 年 1 月 1 日乙公司因经营调整,将该土地使用权转租给丙公司使用,双方约定租赁期限自 2015 年 1 月 1 日起至 2016 年 5 月 31 日止。此时,乙公司不得确认该土地使用权为投资性房地产。

(2)持有并准备增值后转让的土地使用权

持有并准备增值后转让的土地使用权,是指企业取得的、准备增值后转让的土地使用权。这类土地使用权很可能给企业带来资本增值收益,符合投资性房地产的定义。

按照国家有关规定认定的闲置土地,不属于持有并准备增值后转让的土地使用权,也就不属于投资性房地产。闲置土地,是指土地使用者依法取得土地使用权后,未经原批准用地的人民政府同意,超过规定的期限未动工开发建设的建设用地。闲置土地应当按照国家《闲置土地处置办法》的规定处理。

(3)已出租的建筑物

已出租的建筑物是指企业拥有产权的、以经营租赁方式出租的建筑物,包括自行建造或开发活动完成后用于出租的建筑物。

企业在判断和确认已出租的建筑物时,应当把握以下要点:

①用于出租的建筑物是指企业拥有产权的建筑物。企业以经营租赁方式租入再转租给其他人使用的建筑物不属于投资性房地产。例如：2015 年 1 月 1 日，甲公司与乙公司签订了一项经营租赁合同，甲公司将其拥有产权的一栋办公楼出租给乙公司，为期 5 年，乙公司将该办公楼装修后用于自行经营商品销售。2 年后，由于连续亏损，乙公司将该办公楼转租给丙公司，合同期 3 年，以赚取租金差价。这种情况下，对于乙公司而言，该栋办公楼不属于其投资性房地产。

②已出租的建筑物是企业已经与其他方签订了租赁协议，约定以经营租赁方式出租的建筑物。一般应自租赁协议规定的租赁期开始日起，经营租出的建筑物才属于已出租的建筑物。通常情况下，对企业持有以备经营出租的空置建筑物，如董事会或类似机构作出书面决议，明确表明将其用于经营出租且持有意图短期内不再发生变化的，即使尚未签订租赁协议，也应视为投资性房地产。这里的空置建筑物，是指企业新购入、自行建造或开发完成但尚未使用的建筑物，以及不再用于日常生产经营活动且经整理后达到可经营出租状态的建筑物。

③企业将建筑物出租，按租赁协议向承租人提供的相关辅助服务在整个协议中不重大的，应当将该建筑物确认为投资性房地产。例如：甲公司在市中心有一栋写字楼，共 5 层，其中 1 层出租给某家大型超市，2 层出租给某会计师事务所办公使用，3～5 层出租给丙公司。合同约定甲公司为该写字楼提供保安、维修等日常辅助服务。本例中，甲公司将写字楼出租，同时提供的辅助服务不重大，故该写字楼属于甲公司的投资性房地产。

4）不属于投资性房地产的范围

（1）自用房地产

自用房地产是指为生产商品、提供劳务或者经营管理而持有的房地产。例如，企业生产经营用的厂房和办公楼属于固定资产，企业生产经营用的土地使用权属于无形资产；再如，企业出租给本企业职工居住的宿舍，虽然也收取租金，但间接为企业自身的生产经营服务，因此具有自用房地产的性质。

（2）作为存货的房地产

作为存货的房地产通常是指房地产开发企业在正常经营过程中销售的或为销售而正在开发的商品房和土地。这部分房地产属于房地产开发企业的存货，不属于投资性房地产。

从事房地产经营开发的企业依法取得的、用于开发后出售的土地使用权，属于房地产开发企业的存货。即使房地产开发企业决定待增值后再转让其开发的土地，也不得将其确认为投资性房地产。

实务中，存在某项房地产部分自用或作为存货出售、部分用于赚取租金或资本增值的情形。如果某项投资性房地产不同作用的部分能够单独计量出售的，应当分别确认为固定资产（或无形资产、存货）和投资性房地产。例如：甲公司在市中心开发一栋商住楼，共 5 层。其中，1 层出租给某家大型超市，2 层出租给某会计师事务所办公使用，均已经签订租赁合同；3～5 层为住宅正在对外销售。这种情况下，如果 1，2 层能够单独计量和出售，应当确认为甲公司的投资性房地产，3～5 层为甲企业的存货，即开发产品。

9.1.2　知识拓展

【拓展1】

闲置土地的界定

《闲置土地处置办法》(中华人民共和国国土资源部令5号)第二条对闲置土地进行了界定:"本办法所称闲置土地,是指土地使用者依法取得土地使用权后,未经原批准用地的人民政府同意,超过规定的期限未动工开发建设的建设用地。具有下列情形之一的,也可以认定为闲置土地:

1.国有土地有偿使用合同或者建设用地批准书未规定动工开发建设日期,自国有土地有偿使用合同生效或者土地行政主管部门建设用地批准书颁发之日起满1年未动工开发建设的;

2.已动工开发建设但开发建设的面积占应动工开发建设总面积不足三分之一或者已投资额占总投资额不足25%且未经批准中止开发建设连续满1年的;

3.法律、行政法规规定的其他情形。"

【拓展2】

公允价值计量的方法

财政部于2006年2月10日由时任部长金人庆签发《企业会计准则——基本准则(2006)》(财政部令第33号),从2007年1月1日起开始实行施行。《基本准则》第九章会计计量第四十二条规定:"(五)公允价值。在公允价值计量下,资产和负债按照在公平交易中,熟悉情况的交易双方自愿进行资产交换或者债务清偿的金额计量。"

公允价值计量是指资产和负债按照在公平交易中,熟悉情况的交易双方自愿进行资产交换或债务清偿的金额计量。公允价值计量是市场经济条件下维护产权秩序的必要手段,也是提高会计信息质量的重要途径。它代表了会计计量体系变革的总体趋势。

公允价值计量的一般方法,通常包括市价法、类似项目法和估价技术法。所谓市价法是指将资产和负债的市场价格作为其公允价值的方法。

类似项目法是指在找不到所计量项目的市场价格的情况下的一种替代方法。它是通过参考类似项目的市场价格来确定所计量项目的公允价值的一种方法。估价技术法是指当一项资产或负债不存在或只有很少的市场价格信息时,采用一定的估价技术对所计量项目的公允价值作出估计的方法。一般认为,在确定所计量项目的公允价值时,要从这三种方法中选择一种,而这三种方法的采用是有一定程序的。通常情况下,首选的方法是市价法,因为一个公开的市场价格通常是最为令人接受,从而也最公允的;在找不到所计量项目的市场价格的情况下,往往采用类似项目法,通过按照一定的严格条件选取的类似项目的市场价格来决定所计量项目的公允价值;而当所计量的项目不存在或只有很少的市场价格信息,从而无法运用市价法和类似项目法时,则考虑采用估价技术法对所计量项目的公允价值作出估计。这三种方法的主观成分是依次增加的,而应用难度也是依次增加的。

企业在选择计量公允价值的估价技术时,应确保该估价技术反映了所计量项目公允价值的下列要素:

①对未来现金流量的估计，或者在更复杂的情况下，一连串不同时间的未来现金流量；

②对这些现金流量金额或时间可能的差异的预期；

③以无风险利率表示的货币的时间价值；

④包括了资产或负债中内在不确定性的价格；

⑤包括非流动性和市场非完美性的其他因素，有时这些因素是不可确指的。

只有反映了这五个要素的估价技术才是恰当的估价技术。

任务2　投资性房地产的确认和初始计量

9.2.1　相关知识

1) 投资性房地产的确认条件

一项资产在符合投资性房地产的概念并同时满足下列两个条件时，才能确认为投资性房地产：

①与该投资性房地产有关的经济利益很可能流入企业。

②该投资性房地产的成本能够可靠地计量。

企业外购的房地产，只有在购入的同时开始对外出租或用于资本增值，才能作为投资性房地产加以确认。企业自行建造的房地产，只有在自行建造活动完成（即达到预定可使用状态）的同时开始对外出租或用于资本增值，才能确认为投资性房地产。对于已出租的土地使用权、已出租的建筑物，其作为投资性房地产的确认时点为租赁期开始日，即承租人有权行使其使用租赁资产权利的日期。对持有并准备增值后转让的土地使用权，其作为投资性房地产的确认时点为企业将该土地使用权停止自用、准备增值后转让的日期。

2) 投资性房地产的初始计量

投资性房地产初始计量时，应当按照成本进行计量。

（1）账户设置

企业应当设置"投资性房地产"账户，用于对投资性房地产的核算。通过外购或自行建造等取得投资性房地产时，借记"投资性房地产"账户，贷记"银行存款""在建工程"等相关账户。

成本模式下的投资性房地产会计处理比较简单，企业应当设置"投资性房地产"账户，比照"固定资产"或"无形资产"账户进行核算，反映投资性房地产的成本。

公允价值模式下投资性房地产实际成本的确定与成本模式下投资性房地产实际成本的确定是一致的，但企业应当在"投资性房地产"账户下设置"成本"和"公允价值变动"两个明细账户。其中，"成本"明细账户反映投资性房地产的取得成本。

（2）投资性房地产初始计量的核算

①外购投资性房地产。

外购采用成本模式计量的土地使用权和建筑物，应当按照取得时的实际成本进行初始计量。其成本包括购买价款、相关税费和可直接归属于投资性房地产的其他支出。

②自行建造的投资性房地产。

自行建造的采用成本模式计量的投资性房地产,其成本由建造该项投资性房地产达到预定可使用状态前发生的必要支出构成,包括土地开发费、建造成本、应予以资本化的借款费用、支付的其他费用和分摊的间接费用等。建造过程中发生的非正常性损失直接计入当期损益,不计入建造成本。企业在建造过程中发生的支出通过"在建工程"账户进行归集。待该项投资性房地产达到预定可使用状态时将建造支出由"在建工程"转入"投资性房地产"账户,将相应的土地使用权由"无形资产"转入"投资性房地产"。

9.2.2 工作过程

1)外购投资性房地产

【会计工作1】2015年5月,顺达公司从其他企业购入一幢办公楼用于对外经营租赁,双方在合同中约定交易日期定于2015年7月1日,交易价格为400万元。2015年6月,顺达公司与A企业签订办公楼经营租赁合同,双方约定从2015年7月1日顺达公司取得该办公楼所有权后,A企业开始租用。2015年7月1日,顺达公司取得该办公楼所有权,以银行存款支付。

【会计凭证】固定资产购置合同、房产证土地使用权证、交易税费、完税凭证、固定资产验收单、转账支票存根、收款凭证、房屋租赁合同等

【工作指导】顺达公司应作如下会计处理:

①假定顺达公司采用成本模式计量:

借:投资性房地产——办公楼	4 000 000
贷:银行存款	4 000 000

②假定顺达公司采用公允价值模式计量:

借:投资性房地产——办公楼——成本	4 000 000
贷:银行存款	4 000 000

2)自行建造的投资性房地产

【会计工作2】2015年5月,顺达公司从其他企业购入一块土地,成本为200万元,并在这块土地上自行建造一幢办公楼。2015年10月,顺达公司预计办公楼即将完工,与A企业签订了经营租赁合同,将该办公楼租赁给A企业使用,约定从办公楼完工时开始起租。

2015年11月1日,办公楼完工,实际造价为200万元。

【会计凭证】固定资产验收单、房屋租赁合同

【工作指导】顺达公司应作如下会计处理:

①假定顺达公司采用成本模式计量:

借:投资性房地产	4 000 000
贷:在建工程	2 000 000
无形资产——土地使用权	2 000 000

②假定顺达公司采用公允价值模式计量：

借：投资性房地产——办公楼——成本   4 000 000

  贷：在建工程   2 000 000

    无形资产——土地使用权   2 000 000

任务 3 投资性房地产的后续计量

9.3.1 相关知识

投资性房地产的后续计量，通常应当采用成本模式计量，只有满足特定条件的情况下才可以采用公允价值模式计量。在采用成本计量模式下，企业对建筑物的后续计量按照固定资产进行相关处理（具体参阅《企业会计准则第 4 号——固定资产》），对土地使用权的后续计量按照无形资产进行相关处理（具体参阅《企业会计准则第 6 号——无形资产》）。

1）投资性房地产的后续计量

投资性房地产的后续计量，同一企业只能采用一种计量模式进行，不得同时采用两种计量模式。

（1）采用成本模式进行后续计量的投资性房地产

采用成本模式对投资性房地产进行后续计量的，应当设置"投资性房地产累计折旧（摊销）"账户。按期（月）计提折旧或摊销时，借记"其他业务成本"等账户，贷记"投资性房地产累计折旧（摊销）"账户；取得租金收入时，借记"银行存款"等账户，贷记"其他业务收入"等账户。

（2）采用公允价值模式进行后续计量的投资性房地产

企业有确凿证据表明其公允价值能够持续可靠取得的，可以采用公允价值计量模式。采用公允价值模式计量投资性房地产，应当同时满足以下两个条件：

①投资性房地产所在地有活跃的房地产交易市场；

②企业能够从房地产交易市场上取得同类或类似房地产的市场价格及其他相关信息，从而对投资性房地产的公允价值作出合理的估计。

企业选择公允价值模式，就应当对其所有投资性房地产采用公允价值模式进行后续计量，不得对一部分投资性房地产采用成本模式进行后续计量，对另一部分投资性房地产采用公允价值模式进行后续计量。

采用公允价值模式的，应当在附注中详细披露公允价值确定的依据和方法以及公允价值变动对损益的影响。

采用公允价模式进行后续计量的投资性房地产，不计提折旧或摊销，应以资产负债表日的公允价值计量。资产负债表日，投资性房地产的公允价值与原账面价值的差额，计入"公允价值变动损益"账户。

2）投资性房地产的后续支出

与投资性房地产有关的后续支出分为两部分：一是资本化支出，二是费用化支出。企业为了提高投资性房地产的使用效能,往往需要对投资性房地产进行改建、扩建而使其更加坚固耐用,或者通过装修而改善其室内装潢。改扩建支出或装修支出等后续支出满足投资性房地产确认条件的,应当予以资本化,计入投资性房地产的成本。企业对投资性房地产进行日常维护所发生的支出等,不满足投资性房地产确认条件的,应当予以费用化,计入当期损益。

(1)资本化的后续支出

企业对投资性房地产进行改扩建或装修等再开发且将来仍作为投资性房地产的,再开发期间应继续将其作为投资性房地产核算,再开发期间不计提折旧或摊销。企业应当在“投资性房地产”科目下增设“在建”明细科目对资本化的后续支出进行核算。

①采用成本模式进行计量的,投资性房地产进入改扩建或装修阶段后,应将其账面价值转入改扩建工程。企业应在“投资性房地产”账户下设置“在建”明细账户,用于对改扩建或装修投资性房地产的核算。

在投资性房地产进入改扩建或装修阶段后,借记“投资性房地产——在建”“投资性房地产累计折旧”等账户,贷记“投资性房地产”账户;发生资本化的改扩建或装修支出时,通过“投资性房地产——在建”账户进行核算,借记“投资性房地产——在建”账户,贷记“银行存款”“应付账款”等相关账户;待改扩建或装修完成后,借记“投资性房地产”账户,贷记“投资性房地产——在建”账户。

②采用公允价值模式计量的,投资性房地产进入改扩建或装修阶段后,企业应借记“投资性房地产——在建”账户,贷记“投资性房地产——成本”“投资性房地产——公允价值变动”等账户;在改扩建或装修完成后,借记“投资性房地产——成本”账户,贷记“投资性房地产——在建”账户。

(2)费用化的后续支出

与投资性房地产有关的不满足资本化条件的后续支出,应当在发生时计入当期损益。会计处理为:借记“其他业务成本”科目,贷记“银行存款”等科目。

3)投资性房地产计量模式的变更

(1)投资性房地产由成本计量模式转为公允价值计量模式的处理

为保证会计信息的可比性,企业对投资性房地产的计量模式一经确定,不得随意变更。只有在房地产市场比较成熟、能够满足采用公允价值模式条件的情况下,才允许企业对投资性房地产从成本模式计量变更为公允价值模式计量。

成本模式转为公允价值模式的,由于涉及会计计量基础的变更,应当作为会计政策变更处理,以计量模式变更时的公允价值作为投资性房地产初始成本,并将变更时公允价值与账面价值的差额调整期初留存收益。在计量模式变更日,企业应按照投资性房地产的公允价值,借记“投资性房地产——成本”账户;按照已经计提的折旧或摊销,借记“投资性房地产累计折旧(或摊销)”账户;按照原已经计提的减值准备,借记“投资性房地产减值准备”账户;按照账面余额,贷记“投资性房地产”账户;按照该投资性房地产公允价值与其账面价值间的差额,贷或借记“利润分配——未分配利润”“盈余公积”等账户。

（2）投资性房地产由公允价值计量模式转为成本计量模式的规定

准则规定，已采用公允价值模式计量的投资性房地产，不得从公允价值模式转为成本模式。

9.3.2 工作过程

1）投资性房地产的后续计量

（1）采用成本模式进行后续计量的投资性房地产

【会计工作3】2015年3月1日，顺达公司将其一幢办公楼出租给A企业使用。该办公楼已经确认为投资性房地产，采用成本计量模式进行后续计量。假定该办公楼的成本为480万元，采用直线折旧法计提折旧，预计使用年限20年，预计净残值为零。根据合同，A企业每月支付给顺达公司租金5万元。

【会计凭证】固定资产折旧计算表、银行存款到账通知单、收款凭证

【工作指导】顺达公司应进行如下会计处理：

①从2015年3月起，按月计提办公楼折旧：

$480 \div 20 \div 12 = 2$（万元）

借：其他业务成本   20 000

    贷：投资性房地产累计折旧   20 000

②按月取得办公楼租金：

借：银行存款   50 000

    贷：其他业务收入   50 000

（2）采用公允价值模式进行后续计量的投资性房地产

【会计工作4】2015年3月1日，顺达公司将其一幢办公楼租赁给A企业使用，双方约定租赁期限为5年，该办公楼账面价值为480万元。2015年12月31日，该办公楼的公允价值为600万元，顺达公司采用公允价值计量模式。

【会计凭证】固定资产估价的相关凭证

【工作指导】会计处理如下：

计算公允价值变动：$600 - 480 = 120$（万元）

借：投资性房地产——公允价值变动   1 200 000

    贷：公允价值变动损益   1 200 000

2）投资性房地产的后续支出

（1）资本化的后续支出

①采用成本模式进行计量的处理。

【会计工作5】2015年5月，顺达公司决定将其一幢租赁给A企业的办公楼（合同到期日为2015年5月31日）在租期届满时进行改造，以提高该办公楼的租金收入，并与B企业签订了租赁合同，商定自改造完工时将该办公楼租赁给B企业。5月31日，租期届满，顺达公司对办公楼进行改造，该办公楼原值500万元，已经计提折旧100万元；6月30日办公楼

改造工程完工,共发生支出 200 万元,均以银行存款支付,即日起按合同租赁给 B 企业。假定顺达公司采用成本计量模式。

【会计凭证】固定资产验收单、固定资产改造工程相关票据、转账支票存根等

【工作指导】顺达公司相关的会计处理如下:

A.2015 年 5 月 31 日,该办公楼转入改扩建工程:

借:投资性房地产——办公楼——在建　　　　　　4 000 000

　　投资性房地产累计折旧　　　　　　　　　　1 000 000

　　　贷:投资性房地产——办公楼　　　　　　　　　　5 000 000

B.5 月 31 日至 6 月 30 日期间,发生改造支出:

借:投资性房地产——办公楼——在建　　　　　　2 000 000

　　　贷:银行存款　　　　　　　　　　　　　　　　2 000 000

C.6 月 30 日,改造完工:

借:投资性房地——办公楼　　　　　　　　　　6 000 000

　　　贷:投资性房地产——办公楼——在建　　　　　　6 000 000

②采用公允价值模式计量的处理。

【会计工作6】2015 年 5 月,顺达公司决定将其一幢租赁给 A 企业的办公楼(合同到期日为 2015 年 5 月 31 日)在租期届满时进行改造,以提高该办公楼的租金收入,并与 B 企业签订了租赁合同,商定自改造完工时将该办公楼租赁给 B 企业。5 月 31 日,租期届满,顺达公司对办公楼进行改造,该办公楼账面价值为 500 万元,其中成本为 400 万元,累计公允价值变动 100 万元。6 月 30 日办公楼改造工程完工,共发生支出 200 万元,均以银行存款支付,即日起按合同租赁给 B 企业。假定顺达公司采用公允价值计量模式。

【会计凭证】固定资产验收单、固定资产改造工程相关票据、房屋租赁合同、转账支票存根等

【工作指导】顺达公司相关的会计处理如下:

A.2015 年 5 月 31 日,该办公楼转入改扩建工程:

借:投资性房地产——办公楼——在建　　　　　　5 000 000

　　　贷:投资性房地产——办公楼——成本　　　　　　4 000 000

　　　　　　　　　　　——公允价值变动　　　　　　1 000 000

B.5 月 31 日至 6 月 30 日期间,发生改造支出:

借:投资性房地产——办公楼——在建　　　　　　2 000 000

　　　贷:银行存款　　　　　　　　　　　　　　　　2 000 000

C.6 月 30 日,改造完工:

借:投资性房地产——办公楼——成本　　　　　　6 000 000

　　　贷:投资性房地产——办公楼——在建　　　　　　6 000 000

(2)费用化的后续支出

【会计工作7】2015 年 5 月,顺达公司对其已经确认为投资性房地产的一幢出租给 A 企业的办公楼进行日常维修,发生维修费用 12 000 元。其中,在库房领用维修材料 8 000 元,

支付维修人员工资 4 000 元。

【会计凭证】材料领用单、工资领取签字表、固定资产维修验收单等

【工作指导】顺达公司相关的会计处理如下：

借：其他业务成本　　　　　　　　　　　　　　　　　12 000

　　贷：原材料　　　　　　　　　　　　　　　　　　　　8 000

　　　　应付职工薪酬　　　　　　　　　　　　　　　　　4 000

3）投资性房地产计量模式的变更

（1）投资性房地产由成本计量模式转为公允价值计量模式的处理

【会计工作 8】2014 年，顺达公司将一幢办公楼对外出租，采用成本模式进行后续计量。2016 年 5 月 1 日，假设顺达公司持有的投资性房地产满足采用公允价值模式条件，公司决定采用公允价值模式对该办公楼进行后续计量。2016 年 5 月 1 日，该办公楼的原价为 500 万元，已计提折旧 50 万元，账面价值为 450 万元，公允价值为 600 万元。顺达公司按净利润的10% 计提盈余公积。

【会计凭证】固定资产估价的凭证、盈余公积提取计算表

【工作指导】顺达公司相关的会计处理如下：

借：投资性房地产——成本　　　　　　　　　　　　6 000 000

　　投资性房地产累计折旧　　　　　　　　　　　　　500 000

　　贷：投资性房地产　　　　　　　　　　　　　　　4 500 000

　　　　利润分配——未分配利润　　　　　　　　　　1 800 000

　　　　盈余公积　　　　　　　　　　　　　　　　　　200 000

（2）投资性房地产已采用公允价值模式计量的，不得从公允价值模式转为成本模式

任务 4　投资性房地产的减值和处置

9.4.1　相关知识

1）投资性房地产的减值

资产的基本特征是预期能够为企业带来经济利益的流入，资产的账面价值应当反映其预期为企业带来的经济利益流入的金额。如果某项资产预期为企业带来的经济利益低于其账面价值，则该项资产应当按照预期能够为企业带来经济利益流入的金额进行计量，并计提相应的减值准备，确认资产减值损失。

由于采用公允价值计量模式进行计量的投资性房地产的账面余额反映其公允价值，因此不需要考虑减值问题。

采用成本计量模式进行计量的投资性房地产，在资产负债表日如果存在减值迹象的，适用资产减值的有关规定。经过减值测试后确定减值的，应当计提减值准备。企业应按照该项投资性房地产确定的减值金额，借记"资产减值损失"账户，贷记"投资性房地产减值准

备"账户。已经计提减值准备的投资性房地产,其减值损失在以后的会计期间不得转回。

2)投资性房地产的处置

当投资性房地产被处置,或者永久退出使用且预计不能从其处置中取得经济利益时,应当终止确认该项投资性房地产。

企业可以通过对外出售或转让的方式处置投资性房地产,取得投资收益。对于那些由于使用而不断磨损直到最终报废,或者由于遭受自然灾害等非正常损失发生毁损的投资性房地产,应当及时进行清理。此外,企业因其他原因,如非货币性交易等而减少投资性房地产也属于投资性房地产的处置。企业出售、转让、报废投资性房地产或者发生投资性房地产毁损,应当将处置收入扣除其账面价值和相关税费后的金额计入当期损益。

(1)采用成本模式计量的投资性房地产的处置

处置采用成本模式计量的投资性房地产时,应当按实际收到的金额,借记"银行存款"等账户,贷记"其他业务收入"账户;按该项投资性房地产的账面价值,借记"其他业务成本"账户,按其账面余额贷记"投资性房地产"账户;按照已计提的折旧或摊销借记"投资性房地产累计折旧(摊销)"账户,原已计提减值准备的借记"投资性房地产减值准备"账户。

(2)采用公允价值模式计量的投资性房地产的处置

处置采用公允价值模式计量的投资性房地产时,应当按实际收到的金额,借记"银行存款"等账户,贷记"其他业务收入"账户;按该项投资性房地产的账面余额,借记"其他业务成本"账户;按其成本贷记"投资性房地产——成本"账户;按其累计公允价值变动,贷记或借记"投资性房地产——公允价值变动"账户。同时结转投资性房地产累计公允价值变动。若存在原转换日计入资本公积的金额,也一并结转。

9.4.2　工作过程

1)投资性房地产的减值

【会计工作 9】2016 年 3 月 31 日,顺达公司确认为投资性房地产的处于出租期间的一幢办公楼出现减值迹象,经专业机构测试确定,该办公楼发生减值 20 万元。假定顺达公司采用成本模式计量。

【会计凭证】房屋技术鉴定书、房产估价书

【工作指导】顺达公司的会计处理如下:

借:资产减值损失　　　　　　　　　　　　　　　　200 000
　　贷:投资性房地产减值准备　　　　　　　　　　　　200 000

2)投资性房地产的处置

(1)采用成本模式计量的投资性房地产的处置

【会计工作 10】2016 年 3 月 31 日,顺达公司确认为投资性房地产的一幢办公楼租期届满,经董事会研究决定对外出售给 A 企业。顺达公司当日与 A 企业签订合同,合同交易金额为 600 万元,A 企业于当日支付款项。假定该办公楼原采用成本模式计量,出售当日办公楼的账面成本为 500 万元,已经计提折旧 100 万元,不考虑此项交易的相关税费。

【会计凭证】不动产销售合同、固定资产清理相关资料

【工作指导】顺达公司的会计处理如下：

借：银行存款　　　　　　　　　　　　　　　　　6 000 000

　　贷：其他业务收入　　　　　　　　　　　　　　　6 000 000

借：其他业务成本　　　　　　　　　　　　　　　4 000 000

　　投资性房地产累计折旧　　　　　　　　　　　1 000 000

　　贷：投资性房地产——办公楼　　　　　　　　　5 000 000

（2）采用公允价值模式计量的投资性房地产的处置

【业务工作11】2016年3月31日，顺达公司确认为投资性房地产的一幢办公楼租期届满，经董事会研究决定对外出售给A企业。顺达公司当日与A企业签订合同，合同交易金额为600万元，A企业于当日支付款项。假定该办公楼原采用公允价值计量模式，出售当日办公楼的账面成本为500万元，其累计公允价值变动余额为100万元，不考虑此项交易的相关税费。

【会计凭证】董事会会议纪要、不动产销售合同、银行存款到账通知

【工作指导】顺达公司的会计处理如下：

借：银行存款　　　　　　　　　　　　　　　　　6 000 000

　　贷：其他业务收入　　　　　　　　　　　　　　　6 000 000

借：其他业务成本　　　　　　　　　　　　　　　4 000 000

　　投资性房地产——公允价值变动　　　　　　　1 000 000

　　贷：投资性房地产——办公楼——成本　　　　　5 000 000

【课后习题】

一、单项选择题

1.下列不属于企业投资性房地产的是（　　）。

A.房地产开发企业将作为存货的商品房以经营租赁方式出租

B.企业开发完成后用于出租的房地产

C.企业持有并准备增值后转让的土地使用权

D.房地产企业拥有并自行经营的饭店

2.关于企业出租并按出租协议向承租人提供保安和维修等其他服务的建筑物，是否属于投资性房地产的说法正确的是（　　）。

A.所提供的其他服务在整个协议中不重大的，该建筑物应视为企业的经营场所，应当确认为自用房地产

B.所提供的其他服务在整个协议中如为重大的，应将该建筑物确认为投资性房地产

C.所提供的其他服务在整个协议中如为不重大的，应将该建筑物确认为投资性房地产

D. 所提供的其他服务在整个协议中无论是否重大,均不将该建筑物确认为投资性房地产

3. 下列投资性房地产初始计量的表述不正确的有(　　)。

A. 外购的投资性房地产按照购买价款、相关税费和可直接归属于该资产的其他支出

B. 自行建造投资性房地产的成本,由建造该项资产达到可销售状态前所发生的必要支出构成

C. 债务重组取得的投资性房地产按照债务重组的相关规定处理

D. 非货币性资产交换取得的投资性房地产按照非货币性资产交换准则的规定处理

4. 企业对成本模式进行后续计量的投资性房地产摊销时,应该借记(　　)科目。

A. 投资收益　　　　B. 其他业务成本　　　　C. 营业外收入　　　　D. 管理费用

5. 20×7年1月1日,甲公司购入一幢建筑物用于出租,取得发票上注明的价款为100万元,款项以银行存款支付。购入该建筑物发生的契税为2万元也以银行存款支付。该投资性房地产的入账价值为(　　)万元。

A. 102　　　　　　B. 100　　　　　　C. 98　　　　　　D. 104

6. 假定甲公司20×7年1月1日以9 360 000元购入的建筑物预计使用寿命为20年,预计净残值为零,采用直线法按年计提折旧。20×7年应计提的折旧额为(　　)元。

A. 468 000　　　　B. 429 000　　　　C. 439 000　　　　D. 478 000

7. 存货转换为采用公允价值模式计量的投资性房地产,投资性房地产应当按照转换当日的公允价值计量。转换当日的公允价值小于原账面价值的其差额通过(　　)科目核算。

A. 营业外支出　　　　　　　　　　B. 公允价值变动损益

C. 投资收益　　　　　　　　　　　D. 其他业务收入

8. 企业的投资性房地产采用成本计量模式。20×7年1月1日,该企业将一项投资性房地产转换为固定资产。该投资性房地产的账面余额为120万元,已提折旧20万元,已经计提的减值准备为10万元。该投资性房地产的公允价值为75万元。转换日固定资产的入账价值为(　　)万元。

A. 100　　　　　　B. 80　　　　　　C. 90　　　　　　D. 120

9. 关于投资性房地产后续计量模式的转换,下列说法正确的是(　　)。

A. 成本模式转为公允价值模式的,应当作为会计估计变更

B. 已经采用成本模式计量的投资性房地产,不得从成本模式转为公允价值模式

C. 企业对投资性房地产的计量模式可以随意选择

D. 已经采用公允价值模式计量的投资性房地产,不得从公允价值转为成本模式

10. 企业出售、转让、报废投资性房地产时,应当将处置收入计入(　　)。

A. 公允价值变动损益　　　　　　　B. 营业外收入

C. 其他业务收入　　　　　　　　　D. 资本公积

二、多项选择题

1. 下列各项中,不属于投资性房地产的是(　　)。

    A. 房地产企业开发的准备出售的房屋

    B. 房地产企业开发的已出租的房屋

    C. 企业持有的准备建造房屋的土地使用权

    D. 企业以经营租赁方式租入的建筑物

 2. 将投资性房地产转换为其他资产或者将其他资产转换为投资性房地产,关于转换日的确定,叙述正确的有(　　　　)。

    A. 企业将原本用于出租的房地产改用于经营管理的自用房地产,则该房地产的转换日为房地产达到自用状态,企业开始将房地产用于经营管理的日期

    B. 房地产开发企业将其持有的开发产品以经营租赁的方式出租,则该房地产的转换日为房地产的租赁期开始日

    C. 企业将原本用于经营管理的土地使用权改用于资本增值,则该房地产的转换日应确定为自用土地使用权停止自用后的日期

    D. 企业将原本用于生产商品的房地产改用于出租,则该房地产的转换日为承租人有权行使其使用租赁资产权利的日期

3. 采用公允价值模式进行后续计量的投资性房地产,应当同时满足(　　　　)条件。

    A. 投资性房地产所在地有活跃的房地产交易市场

    B. 企业能够从活跃的房地产交易市场上取得同类或类似房地产的市场价格及其他相关信息,从而对投资性房地产的公允价值作出合理的估计

    C. 所有的投资性房地产有活跃的房地产交易市场

    D. 企业能够取得交易价格的信息

4. 下列各项应该计入一般企业"其他业务收入"科目的有(　　　　)。

    A. 出售投资性房地产的收入

    B. 出租建筑物的租金收入

    C. 出售自用房屋的收入

    D. 将持有并准备增值后转让的土地使用权予以转让所取得的收入

5. 下列各项中,不影响企业当期损益的是(　　　　)。

    A. 采用成本计量模式,期末投资性房地产的可收回金额高于账面价值

    B. 采用成本计量模式,期末投资性房地产的可收回金额高于账面余额

    C. 采用公允价值计量模式,期末投资性房地产的公允价值高于账面余额

    D. 自用的房地产转换为采用公允价值模式计量的投资性房地产时,转换日房地产的公允价值大于账面价值

6. 下列情况下,企业可将其他资产转换为投资性房地产的有(　　　　)。

    A. 原自用土地使用权停止自用改为出租

    B. 房地产企业将开发的准备出售的商品房改为出租

    C. 自用办公楼停止自用改为出租

    D. 出租的厂房收回改为自用

7. 企业应当在附注中披露与投资性房地产有关的下列信息(　　　　)。

A. 投资性房地产的种类、金额和计量模式

B. 采用成本模式的,投资性房地产的折旧或摊销,以及减值准备的计提情况

C. 房地产转换情况、理由以及对损益或所有者权益的影响

D. 当期处置的投资性房地产及其对损益的影响

8. 关于投资性房地产的计量模式,下列说法中正确的是( )。

A. 已经采用公允价值模式计量的投资性房地产,不得从公允价值模式转为成本模式

B. 已经采用成本模式计量的投资性房地产,不得从成本模式转为公允价值模式

C. 采用公允价值模式计量的,不对投资性房地产计提折旧或进行摊销

D. 企业对投资性房地产计量模式一经确定不得随意变更

9. 关于投资性房地产的后续计量,下列说法正确的有( )。

A. 采用公允价值模式计量的,不对投资性房地产计提折旧或进行摊销

B. 已采用公允价值模式计量的投资性房地产,不得从公允价值模式转为成本模式

C. 已经采用成本模式计量的,可以转为采用公允价值模式计量

D. 采用公允价值模式计量的,应对投资性房地产计提折旧或进行摊销

10. 企业将自用房地产或存货转换为采用公允价值模式计量的投资性房地产,下列说法正确的有( )。

A. 自用房地产或存货的房地产为采用公允价值模式计量的投资性房地产,该项投资性房地产应当按照转换当日的公允价值计量

B. 自用房地产或存货转换为采用公允价值模式计量的投资性房地产,该项投资性房地产应当按照转换当日的账面价值计量

C. 转换当日的公允价值小于原账面价值的差额作为公允价值变动损益

D. 转换当日的公允价值小于原账面价值的其差额计入到资本公积——其他资本公积

三、判断题

1. 期末企业将投资性房地产的账面余额单独列示在资产负债表上。 ( )

2. 企业以融资租赁方式出租建筑物是作为投资性房地产进行核算的。 ( )

3. 企业不论在成本模式下,还是在公允价值模式下,投资性房地产取得的租金收入,均确认为其他业务收入。 ( )

4. 企业采用公允价值模式进行后续计量的,不对投资性房地产计提折旧或进行摊销,应当以资产负债表日投资性房地产的公允价值为基础调整其账面价值,公允价值与原账面价值之间的差额计入其他业务成本或其他业务收入。 ( )

5. 已采用公允价值模式计量的投资性房地产,不得从公允价值模式转为成本模式。 ( )

6. 在以成本模式计量的情况下,将作为存货的房地产转换为投资性房地产的,应按其在转换日的账面余额,借记"投资性房地产"科目,贷记"开发产品"等科目。 ( )

7. 采用公允价值模式计量的投资性房地产转换为自用房地产时,应当以其转换当日的公允价值作为自用房地产的账面价值,公允价值与原账面价值的差额计入当期损益(公允价

值变动损益）。   （ ）

8. 自用房地产或存货转换为采用公允价值模式计量的投资性房地产时,投资性房地产应当按照转换当日的公允价值计量,公允价值与原账面价值的差额计入当期损益。 （ ）

9. 企业出售投资性房地产或者发生投资性房地产毁损,应当将处置收入扣除其账面价值和相关税费后的金额直接计入到所有者权益。   （ ）

四、计算题

1. 2016 年 4 月 20 日乙公司购买一块土地使用权,购买价款为 2 000 万元,支付相关手续费 30 万元,款项全部以银行存款支付。企业购买后准备等其增值后予以转让。乙公司对该投资性房地产采用公允价值模式进行后续计量。

该项投资性房地产 2016 年取得租金收入为 150 万元,已存入银行,假定不考虑其他相关税费。经复核,该投资性房地产 2016 年 12 月 31 日的公允价值为 2 000 万元。

要求:作出乙公司相关的会计处理:金额单位用万元表示。

2. 乙公司将原采用公允价值计量模式计价的一幢出租用厂房收回,作为企业的一般性固定资产处理。在出租收回前,该投资性房地产的成本和公允价值变动明细科目分别为 700 万元和 100 万元(借方)。转换当日该厂房的公允价值为 780 万元。金额单位用万元表示。

要求:作出乙公司转换日的会计处理。

3.甲股份有限公司(以下简称甲公司)为华北地区的一家上市公司,甲公司 20×7 年至 20×9 年与投资性房地产有关的业务资料如下:

(1)20×7 年 1 月,甲公司购入一幢建筑物,取得的增值税专用发票上注明的价款为 8 000 000 元,款项以银行存款转账支付。不考虑其他相关税费。

(2)甲公司购入的上述用于出租的建筑物预计使用寿命为 15 年,预计净残值为 36 万元,采用年限平均法按年计提折旧。

(3)甲公司将取得的该项建筑物自当月起用于对外经营租赁,甲公司对该房地产采用成本模式进行后续计量。

(4)甲公司该项房地产 20×7 年取得租金收入为 900 000 元,已存入银行。假定不考虑其他相关税费。

(5)20×9 年 12 月,甲公司将原用于出租的建筑物收回,作为企业经营管理用固定资产处理。

要求:

(1)编制甲公司 20×7 年 1 月取得该项建筑物的会计分录。

(2)计算 20×7 年度甲公司对该项建筑物计提的折旧额,并编制相应的会计分录。

(3)编制甲公司 20×7 年取得该项建筑物租金收入的会计分录。

(4)计算甲公司该项房地产 20×8 年末的账面价值。

(5)编制甲公司 20×9 年收回该项建筑物的会计分录。

(答案中的金额单位用万元表示。)

4. 长城房地产公司（以下简称长城公司）于 2015 年 12 月 31 日将一建筑物对外出租并采用公允价值模式计量,租期为 3 年,每年 12 月 31 日收取租金 200 万元。出租当日,该建筑物的成本为 2 700 万元,已计提折旧 400 万元,尚可使用年限为 20 年,公允价值为 1 700 万元;2016 年 12 月 31 日,该建筑物的公允价值为 1 830 万元;2017 年 12 月 31 日,该建筑物的公允价值为 1 880 万元;2018 年 12 月 31 日的公允价值为 1 760 万元;2019 年 1 月 5 日将该建筑物对外出售,收到 1 800 万元存入银行。

要求:编制长城公司上述经济业务的会计分录。

综合习题

一、实训资料

（一）企业基本概况

1. 企业名称：中环电器有限公司
2. 法定代表人：万平
3. 注册地址：北京市朝阳区 88 号

   电话：010 – 8220707
4. 注册资本：228 万元
5. 公司类型：有限责任公司，增值税一般纳税人。
6. 企业经营范围及主要产品：经营工艺礼品、玻璃工艺品、工艺器皿等相关产品。
7. 经营方式：加工。
8. 企业组织：企业下设供应部、一个基本生产车间、销售部、财务部、公司办公室。
9. 税务登记号：370102800317373
10. 税率：所得税税率25%，增值税税率17%，城建税税率7%，教育费附加3%。
11. 开户银行及账号：工商银行车城支行 900560058940035
12. 有关人员：

    会计主管：李美玲（总账与会计报表）

    会　　计：刘园（制单）

    出　　纳：彭红超（银行结算、结算凭证、现金与有价证券保管、日记账）

    保 管 员：王　艳

    仓库验收员：马　可

（二）核算体制与方法

会计核算程序：科目汇总表账务处理程序

核算体制：厂部一级核算　　　　核算依据：《企业会计准则》

记账方法：借贷记账法　　　　记账凭证：通用记账凭证

利润分配：按弥补以前年度亏损—提取法定盈余公积—提取任意盈余公积—向投资者分配利润的顺序进行。其中法定盈余公积按本年净利润的 10% 提取，任意盈余公积和向投资者分配利润的比率由股东大会决定。

所有计算如出现除不尽现象时，一律保留两位小数。

（三）内部核算制度

1. 货币资金核算

库存现金管理：实行限额管理，限额为 5 000 元；现金的使用按《现金管理暂行条例》的规定执行。

备用金管理：采购人员及其他人员出差，预支差旅费，出差回来一次结清；行政科备用金实行定额备用金制度。

结算方式：现金、支票、银行汇票、商业汇票、汇兑、委托收款、托收承付。

2. 销售与应收账款

销售款：销售收到现金以及各种票据当日送存银行；销售时若有现金折扣则在发生时确认为当期财务费用，现金折扣只折扣价款，不折扣增值税。

坏账处理：每年末，按应收账款余额的 5‰ 计提坏账准备，其他应收款不计提坏账准备。

票据管理：带息商业汇票，统一给出年利率，需贴现的按情况进行换算，对需按日计算利息、贴现利息的，采用算尾不算头的方法计算天数；对跨年度的带息商业汇票，年末应计提票据应计利息，计入票据账面价值。

3. 工资管理

工资由银行转账发放，企业代扣的个人所得税计入"应交税费"，代扣住房公积金和其他代扣款均计入"其他应付款"科目；工资费用采用先发后分配的办法核算。

4. 存货核算

存货按实际成本核算；发出库存商品采用全月一次加权平均法计价。

5. 固定资产

固定资产折旧按月初固定资产账面余额为依据，采用直线法计提折旧，按月计提。月折旧率：房屋建筑物为 0.4%，机器设备为 1.7%。

二、毕业设计作业要求

（一）开设新账

1. 开设总账。根据中环电器有限公司 2014 年 12 月初各总账账户余额资料，开设各总账账户并登记月初余额。

2. 开设日记账。根据中环电器有限公司 2014 年 12 月月初库存现金与银行存款日记账余额资料，开设库存现金和银行存款日记账并登记 12 月月初余额。

3. 开设明细账。根据中环电器有限公司 2014 年 12 月初各明细账户余额资料，选择恰当格式账页，开设各明细账户并登记月初余额。

（二）日常账务处理

1. 根据所给经济业务的要求填制原始凭证；

2. 根据所给业务及所填制的原始凭证编制记账凭证；

3. 根据所编制的记账凭证逐笔登记日记账与明细账；

4. 根据所编制的记账凭证编制科目汇总表，并据以登记总账；

5. 所有账簿在登记期初余额时,均应在摘要栏填写"承前页"字样;所有账簿在登记本期业务时,均须随时结出余额;所有账簿在进行月末结账时均须结计"本月合计"。

(三)期末处理

1. 将总账、日记账和各明细账进行核对;

2. 结出各账户本期发生额,本年累计发生额及年末余额,并将余额转入下年;

3. 编制 12 月份的资产负债表、12 月份的利润表。

三、中环电器有限公司 2014 有关的会计资料

(一)中环电器有限公司有关账簿资料如下:

1. 2014 年 12 月 1 日各总账账户期初余额。

表 1   2014 年 12 月各总账账户期初余额表

会计科目	借方余额	贷方余额
库存现金	1 500.00	
银行存款	1 364 500.00	
应收账款	67 800.00	
原材料	413 000.00	
应收票据	20 000.00	
在途物资	30 000.00	
生产成本	45 000.00	
预付账款	800.00	
长期股权投资	200 000.00	
交易性金融资产	150 000.00	
无形资产	24 000.00	
库存商品	214 000.00	
其他应收款	4 000.00	
固定资产	1 856 000.00	
累计折旧		450 000.00
短期借款		150 000.00
应付账款		56 000.00
应付职工薪酬		22 000.00
应交税费		44 060.00
其他应付款		3 000.00
应付股利		48 000.00
长期借款		120 000.00
应付利息		6 000.00

续表

会计科目	借方余额	贷方余额
实收资本		2 280 000.00
资本公积		47 500.00
盈余公积		73 240.00
本年利润		518 800.00
利润分配		572 000.00
合计	4 390 600.00	4 390 600.00

表2　库存现金、银行存款日记账年初余额、1—11月累计发生额和11月末余额资料

序号	代码	账户名称	年初余额		1—11月累计发生额		11月末余额	
			借方	贷方	借方	贷方	借方	贷方
1	1001	库存现金日记账	1 400		158 500	158 400	1 500	
2	1002	银行存款日记账	295 000		1 020 000	49 500	1 364 500	

表3　应收账款明细账户余额表

一级科目	明细科目	借或贷	金　额
应收账款	武汉宏伟公司	借	27 800
	中南汽车销售公司	借	40 000
合计			67 800

表4　库存商品明细账户余额表

产品名称	单　位	数　量	单　价	金　额
甲产品	件	500	260	130 000
乙产品	件	300	280	84 000
合计				214 000

表5　原材料明细账户余额表

材料名称	单　位	数　量	单　价	金　额
A材料	千克	40 000	8	320 000
B材料	千克	20 000	4	80 000
其他材料	千克			13 000
合计				413 000

表6　其他应收款明细账户余额表

一级科目	明细科目	借或贷	金　额
其他应收款	李明	借	2 000
	王富贵	借	2 000
合计			4 000

表7　固定资产明细账户余额资料

使用情况与使用部门		类　别	原　值
在用	基本生产车间	房屋建筑物	500 000
		机器设备	110 000
		小计	610 000
	专设销售机构	房屋建筑物	500 000
		小计	500 000
	企业管理部门	房屋建筑物	400 000
		机器设备	200 000
		小计	600 000
不需用		机器设备	146 000
合计			1 856 000

表8　累计折旧明细账户余额表

一级科目	明细科目	借或贷	金　额
累计折旧	房屋建筑物	贷	250 000
	机器设备	贷	200 000
合计			450 000

表9　应付账款明细账户余额表

一级科目	明细科目	借或贷	金　额
应付账款	新城江山制造厂	贷	45 000
	常德兴旺公司	贷	11 000
合计			56 000

表 10　应交税费及其他应交款明细账户余额表

一级科目	明细科目	借或贷	金　额
应交税费	未交增值税	贷	28 600
	应交城市维护建设税	贷	2 002
	教育费附加	贷	858
	应交所得税	贷	12 600
合计			44060

表 11　应付职工薪酬明细账户余额表

一级科目	明细科目	借或贷	金　额
应付职工薪酬	徐璐	贷	10 000
	朱红光	贷	12 000
合计			22 000

表 12　银行借款详细资料

科　目	借入（发行）日期	借款银行	期　限	金额（面值）	年利率	利息计提	付息方式
短期借款	2014-11-6	工行	半年	120 000	8%	按月	到期付息
短期借款	2014-11-20	工行	4 个月	30 000	9%	按月	到期付息

表 13　实收资本明细账户余额表

一级科目	明细科目	借或贷	金　额
实收资本	中光学集团	贷	1 140 000
	金冠公司	贷	1 120 000
	衡远公司	贷	20 000
合计			2 280 000

（二）中环电器有限公司 2014 年 12 月份发生的经济业务如下：

1.1 日,收到红依山公司以现金追加投资款 100 000 元存入银行。

2.2 日,提取现金 5 000 元备用。

```
中国工商银行
现金支票存根
Ⅳ Ⅰ 0059601
附加信息
科目＿＿＿＿＿＿＿＿
对方科目＿＿＿＿＿＿
出票日期  2014 年 12 月 2 日

   收款人:中环电器有限公司

   金  额:￥5 000.00

   用  途:备用

单位主管  李美玲  会计  刘园
```

图 1 现金支票存根

3.3 日,以现金 2 000 元预付王富贵差旅费。

借 款 单

2014 年 12 月 3 日

工作部门	行政科	职 务	科 长	姓 名	王富贵	盖 章	王富贵
借支金额	人民币贰仟元整(2 000.00)						
借款原因	去云南开会		附证件				
归还日期	出差归来归还				*现金付讫*		
核批	同意借支		沈培良				

会计 刘园　　　　　　　　　出纳 彭红超　　　　　　　　制单 刘园

图 2 借款单

4.4 日,向株洲市金属材料公司购入 A 材料 12 500 千克,价款 100 000 元,增值税 17 000 元,购入 B 材料 7 500 千克,价款 30 000 元,增值税 5 100 元,款项暂欠,材料已验收入库。

湖南增值税专用发票

430101204521　　　　　　　　　　　　　No 00017654

开票日期：2014 年 12 月 04 日

购货单位	名　称：中环电器有限公司 纳税人识别号：370102800317373 地　址、电话：北京市朝阳区 88 号　010-53689045 开户行及账号：工商银行车城支行　900560058940035	密码区	2489-1 <9-7-61596284 加密版本：01 8 <032/52 >9/29533-4974　430102045210 1626 <8-3024 >82906-2　00017654 -47-6 <7 >2 *-/ > * >6/

货物或应税劳务名称	规格型号	单位	数量	单价	金额		税额
A 材料		千克	12 500	8.00	100 000.00		17 000.00
B 材料		千克	7 500	4.00	30 000.00	税率	5 100.00
合　计					￥130 000.00	17%	￥22 100.00

价税合计（大写）	⊗壹拾伍万贰仟壹佰元整　　　　　（小写）￥152 100.00		

销货单位	名　称：株洲市金属材料公司 纳税人识别号：43018110263034 地　址、电话：株洲市白云路 15 号　0731-25578963 开户行及账号：中国工商银行株洲白云支行　9226860123452689247	备注	株洲市金属材料公司 430181 10263034 发票专用章

收款人：王勇　　　　复核：李美玲　　　　开票人：李明　　　　销货单位：（章）

图 3　增值税专用发票

湖南增值税专用发票

430101204521　　　　　　　　　　　　　No 00017654

开票日期：2014 年 12 月 04 日

购货单位	名　称：中环电器有限公司 纳税人识别号：370102800317373 地　址、电话：北京市朝阳区 88 号　010-53689045 开户行及账号：工商银行车城支行　900560058940035	密码区	2489-1 <9-7-61596284 加密版本：01 8 <032/52 >9/29533-4974　430102045210 1626 <8-3024 >82906-2　00017654 -47-6 <7 >2 *-/ > * >6/

货物或应税劳务名称	规格型号	单位	数量	单价	金额		税额
A 材料		千克	12 500	8.00	100 000.00		17 000.00
B 材料		千克	7 500	4.00	30 000.00	税率	5 100.00
合　计					￥130 000.00	17%	￥22 100.00

价税合计（大写）	⊗壹拾伍万贰仟壹佰元整　　　　　（小写）￥152 100.00		

销货单位	名　称：株洲市金属材料公司 纳税人识别号：43018110263034 地　址、电话：株洲市白云路 15 号　0731-25578963 开户行及账号：中国工商银行株洲白云支行　9226860123452689247	备注	株洲市金属材料公司 430181 10263034 发票专用章

收款人：王勇　　　　复核：李美玲　　　　开票人：李明　　　　销货单位：（章）

图 4　增值税专用发票

中环电器有限公司收料单

仓库名称:101　　　供货单位:株洲金属材料公司

2014 年 12 月 04 日　　第　201001001　号

材料编码	材料名称	送验数量	实收数量	单位	实际单价	金额								第二联：交会计部门
						十	万	千	百	十	元	角	分	
	A 材料	12 500	12 500	千克	8.00	1	0	0	0	0	0	0	0	
	B 材料	7500	7500	千克	4.00		3	0	0	0	0	0	0	
合　计						1	3	0	0	0	0	0	0	

会计:刘园　　　　复核:李美玲　　　　验收:江云　　　　保管:王艳

图 5　收料单

5. 6 日,收到武汉宏伟公司偿还前欠货款 27 800 元,款项已存入银行。

6. 6 日,上月在途材料(其他材料)30 000 元,货已验收入库。

中环电器有限公司收料单

库名称:101

供货单位:株洲金属材料公司　　　2014 年 12 月 06 日　　　　第　201001002 号

材料编码	材料名称	送验数量	实收数量	单位	实际单价	金额								第二联：交会计部门
						十	万	千	百	十	元	角	分	
	其他材料						3	0	0	0	0	0	0	
合　计							¥3	0	0	0	0	0	0	

会计:刘园　　　　复核:李美玲　　　　验收:江云　　　　保管:王艳

图 6　收料单

7. 8 日,从湖南省金属材料公司购入 A 材料 10 000 千克,价款 80 000 元,增值税 13 600 元,B 材料 7 500 千克,价款 30 000 元,增值税 5 100 元,上述款项均已用银行存款付讫,货已验收入库。

收　料　单

2014 年 12 月 08 日　　　　　　　字第 9 号

编号	材料名称	规格	送验数量	实收数量	单位	单价	金　额								
供应者:湖南省金属材料公司　　　发票号							2012 年 12 月 08 日　收到								
							千	百	十	万	千	百	十	元	角	分
	A 材料		10 000	10 000	千克	8.00			8	0	0	0	0	0	0
	B 材料		7 500	7 500	千克	4.00			3	8	0	0	0	0	0
	合计							1	1	0	0	0	0	0	0
备注			验收人签章	周	合计		￥110 000.00								

会计:刘园　　　　复核:李美玲　　　　　记账:　　　　　　制单:刘园

图 7　收料单

中国工商银行

现金支票存根

Ⅳ Ⅱ 0059601

附加信息＿＿＿＿＿＿＿＿＿＿＿＿＿

＿＿＿＿＿＿＿＿＿＿＿＿＿＿＿＿＿＿

＿＿＿＿＿＿＿＿＿＿＿＿＿＿＿＿＿＿

签发日期　2014 年 12 月 08 日

收款人:湖南省金属材料公司
金　额:￥128 700.00
用　途:购材料
备　注:

单位主管　李美玲　　会计　刘园

图 8　转账支票存根

湖南增值税专用发票

43000452021  No 00035641

2014 年 12 月 08 日

购货单位	名　　称:中环电器有限公司 纳税人识别号:370102800317373 地址、电话:北京市朝阳区 88 号 　　　　010-53689045 开户行及账号:工商银行车城支行 　　　　900560058940035	密码区	2489-1 <9-7-61596284 8<032/52>9/29533-4974 1626<8-3024>82906-2 -47-6<7>2*—/>*>6	加密版本 01 43000452021 00035641

货物或应税劳务名称	计量单位	数量	单价	金额	税率	税额
A 材料	千克	10 000	8.00	80 000.00	17%	13 600.00
B 材料	千克	7 500	4.00	30 000.00	17%	5 100.00
合　计				110 000.00		18 700.00

价税合计(大写)	⊗壹拾贰万捌仟柒佰元整	(小写)￥128 700.00

销货单位	名　　称:湖南省金属材料公司 纳税人识别号:431654258963246 地址:电话:0739-65489756 开户行及账号:8954762134589525685	备注	湖南省金属材料公司 431654258963246 发票专用章

收款人:刘山　　　复核:　　　　　开票人:陈浩　　　销货单位:(章)

第三联:发票联 购货单位记账凭证

图 9　增值税专用发票

湖南增值税专用发票

43000452021  No 00035641

2014 年 12 月 08 日

购货单位	名　　称:中环电器有限公司 纳税人识别号:370102800317373 地址、电话:北京市朝阳区 88 号 　　　　010-53689045 开户行及账号:工商银行车城支行 　　　　900560058940035	密码区	2489-1 <9-7-61596284 8<032/52>9/29533-4974 1626<8-3024>82906-2 -47-6<7>2*—/>*>6	加密版本 01 43000452021 00035641

货物或应税劳务名称	计量单位	数量	单价	金额	税率	税额
A 材料	千克	10 000	8.00	80 000.00	17%	13 600.00
B 材料	千克	7 500	4.00	30 000.00	17%	5 100.00
合　计				110 000.00		18 700.00

价税合计(大写)	⊗壹拾贰万捌仟柒佰元整	(小写)￥128 700.00

销货单位	名　　称:湖南省金属材料公司 纳税人识别号:431654258963246 地址:电话:0739-65489756 开户行及账号:8954762134589525685	备注	湖南省金属材料公司 431654258963246 发票专用章

收款人:刘山　　　复核:　　　　　开票人:陈浩　　　销货单位:(章)

第二联:抵扣联 购货单位抵扣凭证

图 10　增值税专用发票

8.9 日,销售甲产品 300 件,单价 420 元/件,乙产品 200 件,单价 500 元/件。货款共计 226 000 元,增值税 38 420 元,代垫运费 12 580 元,货款 251 840 元存入银行。(武汉宏伟公司)

9.10 日,以银行存款 100 000 元归还到期短期借款。

```
中国工商银行转账支票存根
Ⅳ Ⅰ 00596015
附加信息
科目  银行存款
对方科目  短期借款
出票日期  2014 年 12 月 20 日

  收款人:工商银行车城支行

  金  额:￥100 000.00

  用  途:还借款

单位主管  李美玲   会计  刘园
```

图 11 转账支票存根

10.11 日,以现金 800 元购入办公用品。

湖南康星连锁百货有限公司货物销售发票

发票号码:00043920

2014 年 12 月 11 日   客户:中环电器有限公司   地址:北京市朝阳区 88 号

货号	品名	规格	单位	数量	单价	超过万元无效	金 额					
							千	百	十	元	角	分
	办公用品		台	4	200.00			8	0	0	0	0
合计金额(大写) 捌佰元零角零分								￥ 8	0	0	0	0
结算方式	现金	开户银行				备注:同意付款。经理顼顼、销售 沈培良						
		账号										

开票人:田双双   收款人:叶玲   验收人:付军   销货单位:(未盖章无效)

②付款凭证

图 12 货物销售发票

11.12 日,开出转账支票金额 2 400 元预付下第一季度报刊费。

中国工商银行
现金支票存根
Ⅳ Ⅰ 0059601
附加信息
科目 _____
对方科目 _____
出票日期 2014 年 12 月 12 日

| 收款人:新城邮局 |
| 金 额:￥2 400.00 |
| 用 途:预付报刊费 |

单位主管 李美玲 会计 刘园

图 13 现金支票存根

12.13 日,王富贵报销差旅费 2 180 元,并补领现金 180 元。

差旅费报销单

单位名称:行政科   填报日期   2014 年 12 月 13 日   单位:元

姓名	王富贵	职务	工程师	出差事由	开会	出差时间	计划 8 天		
							实际 8 天		
日期		起止地点		飞机、车、船票		其他费用			
月	日	起	止	类别	金额	项目		标准	计算天数	核报金额
12	4	新城	云南	火车	480	住宿费	包干报销	150	5	750
12	8	云南	新城	火车	510		限额报销			
						伙食补助费		30	5	150
						车、船补助费				
						其他杂支		300		290
小 计					990	小 计				1190
总计金额(大写)		※贰仟壹佰壹拾捌元零角零分				预支 2 000 核销 2 180 退补 180				

主管: 部门: 审核:李美玲   出纳:彭红超   填报人:王富贵

图 14 差旅费报销单

领　据

2014 年 12 月 13 日

事由：报销差旅费差额	
人民币（大写）：壹佰捌拾元整　　　　　￥180.00	
	现金付讫

会计：刘园　　　　　　　　出纳：彭红超　　　　　　　　制单：王富贵

图 15　领据

13. 14 日，从银行存款提取现金 70 500 元备发工资。

14. 14 日，以现金 70 500 元发放职工工资。

表 14　工资发放汇总表

中环电器有限公司工资发放汇总表

2014 年 12 月 14 日

部　门	基本工资	经常性奖金	各种补贴	应付工资	代扣养老金	代扣公积金	实付工资
基本生产车间	54 700	10 500	10 350	75 000	3 600	6 800	64 600
生产工人工资	51 000	9 500	10 000	70 000	3 000	6 000	61 000
车间管理人员工资	3 700	1 000	350	5 000	600	800	3 600
厂部管理人员	73 000	1 000	800	9 000	1 400	1 700	5 900
合　计	62 000	11 500	111 500	840	5 000	8 500	70 500

制单：刘园　　　　　　　　复核：李美玲　　　　　　　　审批：沈培良

中国工商银行

转账支票存根

DH 02251607

附加信息

———————————

出票日期　2014 年 12 月 14 日

收款人：本企业
金　额：￥70 500.00
用　途：发放公司

单位主管　李美玲　　会计　刘园

图 16　转账支票存根

15. 15 日,销售甲产品 300 件给宏峰公司,货款 126 000 元,增值税 21 420 元,款项已收到存入银行。

16. 16 日,向长沙明华家具厂购入 A 材料 17 500 千克,价款 140 000 元;B 材料 5 000 千克,价款 20 000 元,全部货款合计 187 200 元,增值税共计 27 200 元,款项已用银行存款支付。

湖南增值税专用发票

430101204521　　　　　　　　　　　　　　　No 00017654

开票日期:2014 年 12 月 16 日

购货单位	名　称:中环电器有限公司 纳税人识别号:370102800317373 地址、电话:北京市朝阳区 88 号　010-53689045 开户行及账号:工商银行车城支行 　　　　　　　900560058940035					密码区	2489-1 <9-7-61596284 加密版本;01 8 <032/52 >9/29533-4974　43010204521 1626 <8-3024 >82906-2　　00017654 -47-6 <7 >2 * -/ > * >6/		
货物或应税劳务名称	规格型号	单位	数量	单价	金额		税额		
A 材料		千克	17 500	8.00	140 000.00	税率	23 800.00		
B 材料		千克	5 000	4.00	20 000.00	17%	3 400.00		
合　计					￥160 000.00		27 200.00		
价税合计(大写)		⊗壹拾捌万柒仟贰佰元整				(小写)￥187 200.00			
销货单位	名　称:长沙明华家具厂 纳税人识别号:43018110263034 地址、电话:长沙市白云路 15 号　0731-25578963 开户行及账号:中国工商银行长沙白云支行 　　　　　　　9226860123452689247					备注			

收款人:王勇　　　复核:李美玲　　　开票人:李明　　　销货单位:(章)

图 17　增值税专用发票

湖南增值税专用发票

430101204521　　　　　　　　　　　　　　　No 00017654

开票日期：2014 年 12 月 16 日

购货单位	名　　　称：中环电器有限公司 纳税人识别号：370102800317373 地 址、电 话：北京市朝阳区 88 号　010-53689045 开户行及账号：工商银行车城支行 　　　　　　　900560058940035	密码区	2489-1 <9-7-61596284 加密版本：01 8 <032/52 >9/29533-4974　43010204521 1626 <8-3024 >82906-2　00017654 -47-6 <7 >2 * -/ > * >6/

货物或应税劳务名称	规格型号	单位	数量	单价	金额	税率	税额
A 材料		千克	17 500	8.00	140 000.00	17%	23 800.00
B 材料		千克	5 000	4.00	20 000.00		3 400.00
合　计					￥160 000.00		27 200.00

价税合计（大写）	⊗壹拾捌万柒仟贰佰元整　　　（小写）￥187 200.00

销货单位	名　　　称：长沙明华家具厂 纳税人识别号：43018110263034 地 址、电 话：长沙市白云路15 号　0731-25578963 开户行及账号：中国工商银行长沙白云支行 　　　　　　　9226860123452689247	备注	长沙明华家具厂 4301047 12261524 发票专用章

收款人：王勇　　　　复核：李美玲　　　　开票人：李明　　　　销货单位：（章）

第三联：发票联　购货方记账凭证

国税函[2002]559号 海南华莱实业公司

图 18　增值税专用发票

表 15　收料单

中环电器有限公司收料单

仓库名称：101

供货单位：长沙明华家具厂　　2014 年　12 月 16 日　　第　201001001 号

材料 编码	材料 名称	送验 数量	实收 数量	单 位	实际 单价	金　额							
						十	万	千	百	十	元	角	分
	A 材料	17 500	17 500	千克	8.00	1	4	0	0	0	0	0	0
	B 材料	5 000	5 000	千克	4.00		2	0	0	0	0	0	0
合　计						1	6	0	0	0	0	0	0

第二联：交会计部门

会计：刘园　　　　复核：李美玲　　　　验收：江云　　　　保管：王艳

中国工商银行支账单（付账通知）

2014 年 12 月 16 日   No 4581909

付款人	全 称	中环电器有限公司	收款人	全 称	长沙明华家具厂								
	账 号	370102800317373		账 号	6589245895214656265								
	开户银行	工行银行车城支行		开户银行	农行雁城支行								
						百	十	万	千	百	十	元	角	分
人民币（大写）		贰拾柒万贰仟元整				￥	2	7	2	0	0	0	0	0
票据种类		银行承兑汇票		收款人开户行盖章									
票据张数		2		2014 年 1 月 16 日									
单位主管 会计 复核 记账													

此联是银行交收款人的收账通知

图 19 银行支账单

17. 18 日,收到购货单位偿还前欠货款 40 000 元存入银行。

中国工商银行进账单（收账通知）

2014 年 12 月 18 日   No 4581909

付款人	全 称	中环电器有限公司	收款人	全 称	中南汽车销售公司								
	账 号	370102800317373		账 号	6589245895214656265								
	开户银行	工行银行车城支行		开户银行	农行雁城支行								
						百	十	万	千	百	十	元	角	分
人民币（大写）		肆万元整					￥	4	0	0	0	0	0	0
票据种类		银行承兑汇票		收款人开户行盖章									
票据张数		2		2014 年 1 月 18 日									
单位主管 会计 复核 记账													

此联是银行交收款人的收账通知

图 20 银行进账单

18. 19 日,以银行存款 45 000 元偿还前欠供应单位货款。

中国工商银行

转账支票存根

DH 02251607

附加信息

_____

_____

出票日期　2014 年 12 月 19 日

| 收款人：新城江山制造厂 |
| 金　　额：￥45 000.00 |
| 用　　途：付欠款 |

单位主管　李美玲　会计　刘园

图 21　转账支票存根

19. 20 日，销售乙产品 300 件，货款 150 000 元，增值税 25 500 元，其中 100 000 元存入银行，余款暂欠。

20. 21 日，接银行通知，本季度应付利息 9 000 元，已从银行存款账户划转（已计提 6 000 元，本月应提 3 000 元）。

中国工商银行计收利息清单（支款通知）　1　No 5416503

2014 年 12 月 21 日　　　　　　开户银行：　　　　　　第 25 号

| 户名 | 中环电器有限公司 | 进账单位账号 | 9005050058940035 |
| 计息日贷款余额 | 120 000 | 利率（3%） | 计收利息金额 9 000 |

中国工商银行漓江支行　01.12.1

计息起止时间	2014 年 9 月 21 日至 2014 年 12 月 21 日	金　额
		百 十 万 千 百 十 元 角 分
人民币（大写）玖仟元整		￥ 9 0 0 0 0 0
中国工商银行		银行签章
		2014 年 12 月 21 日

此联是银行交收款人的收款通知

图 22　银行计收利息清单

21. 22 日，为扩建厂房向银行贷款 400 000 元，为期 3 年。

(长期贷款)借款凭证(回单)③

单位编号:000462　　　　2014 年 12 月 22 日　　　　银行编号:000165

<table>
<tr><td rowspan="3">借款人</td><td>全称</td><td>中环电器有限公司</td><td rowspan="3">贷款人</td><td>全称</td><td colspan="2">贷款</td></tr>
<tr><td>放款户账号</td><td>900560058940035</td><td>往来户账号</td><td colspan="2">4304759847512457515</td></tr>
<tr><td>开户银行</td><td>中国工商银行车城支行</td><td>开户银行</td><td colspan="2">中国工商银行</td></tr>
<tr><td colspan="2">借款期(最后还款日)</td><td colspan="2">2017 年 12 月 22 日</td><td colspan="2">年利率</td><td colspan="2">6%</td></tr>
<tr><td colspan="2">借款申请金额</td><td colspan="2">人民币(大写)肆拾万元整</td><td colspan="2">百 十 万 千 百 十 元 角 分
¥ 4 0 0 0 0 0 0 0</td></tr>
<tr><td colspan="2">借款原因及用途</td><td colspan="2">扩建厂房</td><td colspan="2">银行核定金额(1)
百 十 万 千 百 十 元 角 分
¥ 4 0 0 0 0 0 0 0</td></tr>
</table>

期限	计划还款日期	√	计划还款金额	分次还款	期次	还款日期	还款金额	结欠
1	2017 年 12 月 22 日		200 000.00					
2	2017 年 12 月 22 日		200 000.00					

备注:	上述借款业已同意贷给并转入你单位往来账户,借款到期时应按期归还,此致 放款单位:中国工商银行潇湘支行

(印章:中国工商银行车城支行 01.12.1 转讫)

此联是借款人借款凭证

图23　借款凭证

22.23 日,以银行存款 20 000 元支付广告费。

23.26 日,以银行存款 2 000 元支付工会经费。

24.向联营单位新康棉花经销公司投资 10 600 元,资金从银行存款账户划出。

25.27 日,购入需要安装的生产用 A 设备一台,买价 40 000 元,增值税 6 800 元,包装费和运输费 1 400 元,款项已通过银行存款支付。

26.27 日,委托某安装公司技术人员进行 A 设备安装,发生安装费 2 000 元,调试费 1 200 元,款项通过银行支付,设备安装完毕并交付使用。

27.28 日,购入不需要安装生产用 B 设备一台,买价 30 000 元,增值税 5 100 元,包装费 500 元,运输费 1 500 元,款项通过银行支付,并交付使用。

28.29 日,收到投资者投入设备两台,经评估确认其价值为 800 000 元。

29.29 日,将一台不需要用的设备出售给 A 公司,原价 200 000 元,累计折旧 80 000 元,清理过程中消耗原材料 8 000 元,用银行存款支付清理费 1 200 元,出售设备收到价款 160 000元。

30.在财产清查时发现盘亏设备一台,其原始价值为 50 000 元,累计折旧 25 000 元。

31.31 日,本月固定资产出租收入 2 000 元,租金已存入银行。

32.31 日,本月发料汇总。

表 16　发料凭证汇总表

发料凭证汇总表

2014 年 12 月 31 日　　　　　　　　　　　　金额单位：元

项　目	A 材料			B 材料			其他材料
	数量	单价	金额	数量	单价	金额	
生产甲产品	10 000	8	80 000	10 000	4	40 000	
生产乙产品	5 000	8	40 000	5 000	4	20 000	
车间一般用							13 600
企业管理用							2 400
合　　　计	15 000		120 000	15 000		60 000	16 000

复核：李美玲　　　　　　　　　　　　　　制单：刘园

33. 31 日，计提本月固定资产折旧 9 500 元，其中生产车间 7 500 元，厂部 2 000 元。

表 17　固定资产折旧计算汇总表

固定资产折旧计算汇总表

2014 年 12 月 31 日　　　　　　　　　　　单位：元

部　　门	月折旧额
生产车间	7 500.00
行政管理部门	2 000.00
合计	9 500.00

会计：刘园　　　　　　复核：李美玲　　　　　　制单：刘园

34. 31 日，摊销本月负担的无形资产 2 000 元。

表 18　无形资产摊销计算表

无形资产摊销计算表

2014 年 12 月 31 日　　　　　　　　　　　单位：元

部　　门	摊余价钱	摊销期间	月摊销额
行政管理部	24 000.00	12	2 000.00
合计	24 000.00		2 000.00

会计：刘园　　　　　　复核：李美玲　　　　　　制单：刘园

35. 31 日，计提本月负担的借款利息 300 元。

36. 31 日，分配本月工资及福利费。

表 19　工资费用分配及福利计算表

工资费用分配及福利费计算表

2014 年 12 月 31 日　　　　　　　　　　　　　　单位:元

项目		工资金额	应计提福利费(14%)	合计
车间生产工人	甲产品	40 000.00	9 800.00	79 800.00
	粉碎机	30 000.00		
车间管理人员		5 000.00	700.00	5 700.00
厂部管理人员		9 000.00	1 260.00	10 260.00
合计		84 000.00	11 760.00	95 760.00

会计主管:李美玲　　　　　　　会计:刘园　　　　　　　　　　制单:刘园

37. 31 日,计算结转本月制造费用(按生产工人工资分配)

表 20　制造费用分配表

制造费用分配表

2014 年 12 月 31 日　　　　　　　　　　　　　　单位:元

分配对象	分配标准(工资)	本月发生额	分配率	分配金额
甲产品	30 000		0.67	20 100
乙产品	10 000			6 700
合计	40 000			21 800

会计主管:李美玲　　　　　　　会计:刘园　　　　　　　　　　制单:刘园

38. 31 日,本月完工甲产品 1 000 件,总成本 88 950 元,完工乙产品 500 件,总成本 129 650 元,甲乙产品均已验收入库。

表 21　完工产品成本计算单

完工产品成本计算单

2014 年 12 月 31 日　　　　　　　　　　　　　　单位:元

成本项目	甲产品(产量 1 000)		乙产品(产量 500)	
	总成本	单位成本	总成本	单位成本
直接材料	20 000	20	75 000	150
直接人工	50 600	5.06	44 200	88.4
制造费用	18 350	18.35	10 450	20.9
合计	88 950	88.95	129 650	129.65

会计:刘园　　　　　　　复核:李美玲　　　　　　　　　　制单:刘园

产品入库单

2014 年 12 月 31 日   第 1 号

产品名称	单位	发出数量	单位成本	金额								
				十	万	千	百	十	元	角	分
甲产品	件	1 000	88.95		8	8	9	5	0	0	0
乙产品	件	00	129.65	1	2	9	6	5	0	0	0
合计		1 500		2	1	8	6	0	0	0	
金额	贰拾壹万捌仟陆佰元整										

会计:刘园   复核:李美玲   制单:刘园

图 24　产品入库单

39.31 日,结转本月产品销售成本。

表 22　已销产品成本计算单

已销产品成本计算单

2014 年 12 月 31 日   单位:元

产品名称	计量单位	月初结存		本月入库		本月销售		期末结存		
		数量	总成本	数量	总成本	数量	总成本	数量	单价	总成本
甲	件	500	13 000	1 000	88 950	600	87 582	900	145.97	131 373
乙	件	300	84 000	500	129 650	500	133 530	300	267.06	80 118
合计			214 000	1 500	218 600	1 100	221 112	1 200	176.24	211 491

会计:刘园   复核:李美玲   制单:刘园

40.31 日,计提本月应交城建税,应交教育费附加。

表 23　应交税费计算表

应交税费计算表

2014 年 12 月 31 日

项　目	计税依据及金额		税　率	应交税费
应交城市维护建设税	应交增值税额		7%	
	应交消费税额	0		
应交教育费附加	应交营业税额	0	3%	
合计	—	—	—	

41.31 日,结转本月损益。

42.31 日,计提所得税费用。

43.31 日,将所得税费用结转到"本年利润"。

参考文献 REFERENCES

[1]盛强,郭素勤.财务会计[M].北京:北京理工大学出版社,2011.

[2]会计专业技术资格考试教材编委会.初级会计实务[M].北京:企业管理出版社,2016.

[3]会计专业技术资格考试教材编委会.经济法基础[M].北京:企业管理出版社,2016.

[4]中国注册会计师协会.注册会计师考试丛书税法[M].北京:经济科学出版社,2016.

[5]中国注册会计师协会.注册会计师考试丛书会计[M].北京:经济科学出版社,2016.

[6]王赤兵.会计手工账技能训练题库(上)[M].西安:西安电子科技出版社,2015.

[7]史玉光.中级财务会计[M].北京:对外经济贸易出版社,2013.

[8]曾秋香.税务会计[M].上海:上海交通大学出版社,2013.

[9]国家税务总局公告2016年第13号.国家税务总局关于全面推开营业税改征增值税.